セックスする権利

アミア・スリニヴァサン

山田文＝訳

勁草書房

THE RIGHT TO SEX

Amia Srinivasan

The Right to Sex

by Amia Srinivasan

母チトラへ

わたしがここに来たのは
この難破船のため　その物語のためでも
その神話のためでもない

——アドリエンヌ・リッチ「難破船へ潜る」

〔『アドリエンヌ・リッチ詩集』白石かずこ、渡部桃子訳、思潮社、一九九三年、七二頁〕

セックスする権利

目次

[凡例]

- 本書は、Amia Srinivasan, *The Right to Sex*, Bloomsbury Publishing, 2021 の全訳である。
- 原注と訳注は巻末にまとめ、本文中で原注は1、2、3……、訳注は＊1と表記した。
- 原文の（）はそのまま表した。ただし文中で原語を提示する際にも（）を用いた。
- 文中の〔〕は訳者による補足と注記である。
- 原文のイタリック体によって強調されている箇所には傍点を付して記した。
- 引用文の訳文について、既訳のある文献にかんしては既訳を参照しその文献情報を原注に併記した。文脈を考慮し、一部表記を改めている場合はその旨を記した。また、引用文中の［］は原著者による注記・省略である。
- 索引は原著の索引項目にもとづき作成したが、一部項目を割愛した。
- 原書の参考文献一覧のうち、引用文献のリストは、分量の制約上、日本語版本体には収録できなかった（法律文書のみ掲載した）。本書で引用された書誌情報・既訳書誌情報は原注に掲載されている。また、参考文献一覧は勁草書房ホームページに掲載しているので、以下のＵＲＬを参照されたい。

https://www.keisoshobo.co.jp/book/b618130.html

まえがき

フェミニズムは哲学ではなく、理論でもなくて、視点ですらない。世界をすっかり変えようとする政治運動である。それは次のように問いかける。政治、社会、性、経済、心理、身体の面で女性の従属を終わらせるというのは、どういうことだろう？　答えはこうだ。わからない。試してみよう。

フェミニズムは、ひとりの女性が自分は性という階級（sex class）の一員だと認識するところから、つまり「セックス」と呼ばれるものにもとづいて劣った社会的地位を与えられた階級の一員だと認識するところからはじまる。セックスは政治に先立って存在する自然なものと思われていて、世界の客観的かつ物質的な土台であり、そのうえに人類文化が築かれているといわれている。

この自然だと思われているもの、「セックス」を詳しく調べると、そこにはすでにさまざまな意味が含まれていることがわかる。生まれたときに身体は「男性」か「女性」に分けられるけれども、どちらか片方のカテゴリーに当てはめるために損なわれなければならない身体も多く、下された決定にあとで抵抗する身体も多い。このもともとの分類によって、身体に割り当てられる社会的目的が決まる。それらの身体のうち、あるものは新しい身体をつくり、（義務からではなく愛から）洗濯したり服を着せたりほかの身体に食事を与えたりして、ほかの身体に心地よく健康でコントロールできていると感じさせ、ほかの身体を自由な気分にさせる。つまりセックスは自然なものを装った文化的なものである。ジェンダーとは区別するようフェミニストが説いてきたセックスは、それ自体がすでに見かけを変えたジェンダーにほかならない。[1]

「セックス」ということばには別の意味もある。性別化された身体でわたしたちがおこなうセックスである。ある身体は、ほかの身体にとってセックスするために存在する。ある身体は、ほかの身体の快楽、所有、消費、崇拝、奉仕、承認のために存在する。この第二の意味でのセックスも、自然なもので政治の外に存在すると言われている。フェミニズムはそれもまたフィクションであり、特定の利益にかなったフィクションであることを示す。このうえなく私的《プライベート》な行為だと思われているセックスは、実は公的《パブリック》なものである。わたしたちが果たす役割、感じる気持ち。だれが与え、だれが受けとり、だれが求め、だれが奉仕し、だれが欲し、だれが欲され、だれが恩恵を受け、だれが苦しむのか。これらのルールはすべて、わたしたちがこの世界に生まれるずっと前から決まっている。

ある有名な哲学者にこう言われたことがある。フェミニストのセックス批判には反対だ。ほんとうに政治の外にいると感じ、ほんとうに自由だと感じるのは、セックスの最中だけだからと。わたしは尋ねた。あなたの妻はそれについてどう言うだろうと（直接尋ねることはできなかった。彼女は夕食の場に招かれていなかったから）。セックスが自由になりえないということではない。フェミニストはずっと性の自由（sexual freedom）を夢見てきた。フェミニストが受け入れるのを拒むのは、その虚像である。つまり平等であるがゆえではなく、どこにでもあるがゆえに自由だと言われているセックスだ。この世界では、性の自由は当然のものではなく獲得されなければならないものであり、つねに不完全である。シモーヌ・ド・ボーヴォワールは、より自由なセックスの実現を夢見て『第二の性』にこう書く。

たしかに、女の自律は、男たちから厄介事をなくすとしても、同時に、さまざまな便利さまで奪ってしまう。また、たしかに明日の世界では、ある種の性的な冒険を生きるやり方は消えてしまうだろう。しかし、そうだからといって、愛や幸福や詩まで追い出すことにはならない。私たちの想像力のなさがいつも未来を貧しくすることに気をつけよう。［…］男女のあいだには私たちには想像がつかない肉体と感情の新しい関係が生まれるだろう。［…］男と女が具体的に同類になったら［…］不品行、エクスタシー、情熱が不可能になるなどと主張するのはばかげている。肉体と精神、瞬間と時間、内在の目くるめきと超越への呼びかけ、快楽の絶対性と忘却の虚無などの対立は、けっして消えることがないだろう。セクシュアリティには、つねに、存在することの緊張、苦しみ、喜び、失敗そして勝利が具現化されるだろう。［…］それどころか、人類の半分の奴隷状態とそれにともなう偽善のシステム全体が廃止されれば［…］人間のカップルはその本当の姿を見つけるだろう。[2]

セックスがほんとうに自由になるには、何が必要なのだろう。まだわからない。試してみよう。

ここに収めたエッセイは、この世界でのセックスの政治と倫理について書いたもので、いまとは異なる世界への希望に動かされている。また、セックスを政治的な現象として、まさに社会批判の対象として考えるのを恐れないかつてのフェミニズムの伝統に連なっている。この伝統に属する女性——シモーヌ・ド・ボーヴォワールからアレクサンドラ・コロンタイ、ベル・フックス、オードリー・ロード、キャサリン・マッキノン、アドリエンヌ・リッチまで——は、「同意」という狭い枠組みをこえたところでセックスの倫理を考えるよう迫る。それに、次のように問いかけることをわたしたちに強いる。女性の〝イエス〟の背後にはどのような力があるのか。同意が必要とされること、そこからセックスについて何がわかるのか。セックスを支えられない〝同意〟の概念が、精神、文化、法律の面でなぜこれだけ重視されるようになったのか。そして彼女たちは、もっと自由なセックスをともに夢見ようと呼びかける。

同時にこれらのエッセイでは、セックスの政治的批判を二一世紀にあわせてリメイクしようと試みる。セックスと人種、階級、障害、国籍、カーストの複雑な関係を真剣に受けとめ、インターネットの時代にセックスがどう変わったのかを考えて、資本主義国家と監獄国家の権力を発動させてセックスの問題に取り組むことが何を意味するかを問う。

これらのエッセイは、おもにアメリカとイギリスの状況をふまえて書いている。またインドにも多少目を向けている。ひとつにはこれは、わたし自身の生い立ちを反映してのことだ。けれどもこれは、意識して選んだ結果でもある。ここに収めたエッセイは、何十年ものあいだ世界中で最も目をひくとともに、きわめて強力な形態のフェミニズムだった英語圏の主流フェミニズムの思想と実践におおむね批判的だ（もちろん英語圏の主流の外で活動してきたフェミニストは、本人たちやそのコミュニティでは目をひかなかったわけでも「非主流」だったわけでもない）。最近この支配的状況が弱まりつつあると書けるのはうれしい。それはとりわけ、フェミニストのエネルギーが近年ひときわ刺激的に表れているのが英語圏以外のコンテクストだからである。これを書いている時点での例をいくつか挙げると、右派の連立政権が人工妊娠中絶の法規制を強化したポーランドでは、フェミニストが先頭に立って国内各地で広く反対の声をあげ、五〇〇をこえる都市と町で抗議がおこなわれた。アルゼンチンでは「ニ・ウナ・メノス（Ni una Menos）」（「ひとりの女性も犠牲にしない」）のスローガンのもと、フェミニストが五年にわたってデモをして、議会を動かし中絶を合法化させた。いまも中絶がおおむね違法であるブラジル、チリ、コロンビアのフェミニストも組織化してあとにつづこうとしている。スーダンでは女性が革命的な抗議運動を率いてオマル・アル＝バシールの独裁政権を転覆させ、二〇代はじめの若きスーダン人フェミニスト、アラア・サラー〔一九九六―。デモで伝統的な衣装をまとい、車上で演説する姿がSNS上で広がり「革命の象徴」と呼ばれた〕が国連安全保障理事会に要求して、女性、抵抗組織、宗教的少数派をスーダンの暫定政府へ同じ条件で参加させた。[3]

　セックスワーカーの権利、監獄政治の破壊的な性質、現代のセクシュアリティの病など、一部の問題については、本書のエッセイは断固とした立場をとる。けれどもほかの問題では、入り組んでいてむずかしいことを単純化して簡単なものにしたくないので、どちらともつかない立場をとっている。フェミニズムは容赦なく真実を語らなければならず、フェミニズム自体について語るときにはとりわけそれが当てはまる（労働史研究者のデイヴィッド・ローディガーが書くように、「自身について率直に語る」ラディカルな運動は「「権力に真実を語る」よりもはるかに重要な活動」である）。[4] フェミニズムは、利害関心はかならずひとつにまとまる、計画が予想外の不本意な結果につながることはない、政治は居心地のいい場所である、といったファンタジーに甘んじていてはならない。

　フェミニストの研究者で活動家のバーニス・ジョンソン・リーゴン〔一九四二―。歌手・作曲家でもある〕は、前世紀に今世紀のことを語り、真にラディカルな政治は――つまり連合体《コアリション》の政治は――そのメンバーにとってホーム〔わが家〕にはならないと警告する。

　連合体の仕事はホームでする仕事ではない。連合体の仕事は街頭でしなければならない。［…］それに心地のよさを求めてはならない。なかには連合体にやってきて、そこでいい気分になれるかどうかで連合体が成功しているかどうかを評価する人もいるだろう。その人たちは連合体を求めてはいない。ホームを求めているのだ！　求めているのはミルクがはいった哺乳瓶とおしゃぶりで、連合体にそんなものは存在しない。[5]

リーゴンの考えでは、多くのフェミニズムで排他的な矛盾を招いているのが、政治は完璧なホームであるべき――完全な帰属の場、リーゴンが言う「子宮」であるべき――という考えである。「ホーム」と想像されたフェミニズムは、あらかじめ存在する共通性にこだわり、仲間内の牧歌的な調和を乱す者はすべて脇へ追いやる。真に包摂的な政治は、快適でも安全でもない政治である。

本書に収めたエッセイでは、必要に応じて不快と葛藤のなかにとどまろうと試みた。これらのエッセイはホームを提供しない。けれども、一部の人には承認の場を提供するはずだと願っている。あわせて読んでもらっても、それぞれ別に読んでもらっても問題ない。何かについてだれかを納得させたり説得したりするつもりで書いてはいないけれど、納得し説得される人がいてもかまわない。これらは多くの女性と一部の男性がすでに知っていることをことばにする試みである。フェミニズムはずっとそれをしてきた。語られていないこと、かつては語ることができなかったことを、女性たちはともにことばにしてきた。最も望ましいとき、フェミニズム理論は、女性が自分たちだけでいるときに考えること、ピケラインや組み立てラインや街角や寝室で互いに口にすること、夫や父親や息子や上司や選挙で選ばれた公職者に一〇〇〇回くり返し伝えようとしてきたことに根ざしている。最も望ましいとき、フェミニズム理論は、女性の格闘に潜在する彼女たちの生の可能性を明らかにし、その可能性をたぐり寄せる。けれどもあまりにも多くの場合、フェミニズム理論は女性の具体的な生から切り離され、高みから女性の生のほんとうの意味を女性にただ語るだけだ。ほとんどの女性は、そんなうぬぼれに用はない。やらなければいけない仕事がたくさんあるのだから。

二〇二〇年、オックスフォードにて。

男たちに対する陰謀

The Conspiracy Against Men

わたしの知り合いには、レイプのぬれぎぬを着せられたとかなりの自信をもっていえる男性がふたりいる。ひとりは裕福な若い男性で、訴えた若い女性はクレジットカードを盗んで逃げ、切羽つまっていた。レイプの訴えはさらに大きな偽りの一部にすぎなかった。レイプされたと彼女が主張する現場にその男性はいなかったし、レイプの証拠は本人の証言しかなく、彼女のほかの発言も多くが嘘だった。その男性は逮捕も起訴もされず、警察もはじめから何も問題はないだろうと請け合っていた。

もうひとりはいけすかない男だ。ナルシシストで魅惑的で人を巧みに操る嘘つきである。あらゆる強制的な手段を使ってセックスしようとすることで知られているけれども、法律でレイプと定義されるようなやりかたはしない。セックスする相手の（若く、ませていて、自信のある）女性は同意している。実際そのときには自分が誘惑していると女性に感じさせる、そんなたぐいの男だ――女性は主体性と力はすべて自分の側にあると感じるけれども、実際には主体性も力もその男と比べるとわずかしかない（「彼女がこっちを誘惑したんだ」は、もちろんレイピストが――それに小児性愛者も――よく口にする弁明である）。そうした女性のひとりが何年も経ってから――その男のパターンを知り、ほんとうの姿を見て――、その男に暴行を受けたと訴えたとき、男を知る人たちは、男に受けた仕打ちへの法的救済を彼女が求めているのだと思った。利用され、操られ、嘘をつかれたことへの救済である。それに、実際に暴行も受けたのかもしれない。けれども、それを示す証拠はなかった。男は職業倫理にもとる思慮分別を欠いた行動を理由に仕事を辞めさせられたけれど、レイプで起訴されることはなかった。話に聞くところでは、男は（いまは再就職して収入を得ている）前と同じことをつづけているが、もっと慎重にこっそりとやっていて、さらに〝もっともらしい否認〟〔ほぼ確実にやっているにもかかわらず、物的証拠がないがゆえにそれを否定すること〕ができるよう備えている。それに最近はフェミニストを自称している。

わたしの知り合いには、レイプされた女性がふたりどころではなくたくさんいる。これは驚きではない。レイプのぬれぎぬを着せられる男性より、レイプされる女性のほうがはるかに多い。たったひとりを除いて、わたしが知る女性はだれも刑事告訴したり警察に通報したりしなかった。大学生のとき、同じく大学生の友人が電話してきた。夕方にグループで遊んでいるときに、人がいない寮の談話室で友だちの友だちにあたる知り合いの男とビリヤード台でふざけあっていたら、無理やり挿入されたという。彼女はいやだと言い、抵抗して、最終的に男を押しのけた。夜はそのままつづいた。彼女もわたしも警察に行こうとは思わなかった。電話の目的は単にそれが――わたしたちはそれをレイプとは呼ばなかった――起こったという事実を受けとめることだった。

レイプのぬれぎぬを着せられる男性もいる。それを否定しても何もいいことはない。けれども、虚偽の訴えはめったにない。二〇〇五年、イギリス内務省が性的暴行の通報についてかつてない詳しい調査をし、結果を発表した。それによると、一五年のあいだに二六四三件あったレイプの通報のうち、「おそらく」あるいは「ひょっとしたら」虚偽だったのは、わずか三％と推定された。[1] しかしイギリスの警察は、同じ期間にその二倍をこえる八％の通報を警察官の個人的判断によって虚偽と分類している。[2] 一九九六年にＦＢＩも、アメリカ各地の警察署に寄せられたレイプの申し立てのうち八％が「根拠がない」あるいは「虚偽」だったと報告している。[3] イギリスでもアメリカでも八％という数字は、警察官がレイプ神話を信じがちなことにおおむね由来している。いずれの国でも警察官は、身体的な必死の抵抗がなかったり、武器が使われていなかったり、告訴人と被告訴人のあいだにかつて関係があったりした場合には、通報を誤りと考える傾向にある。[4] 二〇一四年にインドで発表された数字によると、その前年にデリーで通報されたレイプの五三％が虚偽とされ、この統計値にインドの男性の権利活動家は嬉々として飛びついた。しかし「虚偽」の通報の定義は広く、裁判に至らなかった事件がすべて含められているうえに、当然ながらインドでレイプの法的基準を満たさなかったものも数にはいっている[5]——配偶者間のレイプもそのひとつで、インドの既婚女性の六％がそれを経験しているとされる。[6]

イギリス内務省の調査では、警察は二六四三件の通報のうち二一六件を虚偽と判断した。この二一六件で、通報者は合計三九人の被疑者の名を挙げていた。そのうち六人が逮捕され、ふたりが起訴されたが、両者とも最終的に起訴は取り下げられている。ようするに、内務省が警察の三分の一しか虚偽の通報を計上していないことを考慮に入れても、レイプの通報のうち誤った逮捕につながったのは〇・二三%にすぎず、男性がレイプで無実の罪で起訴されたのはわずか〇・〇七%である。不当な有罪判決につながった例はひとつもない。[7]

レイプのぬれぎぬは、肩をすくめてすませられることだと言いたいわけではない。そんなことはない。無実の男性が疑われて怪しまれ、その男性の現実は歪められて評判は地に落ち、男性の人生は国家権力による操作のせいで台なしになるかもしれない。これは道徳的スキャンダルだ。それにこれは、レイプ被害者の経験ともおおいに共通する道徳的スキャンダルである。被害者の女性は多くの場合不審の目を向けられ、とりわけ警察からは信じてもらえない。しかし、レイプのぬれぎぬは飛行機の墜落事故と同じで、客観的にはめったに起こらないのに人びとの想像力のなかで非常に大きな位置を占めている。なぜこの問題にはこれほど文化的な重みがあるのだろう? 被害者が男だから、という単純な答えではありえない。(おもにほかの男性に)レイプされる男性の数は、レイプで虚偽の訴えを受ける男性の数をやすやすと上まわる。[8] レイプのぬれぎぬの被害者はたいてい男性であり、その加害者と想定されるのは女性であるというのはほんとうだろうか?

非常に多くの場合、女性をレイプしたとして男性にぬれぎぬを着せるのは、ほかの男性である。これはレイプのぬれぎぬについてほぼあまねく誤解されている点だ。レイプのぬれぎぬのことを考えるとき、わたしたちは当局に嘘をつく、軽蔑された、あるいは強欲な女性を思い浮かべる。しかしレイプの不当な有罪判決の多くは、いやおそらくほとんどは、男性に対してほかの男性が起こした虚偽の告発の結果である。圧倒的に男性が多い警察官と検察官が、実際に起こったレイプの罪をまちがった被疑者に着せようとした結果である。収監率が世界で最も高いアメリカでは、一九八九年から二〇二〇年までのあいだに冤罪や偽証を理由に一四七人の男性が性的暴行の罪を解かれた[9]（同じ期間に、その五倍の七五五人が殺人でぬれぎぬを着せられたり誤って有罪判決を受けたりしたことがわかっている）[10]。これらの男性のうち、被害者とされる者にわざと無実の罪を着せられたのは半数未満である。一方、これらの事件の半数以上に「公務員の不正行為」が関係している。そのカテゴリーに当てはまるのは、被害者や目撃者の証言を警察官が誘導したり、疑われている人物を被害者が加害者と確認できなかったにもかかわらずその人を起訴したり、証拠を握りつぶしたり、偽りの自白をさせたりといったことである。

男たち一般に対する陰謀は存在しない。けれども、特定の種類の男たちに対する特定の陰謀は存在する。一九八九年から二〇二〇年までのあいだに、アメリカで冤罪や偽証を理由に性的暴行の罪を解かれた一四七人の男性のうち、八五人が非白人で六二人が白人である。八五人の非白人のうち七六人が黒人で、つまり冤罪や偽証によってレイプの有罪判決を受けた人の五二％を黒人が占める。しかしアメリカの男性人口に黒人が占める割合はおよそ一四％にすぎず、レイプで有罪判決を受けた男性では二七％である[11]。性的暴行で服役している黒人男性をひとり選ぶと、その男性は性的暴行で有罪判決を受けた白人男性よりも冤罪である可能性が三・五倍高い[12]。その黒人男性はかなりの確率で貧しくもある――アメリカの黒人に貧困者が不釣りあいに多いからというだけでなく、どの人種であれ投獄されているアメリカ人のほとんどは貧しいからだ[13]。

一九八九年以降にアメリカで不当に投獄された男女を一覧にした全米冤罪事件記録（National

Registry of Exonerations）には、法制度を完全に迂回した不当なレイプの訴えを受けてきた黒人男性の長い歴史は記されていない。とりわけ、ジム・クロウ法〔人種隔離にもとづいた黒人差別の法体系〕の時代にレイプの不当な訴えが利用されていたことは記録されていない。アイダ・B・ウェルズ〔一八六二―一九三一。アフリカ系アメリカ人のジャーナリストで公民権運動の指導者〕が言うように、それは「富と財産を獲得しつつあった黒人を排除し、黒人を恐怖のもとに置いておく言い訳」として使われていた。[14] ウェルズの傑作『鮮血の記録』（*A Red Record*）に記されているように、[15] 一八九二年から九四年のあいだに白人女性をレイプしたとして、あるいはレイプしようとしたとしてリンチされた一五〇人の黒人男性も考慮に入れられていない――なかには黒人男性と白人女性の同意にもとづいた関係だとわかっている例もあった。一八九四年五月二三日に白人女性に求婚してリンチされたアーカンソー州ガレスリンのウィリアム・ブルックスのことも触れられていないし、同じ月の上旬にテキサス州西部で「白人女性に手紙を書いた」罪でリンチされたとウェルズが伝える「身元不明の黒人」についても語られていない。二〇〇七年、キャロライン・ブライアントは、一四歳の黒人少年エメット・ティルにつかまれて性的に言い寄られたと五二年前に証言したのは嘘だったと認めた――この嘘をきっかけに、ティルはブライアントの夫ロイとその兄に拉致され、殴打され、射殺された。[16] ロイ・ブライアントとその兄は、圧倒的に不利な証拠があったにもかかわらず殺人容疑では無罪になった。その四か月後、ふたりは『ルック』誌に殺害の顛末を語って三〇〇〇ドルを受けとっている。インド、オーストラリア、南アフリカ、パレスチナでレイプの不当な訴えが植民地支配の手段として使われていたことを詳しく述べる記録も存在しない。[17]

だとするならば、レイプのぬれぎぬがいまではおもに豊かな白人男性の関心事になっているのは意外に思えるかもしれない。しかしこれは意外ではない――まったく意外ではない。レイプのぬれぎぬをめぐる不安は、（無実の人が危害を加えられているという）不当な仕打ちへの不安とされているが、実際にはジェンダーについての不安であり、無実の男性が悪意ある女性に危害を加えられることへの不安である。これは人種と階級についての不安でもある。法律がいつも貧しい黒人や褐色肌の男性を扱っているように裕福な白人男性を扱うかもしれないという不安である。有色の貧しい男女にとって、白人女性から受けるレイプの虚偽の訴えは、国家権力に対する脆弱性のマトリクスの一要素にすぎない。[18]しかしレイプのぬれぎぬは、監獄国家が有色の貧困者に日常的におこなっている不当行為が中流階級と富裕層の白人男性へ向けられるめずらしい例である。恵まれた白人男性は、司法制度は自分たちを守ってくれると直感的に信頼していて、実際それは正しい。ドラッグをひそかに仕込まれたり、射殺されたあとで銃を見たと主張されたり、「場ちがいな」ところを歩いているとしていやがらせをされたりはせず、多少のコカインやマリファナをもっていても見逃してもらえると思っている。けれどもレイプの場合、女性を信じようという要求が高まっていることで、恵まれた白人男性は法律の偏見から守られる権利が脅かされると懸念している。[19]

その考えは、もちろんまちがっている。レイプの場合でも、国家は豊かな白人男性の味方だ。しかし――イデオロギー面で実際に影響を及ぼすのは何かという意味で――重要なのは、現実ではなくまちがった考えのほうである。レイプのぬれぎぬの件では、豊かな白人男性は女性と国家に対して自分たちは脆弱だと勘ちがいしている。

二〇一六年、サンタ・クララ郡上位裁判所の裁判官アーロン・パースキーが、スタンフォード大学の二〇歳の水泳選手ブロック・ターナーに郡刑務所での拘禁刑六か月の判決を下した（ターナーはそのうち三か月間の刑期を務めた）。シャネル・ミラーに対する性的暴行の三つの重罪がその理由である〔ミラーは回顧録『私の名前を知って』でこの事件について語っている〕。ブロック・ターナーの父親ダン・A・ターナーは、裁判官への手紙に次のように書く。

> ブロックの人生は、一月一七日と一八日の出来事によって永遠に大きく変わりました。のんきな性格、感じのいい笑顔の楽天的なあの子には二度と戻りません［…］。表情、歩きかた、弱々しくなった声、食欲不振にそれは見てとれます。ブロックはいつだってある種の食べ物が好きで、本人も料理がうまい。わたしはいつもわくわくしながら、あの子が焼いて食べる大きなリブアイステーキや、好物のスナック菓子を買ってやりました。わたしが好きなプレッツェルやポテトチップスは、ちゃんと隠しておかなければなりません。ブロックが長時間の水泳練習を終えて帰宅したら、あっという間になくなってしまうからです。いまはどんな食べ物もほとんど口にせず、ただ生きるために食べるだけです。これらの評決によって、あの子とわたしたち家族はありとあらゆるかたちで破壊され打ち砕かれました。ブロックの人生は、本人が夢見てその実現に向けて懸命に努力してきたものにはもうなりません。二〇年ちょっとの人生の二〇分の行為に支払うには法外な代償です。[20]

息子の幸福にばかり近視眼的に目を向けているのは印象的だ——ミラーの人生も「永遠に大きく変わった」のではないのか。さらに印象に残るのは（おそらくうっかり出た）性的なことば遊びである。「二〇分の行為《アクション》」——思春期の健全なお楽しみ。ブロックは、そのために罰せられなければならないのか？　ダン・ターナーはそう問いかけたいようだ。それに食べ物の話。ブロックはもうステーキが好きではなくなった？　プレッツェルやポテトチップスを隠さなくてもよくなった？　まるで大人の人間ではなくゴールデンレトリーバーのことでも語っているかのようだ。しかしある意味、ダン・ターナーは動物のことを語っている。完璧に繁殖された裕福な白人アメリカ人青年の標本。「楽天的」、「のんき」、スポーツ好き、フレンドリーで、健全な食欲ときらきらの毛皮に恵まれている。それに動物と同じようにブロックは道徳秩序の外にいると想像されている。これらの精力的で肌の白い根っからのアメリカ人青年は——また彼らと付き合い結婚する（けれども彼らから性的暴行を受けることはけっしてない）根っからのアメリカ人少女も——、いい子、このうえなくいい子、われわれの子どもである。

最高裁判事ブレット・カヴァノーは、そうした根っからのアメリカ人の子だった。ふたりが高校生のときに彼から性的暴行を受けたというクリスティン・ブラジー・フォードの申し立てを受けたとき、カヴァノーはつまるところそう弁明した。カヴァノーが言うには、フォードは自分とその友人たちと「同じ社交グループに出入りしてはいなかった」[21]。一九八二年夏、ブレット——マーサ・カヴァノーとエヴェレット・エドワード・カヴァノー・ジュニアのひとりっ子——は、アメリカで最も値の張る私立学校のひとつ（ニール・ゴーサッチやロバート・ケネディの息子ふたりの母校）であるジョージタウン・プレパラトリー・スクールの友人たちと、ストーン・リッジ、ホーリー・チャイルド、ヴィジテーション、イマクラータ、ホーリー・クロスといった近くのカトリック女子校の生徒たちとともに過ごしていた。このグループ――トービン、マーク、P・J、スキ、バーニー、マット、ベッキー、デニース、ローリ、ジェニー、パット、エイミー、ジュリー、クリスティン、カレン、スザンヌ、モーラ、ミーガン、ニッキー――はその夏、ビーチへ行ったり、フットボールの練習をしたり、ウェイト・トレーニングをしたり、ビールを飲んだり、日曜に教会へ行ったりと、おおむね人生で最高のときを過ごした。フォードの申し立てが公になったあと、高校時代にカヴァノーを知っていた六五人の女性が彼を擁護する手紙に署名した。「生涯の友人です」とカヴァノーはその女性たちについて語る。「一四歳のときから学校と人生について語りあってきた土台のうえに成り立っています」。

　フォードは、客観的に見るとカヴァノーの社会的・経済的秩序のなかにいた。白人で豊かで、少なくとも一度はブレットとその友人たちと遊んだことがある――彼女の記憶が正しいとして。正しくないと思うだろうか？　けれどもその申し立てによって、フォードは健全な白人少女と少年の社交の世界から追放された。そこではみんな、（カヴァノーの言う）「いかれた」ことや「恥ずかしい」ことだけれど犯罪ではないことをたまにする。卒業アルバムでカヴァノーとその友人たちは、「レナーテ同窓生（Renate Alumnius《ママ》）」というフレーズを使って自分のことを語っている――ここで暗に言及されているのはレナーテ・シュレーダー、カヴァノーが「いつもていねいに礼儀正しく女性を扱っていた」と証言する手紙に署名した六五人の「生涯の友人」のひとりである。このフレーズについて尋ねられたカヴァノーは、「彼女が仲間だったことと愛情をぎこちなく示そうとした」ものであり、「セックスとは関係ない」と述べた。シュレーダーは手紙に署名したあとに卒業アルバムでの中傷を知り、タイムズ紙へのコメントで「ひどいし、傷つくし、単純に事実ではない」と語っている。「そんなことを書く一七歳の少年たちの心に何が起こっているのか、とても理解できません」と彼女は言う。「彼らの娘がこんな扱いを受けないよう祈ります」[22]。カヴァノーの最高裁判事への指名が承認されたあと、クリスティン・ブラジー・フォードの父親ラルフとブレット・カヴァノーの父親エド・カヴァノーは、いつもふたりがゴルフをするベセズダのバーニング・ツリー・クラブで暖かい握手を交わした。「ブレットの指名が承認されてうれしいですよ」ラルフ・ブラジーはそう言ったという。共和党員の父親から、もうひとりの共和党員の父親へ[23]。

ブレット・カヴァノーが白人でなかったら、どうだっただろう？　事実と異なるこの状況を検討するのはむずかしい。黒人や褐色肌の少年で、ブレットがもつ金銭面と社会面での特権——裕福な家族、エリート学校、イェール大学への優先入学権——がなく、さらにいうなら、苦境に陥ったときに助けてくれる同じような特権をもつ大勢の仲間もいなければ、世界はかなり異なるものにちがいない。若いときからカヴァノーを知る人たちが示した連帯——カヴァノーが「友情」と呼ぶもの——は、豊かな白人の連帯である。アメリカの人種と経済のルールをひっくり返さなければ、黒人や褐色肌のカヴァノーは想像できない。

有色の女性の多くには、主流フェミニストの「女性を信じよう（Believe women）」という要求や、それと関連したオンラインでの #IBelieveHer は、解消するよりも多くの疑問を生む。どちらを信じるべきだろう。レイプされたと言う女性か、それとも息子がはめられたと主張する黒人や褐色肌の女性か。キャロライン・ブライアントか、メイミー・ティルか。

〝男性の権利〟の擁護者は、「女性を信じよう」は無罪推定の原則に反するとよく言う。しかしこれはカテゴリー錯誤である。無罪の推定は法律上の原則であり、ほかがすべて同等なら、法律によって誤って無罪放免にするよりも誤って罰するほうがたちが悪いという感覚に応えるものだ。この理由から、たいていの法制度で立証責任は訴えられた側ではなく訴える側にある。「女性を信じよう」は、少なくともほとんどの場合、この法律上の原則を放棄しろという要求ではなく、この原則が一貫性をもって適用されないのではないかという疑念への政治的な反応にほかならない。罪に問われた人は法律のもとで無実と推定されるが、なかにはほかよりもっと無実だと推定される人がいるのをわたしたちは知っている。無罪推定の原則がこのように偏って適用されることに対して、「女性を信じよう」は矯正的な規範として働く。つまり嘘をついているかのように法律に扱われがちな人――女性――を支える意思表示として機能する。

無罪推定の原則を放棄しているとして「女性を信じよう」を斥けるのは、第二の意味でもカテゴリー錯誤である。無罪推定の原則は、何を信じるべきかは示さない。示すのは、法律によって有罪を立証する方法、つまり訴えられた側にあえて有利なプロセスで有罪を立証するということである。

裁判を受けたとき、ハーヴェイ・ワインスタインには推定無罪の権利があった。けれども、その裁判で陪審員を務める人でなければ、彼が無罪だと推定する義務はないし、評決が下るまで「判断を留保」する義務もない。それどころか、一〇〇人をこえる女性たちの説得力と整合性のある詳しい供述などの証拠から、ワインスタインは暴行とハラスメントで有罪の可能性がきわめて高いことがわかる。さらにいうなら、ワインスタインのような権力をもつ男性が、あまりにも多くの場合それを悪用しがちなことをわたしたちは知っている。法律は一人ひとりの個人にケースバイケースで対応しなければならない──ワインスタインが虐待者である可能性は九〇歳の老女と変わらないという想定から出発しなければならない──が、法律の規範が合理的な意見の規範を決めるわけではない。合理的な意見は証拠に見あったものになる。そして、ワインスタインのような男性が権力を悪用する傾向にあるという統計上の強力なエビデンスがあり、権力を悪用したとして彼を訴える女性たちの説得力ある供述証拠がある。たしかに裁判で新しい証拠が浮上することもあるし、確実だと思われていた証拠が覆されることもある（また、富と権力はたしかな証拠を消し去ることができる）。しかし裁判の結果によって、わたしたちが信じるべきことが決まるわけではない。ワインスタインがすべての容疑で無罪になっていたら、被害を訴えた女性たちは嘘をついていたと結論すべきだろうか？

一部のフェミニストを含め[24]、コメンテーターのなかには、ワインスタイン事件のような問題では、たとえあらゆる証拠が有罪を示唆していたとしても、その人が性犯罪で有罪か否かを「ほんとうに知ることはできない」と主張する人もいる。哲学的な問題として、そうした見解をとることはできる。けれども、それを適用するにあたっては一貫性を保たなければならない。ワインスタインが犯罪者なのか、それとも巧妙な罠にはまった被害者なのか「ほんとうに知ることはできない」のなら、たとえばバーニー・マドフ〔一九三八－二〇二一。史上最大の投資詐欺によって二〇〇九年に拘禁刑一五〇年の判決を受けた〕についても同じくそれは知ることができない。フェミニストの視点からすると疑問は、なぜ性犯罪にかぎってこのような疑いが生じるのかである。そしてフェミニストが出すべき答えは、性犯罪の圧倒的多数が女性に対して男性が犯すものだから、である。場合によっては「女性を信じよう」という要求は、単純に事実に沿って普通に物事を考えようという要求でもある。

とはいえ、「女性を信じよう」は精度の低い武器である。そこには暗に「彼を信じるな」という要求が含まれている。けれどもこのゼロサムのロジック――彼女は真実を語っていて彼は嘘をついている――では、レイプ疑惑を検討する際に関係するのは性差だけだと想定されている。とりわけジェンダー以外の要因――人種、階級、宗教、在留資格、セクシュアリティ――が関係するときには、だれに認識的連帯を示すべきかまったくわからない。ニューヨーク州北部にあるエリート・リベラルアーツ・カレッジ、コルゲート大学では、二〇一三～一四年度の学生に黒人が占める割合はわずか四・二％だった。それにもかかわらずその年、性的暴行の訴えの五〇％は黒人学生に対するものだった。[25]「女性を信じよう」はコルゲートでも正義のためになるのだろうか？

ブラック・フェミニストは長年、白人フェミニストによるレイプの説明に複雑さを加えようとしてきた。シュラミス・ファイアストーン〔一九四五－二〇一二。第二波フェミニズムの中心人物のひとり〕のきわめて野心的な『性の弁証法』

（一九七〇年）は、人種とレイプの扱いで決定的につまずいている。[26] ファイアストーンにとって黒人男性による白人女性のレイプは、白人の父親を殺して彼のものを奪い服従させたいというエディプスコンプレックスにもとづいた自然な衝動である。「悪意なくであれ意識的にであれ」と、アンジェラ・デイヴィス〔一九四四―。カリフォルニア大学サンタクルーズ校で教え、階級、ジェンダー、人種、アメリカの刑務所制度などについての著書がある。邦訳書に『アンジェラ・デイヴィスの教え』など〕は一九八一年の古典『女性、人種、階級』で書く。ファイアストーンの見解は「黒人レイピストという使い古されたつくり話の再流行を助長してきた」。さらにデイヴィスはこうつづける。

黒人男性はレイピストであるという虚構のイメージによって、それと対をなし切り離すことのできないものが絶えず強化されてきた。黒人女性は慢性的にだれとでも関係をもつというイメージである。黒人男性は抑えのきかない動物のような性的衝動を抱いているという考えが一度受け入れられると、人種全体が獣性を与えられるからだ。[27]

二〇一二年一二月一六日の夜、デリーで、のちにインドの人びとからニルバヤ（Nirbhaya）（「恐れを知らない者」）と呼ばれるようになる二三歳の女性ジョティ・シンが、運転手を含む六人の男にバスのなかでレイプされ拷問された。一三日後にシンは亡くなる。脳損傷、肺炎、心停止、暴行にともなう合併症によるもので、加害者はさびついた鉄の棒を彼女のヴァギナに挿入していた。事件後間もなく、わたしの友人の父親が夕食の席でこの話題をもちだした。「でもインド人はとても文明化された人たちじゃないか」と彼は言う。家父長制のもとに文明はない、わたしはそう伝えたかった。
インド人ではない傍観者のコメンテーターは、シンの殺害はでき損ないの文化の徴候だと見なす傾向にあった。インドの性的抑圧、非識字、保守主義の徴候だと。社会が性暴力を統制する方法が、歴史と文化の特殊性から影響を受けるのは否定できない。カースト、宗教、貧困の現実が、またイギリス植民地主義の長年の遺産も、インドの性暴力管理のありかたをかたちづくっている。人種と階級の不平等の現実が、黒人を動産とする奴隷制度と帝国の遺産とともに、アメリカとイギリスの性暴力管理のありかたをかたちづくっているのと同じである。けれどもインド人以外の人は、ジョティ・シンへの暴行の残忍さを引きあいに出し、インドと自分の国の性文化にはいかなる共通点も存在しないと考えていた。事件後間もなく、イギリス人ジャーナリストのリビー・パーヴェスは「殺人的でハイエナのような男性の［女性に対する］軽蔑は」インドでは「普通のことだ」と説明した。[28]質問その一。白人男性がレイプすると規範に背いているのに、褐色肌の男性がレイプすると規範に従っていることになるのはなぜか？　質問その二。インド人男性がハイエナなら、それによってインド人女性はどうなるのか？

白人が支配する場所にいる褐色肌と黒人の女性は、過度に《ハイパー》セクシュアルな存在と思われていて、そのためにレイプされえない（unrapeable）と見なされることが多い。[29]したがって彼女たちのレイプ被害の申し立ては、そもそもはじめから信じてもらえない。一八五〇年、現在の南アフリカにあったイギリス支配下のケープ植民地で、一八歳の労働者デイモン・ボーイセンが上司の妻アンナ・シンプソンをレイプしたと自白したのちに死刑判決を受けた。判決を下した数日後、その事件を担当した裁判官ウィリアム・メンジーズがケープ植民地の総督に手紙を書き、とんでもないまちがいを犯したと告げる。アンナ・シンプソンは白人だと思っていたけれども、その後、町の「立派な」住民の一団から「女性と夫は混血の有色人」だと知らされたのだという。メンジーズはボーイセンの死刑を減刑するよう総督に強く求め、総督はそれを聞き入れた。[30] 一八五九年、ミシシッピ州の裁判官が、奴隷の少女をレイプした奴隷の成人男性の有罪判決を覆した。被告側は「この州ではレイプの犯罪はアフリカ人奴隷のあいだには存在しない〔…〕［なぜなら］彼らはだれとでも性的関係をもつからだ」と主張していた。[31] 少女は当時一〇歳に満たなかった。一九一八年、フロリダ州最高裁判所は、白人女性は貞節を推定されるべきだが——したがって彼女たちのレイプの訴えは正しいと推定されるべきだが——、このルールは「人口の相当部分を占める、おおむね不道徳なほかの人種」には適用されるべきでないと論じた。[32] ジョージタウン大学ロー・センター（貧困・不平等センター）の研究によると、あらゆる人種のアメリカ人が、黒人少女は同じ年齢の白人少女よりも性の知識が豊富で、養育、保護、援助の必要が少ないと考える傾向にあった。[33] 二〇〇八年、自称「R&B界のハーメルンの笛吹き」、R・ケリー〔一九六七—。R&Bのシンガー・ソング・ライター、プロデューサー。長年にわたって未成年者へ性的虐待をおこなったとして、二〇二二年七月にニューヨーク州で組織犯罪など九つの罪で有罪、拘禁刑三〇年の判決が下された〕が、自分自身と一四歳の少女のセックス・ビデオを作成したとして児童ポルノにかんする容疑で裁判にかけられた。ドリーム・ハンプトン〔一九七二—。アメリカの映画制作者。作品によってR・ケリー告発のきっかけをつくった〕のドキュメンタリー『サバイビング・R・ケリー』（二〇一九年）では、陪審員のひとりである白人男性が陪審の無罪評決について説明している。「わたしはただ信じられなかった、あの女性たちが。〔…〕服装、振る舞い——気に入らなかったね。わたしは反対票を投じました。彼女たちが言っていたことはぜんぶ無視しましたよ」[34]。

現実には黒人の少女と女性は、現代のアメリカでは白人女性と比べて特定の形態の対人暴力をとりわけ受けやすい[35]。政治理論家のシャテマ・スレッドクラフト〔ブラック・フェミニズムの研究者で、ヴァンダービルト大学で教える〕が、黒人アメリカ人の政治では黒人男性の遺体――リンチされた黒い身体、警官に銃殺された黒い身体――の凄絶な姿に狭く焦点が絞られていることと、そのために黒人女性に普通にふるわれているさまざまな国家暴力が見えにくくなっていることについて書いている。再建期《リコンストラクション》〔南北戦争終結後、一八六五年から七七年にかけて南部諸州の連邦への再統合など合衆国の再建がすすんだ時期〕の南部では黒人女性もリンチされたし、いまは黒人女性も警察に殺害されているが、こうした「凄絶な」形態の暴力は、黒人女性が国家から最もよく受ける暴力ではない。黒人女性がよく経験するのは、警察からいやがらせや性的暴行を受けたり、強制的に子どもと別居させられたり、ドメスティック・バイオレンスを通報する際にいつも信じてもらえなかったり暴言を吐かれたりすることである[36]。黒人女性が身近なパートナーから暴力を受けやすいのも、それ自体が国家権力の影響だ。黒人男性の高い失業率がおもな原因となって、黒人女性がパートナーに殺害される割合が押し上げられている[37]。スレッドクラフトはこう問いかける。「いったい何があれば、死んだ黒人女性の身体のもとに人びとが結集する気になるのだろう？[38]」

黒人のセクシュアリティについての白人の通念には、不穏な仕掛けが働いている。黒人男性をレイピストとし、黒人女性をレイプされえない存在として――アンジェラ・デイヴィスが言う、黒人ハイパーセクシュアリティのコインの表と裏として――描きだすことで、白人の通念は、無実の罪を晴らそうとする黒人男性の奮闘と、黒人男性から受けた暴力を含め性暴力に対して声をあげる黒人女性のニーズとのあいだに緊張を生んでいる。その結果、黒人女性は性的に二重の従属状態に置かれている。黒人男性の暴力に対して声をあげる黒人女性は、自分たちのコミュニティについての否定的なステレオタイプを強化し、レイシスト国家に保護を求めているとして非難される。それと同時に、黒人少女は性的に早熟だというステレオタイプを内面化することで、一部の黒人男性は、黒人の少女と女性が虐待を望んでいると考える。二〇一八年、十分に裏づけされた長年のレイプと虐待の申し立てを受けて、R・ケリーのチームが声明を発表した。「われわれの文化に並はずれた貢献をしてきた黒人男性を公開リンチするこの企てに強く抵抗する」[39]。ケリーのチームは、被害者がほぼ全員黒人であることには触れなかった[40]。

　二〇一九年二月、黒人女性ふたりが、ヴァージニア州の黒人副知事ジャスティン・フェアファックスに対して信憑性の高い公開の告発をする。当時ラルフ・ノーサム知事が黒人に扮《ブラックフェイス》して写真にうつっていたことを理由に辞任を求められていて、フェアファックスはその後釜にすわろうとしていた[41]。スクリプス・カレッジで政治学を教えるヴァネッサ・タイソンがフェアファックスを告発し、二〇〇四年の民主党全国大会のときにホテルでオーラルセックスを強いられたと主張する。その数日後にメレディス・ワトソンが名のり出て、二〇〇〇年、ふたりがデューク大学の学部生だったときにフェアファックスにレイプされたと述べた。告発者たちが公の場で証言する意思を示したあと、何日も経ってからフェアファックスは州議会上院の議場で予定外のスピーチをして、自分自身を歴史上のリンチ被害者たちになぞらえた。

まさにこの上院のこの議場で、リンチに反対する声をたくさん聞いてきました。ここでいかなる適正手続きも与えられなかった人たちがいたことを、われわれは遺憾に思う。［…］それにもかかわらずここでわれわれは、事実がないのに告発だけで性急に判断しようとしていて、同じことをすすんでしようとしているわけです。

フェアファックスは、リンチを加える白人の群衆に黒人女性をなぞらえる皮肉には触れなかった。[42] ついでにいうと、一九九一年に「ハイテク・リンチ」を引き起こしたとしてアニタ・ヒルを非難したクラレンス・トーマス〔一九四八―。連邦最高裁判所判事に指名された際、元部下のヒルからセクシュアル・ハラスメントの告発を受け、黒人判事へのリンチだと反論した〕もそれには触れなかった。黒人男性のリンチを可能にしているまさにそのロジック――黒人のハイパーセクシュアリティのロジック――がメタファーの次元で別の目的に転用され、黒人女性を真の抑圧者として不当に非難するのに使われているのである。

ジョティ・シンの集団レイプと殺害によって、インド全国で悲しみと怒りが爆発した。しかしそれは、レイプの意味ときちんと向きあうきっかけにはならなかった。配偶者間のレイプ――イギリスでは一九九一年にようやく犯罪になり、アメリカの全五〇州で違法になったのは一九九三年である――は、インドではいまでも法律上、ことばの矛盾だ。独立闘争を抑えるために一九四二年にイギリスが導入した植民地法に由来する法律、軍事特別法（Armed Forces Special Powers Act）では、インド軍がアッサムやカシミールなどの「動乱地域」で罰を受けることなく女性をレイプすることがいまも許されている。二〇〇四年、マニプール州の若い女性タンジャム・マノラマが、インド陸軍の第一七アッサム・ライフル部隊の隊員たちに拉致され、拷問、レイプ、殺害された。隊員たちは、彼女は分離独立派の一員だと主張する。数日後、アッサム・ライフル部隊が駐屯するカングラ・フォートの外で、一二人の中年女性の一団が抗議をおこなった。みんな服を脱いで裸になり、くり返しこう声をあげた。〝わたしたちをレイプしろ、殺せ！　わたしたちをレイプしろ、殺せ！〟[43]

世界のほかの場所と同じくインドでも、一部のレイプはほかより重視される。ジョティ・シンは、カーストが高く教育を受けた都会の女性だった。こうした社会学的条件のために、死後に「インドの娘」としてもちあげられた。二〇一六年、インド南部のケーララ州で、ジシャという二九歳の不可触民《ダリト》で法学生の遺体が、内臓を抜き出されて三〇回以上切りつけられた状態で見つかった。検視官は彼女がレイプに必死に抵抗したあとに殺害されたと結論を下している。同じ年、ラージャスターン州では、一七歳のダリトの女性デルタ・メグワルの遺体が、通っていた学校の貯水槽で発見された。殺害される前日、メグワルは教師にレイプされたと両親へ告げていた。死亡したこのふたりの女性に向けられた注目は、ジョティ・シンのレイプ殺人によって引き起こされた動乱とは比べものにならない。アメリカやその他の白人支配社会における黒人女性と同じように、インドのダリトと「低カースト」の女性は、性的に奔放であり、それゆえレイプされえないと思われている。[44]デルタ・メグワルのレイプ殺人ではだれも裁判にかけられていないし、ジシャも悲しみに暮れた国民から栄誉ある称号を与えられてはいない。二〇二〇年九月、ウッタル・プラデーシュ州で、一九歳のダリトの女性が、近くに住むカーストの高い四人に集団レイプされたと警察に通報したのちに病院で死亡した。警察は通報があったことを否定し、家族の抗議をよそに真夜中に彼女の遺体を焼いた。[45]

ジョティ・シンのレイプ殺人で死刑判決を受けた男のひとりの妻、プニータ・デヴィはこう問いかける。「わたしはどこで暮らせばいいの？ 子どもには何を食べさせたらいいの？」[46]。デヴィはインドで最も貧しい部類にはいるビハール州出身だ。処刑されるその日まで、夫の無実を主張していた。現実から目を背けていたのかもしれない。ひょっとしたら、貧しい男性がレイプのぬれぎぬを着せられやすいことを警戒していたのかもしれない。いずれにせよ、プニータ・デヴィはあることをはっきりわかっていた。レイプの法律は——明確に成文化された法律ではなく、レイプの実際の扱いを決める暗黙の法は——彼女のような女性のことを気にかけない。デヴィの夫がジョティ・シンではなく自分の妻やカーストの低い女性をレイプしていたら、おそらくいまも生きていただろう。夫はすでに死に、インドの国家はプニータ・デヴィとその子どもがどうやって生きていくかには関心がない。「どうして政治家はわたしのことは考えてくれないの？」デヴィは問いかける。「わたしだって女なのに[47]」。

「インターセクショナリティ（Intersectionality）〔交差性〕」——キンバリー・クレンショー〔一九五九—。批判的人種理論の第一人者で、UCLAとコロンビア大学のロースクールで教える〕がつくったことばで、クラウディア・ジョーンズ〔一九一五—六四。トリニダード・トバゴ生まれでアメリカとイギリスで活動した共産主義、フェミニズム、ブラック・ナショナリズムの活動家〕からフランシス・M・ビール〔一九四〇—。人種、階級、セクシュアリティの交差性について論じたパンフレットで知られるブラック・フェミニスト〕、コンバヒーリバー・コレクティヴ、セルマ・ジェイムズ〔一九三〇―。「家事労働に賃金を」運動の主唱者のひとり〕、アンジェラ・デイヴィス、ベル・フックス、エンリケタ・ランゴー・イ・バスケス〔一九三〇―。メキシコ系アメリカ人のアーティスト、活動家、作家〕、チェリー・モラガ〔一九五二―。メキシコ系アメリカ人の詩人、劇作家、活動家で、カリフォルニア大学サンタバーバラ校で教える〕まで、旧世代のフェミニストが最初にかたちにした考えに名前をつけたもの――は、一般的な理解では、人種、階級、セクシュアリティ、障害など、抑圧と特権のさまざまな軸へのしかるべき配慮に還元されることが多い[48]。しかしインターセクショナリティを単なる差異への配慮に還元すると、理論的・実践的立場としてのその力を捨て去ることになる。インターセクショナリティの中心的な知見は、どの解放運動であっても――フェミニズムでも、反レイシズムでも、労働運動でも――関係する集団（女性、有色の人びと、労働者階級）の全員が共有するものだけに焦点を合わせる運動は、その集団の最も恵まれた人たちにいちばんプラスになる運動だというものである。したがって家父長制の抑圧の「純粋な」事例だけを――カースト、人種、階級の要因によって「複雑化されていない」事例だけを――扱うフェミニズムは、結局のところ豊かな白人やカーストの高い女性のニーズに資するものになる。同様に、レイシストの抑圧の「純粋な」事例だけを扱う反レイシスト運動は、結局のところおもに有色の豊かな男性のニーズに資するものになる。これらの運動はいずれも同化主義的な政治を生み、最も恵まれた女性と有色の男性が豊かな白人男性と平等に扱われる権利の確保を目指すようになる。

「女性を信じよう」の政治は、いまのかたちではインターセクショナリティの要求と衝突する。信憑性ある性暴力の告発をしたときに信じてもらえないのは、すべての女性に共通する運命だ。少なくとも特定の種類の男性への告発にはそれが当てはまる。「女性を信じよう」が政治的な救済策を提供するのは、この現実に対してである。しかしとりわけ黒人女性は、「女性を信じよう」の要求があまりにもたやすく援護する黒人男性のセクシュアリティについてのスティグマのために苦しみ、ダリトの女性はとりわけダリトの男性についての性的なスティグマのために苦しむ。黒人男性に対する白人女性の告発や、ダリトの男性に対するブラーミン〔カースト最高位の司祭者層〕の女性の告発をあまりにも性急に信じると、黒人やダリトの女性が性暴力をさらに受けやすくなる。同じ人種やカーストの男性から受ける暴力に対して声をあげる力が抑えつけられ、過剰に性的とされる黒人やダリトの男性と対になる彼女たちの地位が固定される[49]。こうした女性のセクシュアリティの逆説において、そのような女性はレイプされえない存在になり、そのためによりいっそうレイプしていい存在になる。アイダ・B・ウェルズは、白人女性をレイプしたというでっちあげの主張のために起こった黒人男性へのリンチを丹念に記録に残した。しかしウェルズはまた、リンチを加える群衆を刺激せず、ほとんど気にも留められない黒人女性のレイプも数多く記録している。その一例が、テネシー州ナッシュヴィルで白人男性にレイプされた八歳の少女、マギー・リースである。「この事件では、無力な子どもへの暴行に復讐は必要とされなかった。その子は黒人だったからだ[50]」。

#MeToo の時代には、虚偽の告発をめぐる言説は以前と異なる特徴をもつようになった。不正に罰を受けていると本人が思い、ほかの男性からもそう見なされている男性の多くは、被害者とされる人が主張することを実際にしたのを否定しない。もちろん無実を主張して異議を申し立てた男性もいる。ハーヴェイ・ワインスタイン、ウディ・アレン、R・ケリー、ジェームズ・フランコ、ギ

ャリソン・ケイラー、ジョン・トラヴォルタ。けれどもそれと同じぐらい多くの有名男性が――ルイ・C・K、ジアン・ゴメシ、ジョン・ホッケンベリー、ダスティン・ホフマン、ケヴィン・スペイシー、マット・ラウアー、チャーリー・ローズ――自分の不品行を認め、そのうえで結局、反省時間に飽きた子どものようにすぐに復帰を求めている。同意を得ずに女性の前で自慰行為する癖があるというルイ・C・Kの公然の秘密をタイムズ紙が報じた一か月後、マット・デイモンはこう発言している。「これまでに彼が払った代償は、はかりしれないほど大きいと思う」[51]。告発は正しいと認めた一年後、C・Kはニューヨークのコメディ・クラブ〈コメディ・セラー〉でサプライズの復帰公演をして、スタンディング・オベーションで舞台に迎えられた。そのすぐあとに彼は別の舞台でアジア人男性（「でかいクリトリス［がついた］女」）、「ユダヤ人のおかま」「トランスの知恵遅れ男子」を笑いものにした[52]。聴衆の一部が不快感を覚えているのに気づき、彼は言った。「知るか、おれから何を奪おうっていうんだ、誕生日か？　もう人生終わってるし、どうでもいいよ」。C・Kのショーのチケットは、いまでも数時間で売り切れる[53]。三〇人をこえる女性からセクシュアル・ハラスメントで告発され、ジェフリー・エプスタインの親しい友人でもあったチャーリー・ローズは、当初、過ちを認めていたが、のちにそれを撤回した。弁護士はローズの行為を「ありきたりな職場でのやりとりや冗談」と呼んでいる[54]。同僚女性数人へのセクハラといじめで告発された公共ラジオのスター、ジョン・ホッケンベリーは、『ハーパーズ』誌に「追放」と題した文章を書いた。

的はずれなロマンティストであること、まちがった時代に生まれたこと、六〇年代の性革命から誤った合図を受けとったこと、一九歳で障害のために性的不能になったこと——どれも女性への無礼な行動を正当化する理由にはならない。しかし仮出所なしの無職の終身刑、子どもたちの苦しみ、経済的な破綻はそれにふさわしい結果だろうか？　数十年やってきた仕事からわたしが抹殺されるのが、真のジェンダー平等へとつづく道の一歩になるのか？[55]

当時未成年者だった数人を含む三〇人をこえる男性からセクシュアル・ハラスメントと性的暴行で訴えられたケヴィン・スペイシーは当初、最初の告発者アンソニー・ラップに「心からのおわび」をした。[56]その一年後、YouTubeに「正直に言わせてほしい」という動画を投稿し、ドラマシリーズ『ハウス・オブ・カード　野望の階段』で自身が演じる主人公フランク・アンダーウッドに扮して、視聴者にこう語りかけた。

みなさんが何を望んでいるかわかっている［…］。人びとに何ができるか、みなさんにはっきりお見せした。わたしは正直さによってみなさんにショックを与えたが、何にもましてみなさんに挑戦して考えさせた。そして、信じるべきではないとわかっていながらも、みんなわたしを信じた。だから、だれが何を言おうとまだおしまいではないし、みなさんが何を望んでいるかわかっている。わたしの復帰だ。

この動画は一二〇〇万回以上再生されていて、二八万をこえる高評価を得ている。[57]

これらの男性は告発が正しいことを否定せず、加えた危害のことすら否定しない。否定するのは、自分が罰せられてしかるべきということだ。ニューヨーク・タイムズ紙の論説で、コラムニストのミシェル・ゴールドバーグは、「#MeToo 運動で多くの男性が窮地に追いやられているのを気の毒に思う」と告白する。ハーヴェイ・ワインスタインのようなほんとうにひどい男は別だが、「そこまでの権力者でなく、そこまであからさまに搾取的ではない愚か者で、下品な振る舞いが周囲の人に暗黙のうちに受け入れられていたのに、突然受け入れられなくなった人」は「目の前であっという間にルールが変わって混乱しているにちがいない」とゴールドバーグは書く。[58]

男性にとってルールがいきなり変わり、以前は普通に許されていた振る舞いのために男性が罰せられている――この考えは #MeToo のなかでありふれたものになった。そこで示唆されているのは、つい最近まで男性は全面的な家父長制イデオロギーの影響下にあり、そのせいで男性の多くは戯れとハラスメント、媚びと拒絶、セックスとレイプのちがいがわからなくなっていた、ということのようだ。フェミニストのなかには、これに近い考えを主張してきた人もいる。三〇年前にキャサリン・マッキノン〔一九四六―。アメリカの弁護士、法学研究者。セクシュアル・ハラスメントの法規制やポルノグラフィの禁止を求める運動を主導した〕は、女性は「自分たちの行為が女性にとってもつ意味を何もわかっていない男たちに日々犯されている。彼らにとってそれはセックスなのだ」と書いている。[59] 一九七六年、ジョン・コーガンというイギリス人男性が、友人マイケル・リークの妻へのレイプで無罪判決を受けた。[60] その前夜、リークは酔っぱらって帰宅し、妻に金をせびって拒まれ、彼女を殴っていた。そしてパブでコーガンに、妻が彼とセックスしたがっていると告げた。ふたりはパブを出てリークの家へ向かい、リークは妻――二〇代はじめの華奢な女性――にコーガンがおまえとセックスすると告げて、抵抗するなと警告した。そして妻の服を脱がせてベッドに横たえ、コーガンを招き入れる。コーガンはリークが妻とセックスするのを見て、その後、自分も彼女とセックスした。コーガンが行為を終えると、もう一度リークが妻とセックスした。それからふたりの男はパブに戻った。判決では、コーガンはリークの妻が同意しているとほんとうに思っていたので、レイプの要件である犯意を満たしていないとされた。[61]

#MeTooは、ジョン・コーガンが置かれた状況の一般化されたバージョンを生んだと見なされることが多い。セックスおよびジェンダー関係全般で、家父長制はしていいこととしてはいけないことについて嘘をついてきた。女性が一連の新しいルールを強いていて、そのせいで男性はいま悪気のない過ちのために窮地に追いやられ不当に罰せられている。おそらくこうした新ルールが正しく、古いルールは明らかにさまざまな害を生んでいた。けれども男性は、まともな判断などできただろうか？　本人には罪の自覚がなかったのだし、彼らにも無罪放免になる理由があるのではないか？

望まれたセックスと望まれないセックス、歓迎される振る舞いと「下品な」振る舞い、礼儀正しさと無礼をほんとうに区別できない男性がどれだけいるだろう？　コーガン自身、この区別をつけられなかったのか？　法廷でコーガンは、リークの妻の上に乗ったときに彼女が泣きじゃくって顔を背けようとしたことを認めている。性行為の前か最中に、ほんとうに望んでいるのかと彼女に尋ねようとは思わなかったのか？　彼の過去、人生、良心には、そのときの自分に訴えかけるものが何もなかったのだろうか？　ベッドの上の怯えた女性の泣き声はほんもので、助けを求めているのだと知らせるものが？　ルイ・C・Kには、自慰行為をするとき目の前にいる女性がそれをいやがっているると考える理由がなかったのか？　だとしたら、ほかの女性に目の前でオナニーしてもいいかと尋ねて拒まれたとき、どうして赤面して自分には「問題がある」と説明しなければならないと思ったのだろう。[62]

男性がつくり男性のルールが支配する世界で女性がずっと暮らしてきたのは事実だ。けれども、そうしたルールに異議を唱える女性たちのそばで男性がずっと暮らしてきたのもまた事実である。人類史の大部分で女性の異議申し立ては個人的なものにとどまり、体系化されていなかった。しりごみし、格闘し、去り、投げだしていた。より最近では公共的で組織化されている。男性はまともな判断をできる立場にいなかったと主張する人たちは、男性が見て聞いてきたことから目をそらしている。男性は聞かないことを選んできた。そのほうが都合がよかったからであり、男らしさの規範によって自分たちの快楽が優先されると命じられるからであり、まわりの男性がみな同じことをしてきたからだ。ほんとうに変わり、いまも変わりつづけているルールは、セックスにおいて何が正しく何が正しくないかとはあまり関係がない。それについては、ずっと昔から女性が男性にさまざまなかたちで真実を語ってきた。ルイ・C・K、チャーリー・ローズ、ジョン・ホッケンベリー、彼らのようなその他大勢の男性にとってほんとうに変わったルールは、ひどい扱いをした女性の叫びや沈黙を無視しても何も起こらないと自信をもっていられなくなったことだ。

何が起こるべきなのだろう？

性的虐待者の適切な扱いについては、フェミニストが問いかけ、ともに考え答えを見いだすべき厄介な問題がいろいろとある。そうした男性は罰せられなければならないのか。罰するのなら、そのなかのだれを、どんな手段で？　あるいは懲罰的ではない和解と償いのモデルのほうがいいのだろうか。虐待者がおじけづき、名誉を奪われ、怯えるのを見たい気持ちに駆られる女性がたくさんいるのは理解できる――おそらくそれらの男性だけでなく、その前の何世代もの男性の振る舞いを精算するために。二〇一七年にBuzzFeedにリークされたシッティ・メディア・メン〔性的不正行為をしているとされるメディア界の七〇人ほどの男性を挙げたGoogleスプレッドシート〕のリストについて、ジェナ・ウォーサム〔『ニューヨーク・タイムズ・マガジン』の有名ジャーナリスト〕はニューヨーク・タイムズ紙にこう書いている。

> リストが公表された直後の数時間、まだ女性だけの秘密のリストだと感じられていたとき、わたしは世界を以前とは異なるかたちで経験した。空気中にエネルギーがみなぎっているように感じた［…］。友人はこの感覚を映画『Vフォー・ヴェンデッタ』のラストシーンになぞらえた。彼女は、女性がデジタル上の正義の執行者になるのを目にし、男たちが恐れをなしているのを知ってよろこんでいて、それはわたしも同じだった。ひとり残らずすべての男性に警告して、女性たちが情報交換しているのだからあなたたちだって無力なのだと思い知らせたかった。[63]

監獄国家の力を使えないとき――すでに時効になっていたり、女性の証言しか証拠がなかったり、その振る舞いが犯罪に相当しなかったり、その男性が権力者で事実上何もできなかったりするとき――、女性はソーシャルメディアによって生まれたもっと分散化された制裁力に頼る。これは権力の名に値しないと考える女性もいるようだ。ハラスメントの加害者やそれを助長する者をオンラインで非難するのは言論の一形態にすぎず、比較的無力な者が利用できる数少ない言論の形態のひとつなのだと。

ウォーサムが「デジタル上の正義の執行者」と言っていることからも明らかなように、これは事実ではない。だれかのことをツイートしたり、名前を載せたスプレッドシートを拡散させたり、うまくいかなくなった関係について詳しく投稿したりするのは、警官にその男を通報するのと同じではないかもしれない。けれども、自分の行為のせいではなく大衆の怒りを買ったことを理由に仕事を首になる可能性があり、実際に首になる人もいる世界では、こうしたことを単なる言論と見なすことはできない（もちろん、これを承知のうえでその含み〔影響〕を歓迎する女性もいる）。何千もの個人の発言が集まってひとつの集合的な声になり、暴露し、恥をかかせ、屈辱を与える力をもったときにも、その一つひとつの声は単なる言論ではない。たいていの人にとってひとつのツイートは大海の一滴であり、意見、挑発的メッセージ、猫の拡散画像《ミーム》からなる雑音への取るに足らない付け足しにすぎない。しかしあとから振り返ると、自分たちはより大きな何かの一部だった——あるいはそれを煽動すらした——とわかることがある。その何かは精神的、物質的な影響をもたらすが、かならずしも予想や計画をしたものではなく、望んですらいなかったものである[64]。そんな影響は意図していなかった、自分の発言は数多くの発言のひとつにすぎない、自分が言ったことはその後のどんな出来事の原因とも見なされない、そう言うだけで十分だろうか？　ポルノは女性の性的従属を単に描くだけではなく社会的に許可してもいるとフェミニストに非難されたとき、ポルノ制作者はこの主張をずっと弁明に使ってきた。わたしたちはフェミニストとして、こうした主張を問題視すべきではないのか？　ほかでもないフェミニストは、ことばは無害であるとか、ことばによって生じる害には倫理的あるいは政治的な影響がないとかいう考えに賛成すべきだろうか？　ほかでもないフェミニストは、無力な声がひとつにまとまれば大きな力になることを否定すべきだろうか？

この問題をことさらに強調したいわけではない。悪質な、あるいは犯罪的ですらある振る舞いをオンラインで非難されながらも、さほどの制裁を受けていない男性が十分すぎるほどいる。おそらくさらに多くの男性が、そもそも非難されずにいる。シッティ・メディア・メンのリストで複数の匿名女性から性暴力で非難されていた一七人の男性のうち、正式に職務上の制裁を受けたり、仕事を辞めさせられたり、特定の刊行物への寄稿を禁じられたりしたのは、片手で数えられるほどだけのようだ。だれも身を隠してはいない。そのうちのひとりはウディ・アレンとランチをして、フェミニストから受けたそれぞれの迫害について語りあったという。ハーヴェイ・ワインスタインが拘禁刑二三年の判決を受けてTwitter上のフェミニストはよろこんだが、それにはピューリッツァー賞受賞につながる調査報道と急速に広がった社会運動を必要とし、一〇〇人をこえる女性が名のり出て、そのうち六人が証言台に立たなければならなかった。その結果、ワインスタインはたったふたつの訴因で有罪になっただけだ。第三級強姦罪と第一級性的暴行罪である。

それでも、もしフェミニズムが男性の性的支配を単に罰することではなく、それに終止符を打つことを目標とするなら、多くのフェミニストが避けたがる問いに取り組まなければならない。貧困者と有色の人びとを構造的に苦しめる監獄主義的なアプローチは性の公正に資するのか否かという問いであり、適正手続きの考えが――そしておそらく無罪の推定も――ソーシャルメディアや公の場での非難にも適用されるべきか否かという問いであり、処罰によって社会変革がもたらされるのか否かという問いである。家父長制の精神を変えるには、実際に何が必要なのだろう？

二〇一四年、マサチューセッツ大学アマースト校三年生のクワドゥォ・ボンスが、学外でひらかれた学生社交クラブのハロウィーン・パーティーでほかの学生に性的暴行を加えたとして告発された。被害者とされる女子学生によると、ふたりはいっしょにいて、話をしながらマリファナを吸い、やがてキスをはじめた。彼女の説明では、そのあとに起こったのは次のようなことである。

どんどん激しくなり、やがてわたしは体勢を変えて彼にまたがりました。自分自身の興奮から、わたしは彼がセックスを期待しているかもしれないとわかったので、「セックスしたくない」と言うと、彼は「セックスしなくてもいいよ」と言います。わたしが手を彼の胸から下へおろしていってズボンのなかに入れると、明かりを消してほしいと頼まれました。立ちあがって一メートルほど先の照明スイッチのところまで行こうとしたのですが、身体が動きません。彼が代わりに消して、また愛撫に戻って［…］。彼が立ちあがり、ベッドに移動してすわったので、わたしもあとについていきました。ひざまずいて、彼にフェラチオをしはじめると、舌［に］いぼを感じます。口は離したのですが手でつづけて、自分がとても興奮してるのに気づきました。「わたし……いやな感じなんだけど」と言うと、彼はこれといって何も言わず、わたしは立ち去る許可をもらうのを待っている感じでした。興奮させて、それからやめるのは悪い気がしたのです。手の動きをゆるめ、またこんなことを言いました。「うん、いやな感じ……すごく興奮していていやな感じ。ここから出ていかなきゃと思う」[…]彼はまたすわり、もう少しキスをしました。わたしは立ちあがって、また小声で言いました。「うん、出ていきたい」。彼はようするにこんなことを言いました。「ああ、そう言ったよね。でも二分くれて、考えを改めるように説得させてくれるべきだと思う」。わたしはそれを笑いとばし、彼も立ちあがって、もう少しキスをして[…]。今度こそ立ち去ろうと思って動くと、彼に冗談っぽく腕をつかまれて引きよせられ、またキスをしました。わたしはただ、その気持ちを示しているつもりの声をずっと出していて[…]。何度か引き戻されてキスしました。脱がされはしませんでしたが、服を整えていると、電話番号を交換しようと彼が言います。交換して、わたしは廊下に出ました。[65]

「RAの研修がはじまるなかで」と文書はつづく——彼女は自分が暮らす寮のレジデント・アドバイザー（RA）で、ほかの学生の相談にのっていた——「わたしは性的暴行を受けたのだと気づいたのです」。いつでも立ち去ることができるとわかっていたが、「マサチューセッツ大学の学生文化では、女性が男性と性的なかかわりをもったら、相手のために最後までしなければならないという気にさせられます」と彼女は説明する。そしてこうつづける。「この出来事に関与した責任はすべて自分で負いたいと思いますが、同時にわたしは犯されたと感じていたことに気づき、正しくないと直感的に思ったことについて彼に責任をとらせる義務が自分自身に対してもほかの人たちに対してもあると気づいたのです」[66]。

そのすぐあとに学生は、ボンスを相手にマサチューセッツ大学の学生部長とアマーストの警察に性的暴行の苦情を申し立てた。警察は捜査したのち起訴を見送った。学生部長補佐と被害者とされる学生の話しあいメモによると、ボンスは「彼女にフェラチオを求めはしなかったし、自分から行為をはじめたわけでもなかったが、〔被害者とされる学生は〕それをすべきだと思っていた」[67]。大学は事件の聴聞の日程を設定し、ボンスにはそれまで「暫定的な制約」の対象になると通知した。禁じられたのは、苦情を申し立てた学生への連絡、自分が暮らす寮以外の学生寮への訪問、ひとつを除くすべての食堂での食事、学生会館への立ち入りなどである。一か月後、ボンスからFacebookの友だちリクエストが送られてきたと当該の学生が大学事務局に報告する。大学はボンスを宿舎から追い出し、授業以外でキャンパスに立ち入ることを禁じた。ストレスによる肺炎と神経衰弱を患って、ボンスはガーナ人移民の両親が暮らすメリーランド州の実家に戻る。大学の聴聞は彼が欠席したままおこなわれた。暴行では無罪と判断されたが、FacebookのリクエストSを送った件は違反と認定される。ボンスは卒業予定日のあとまで停学になり、キャンパス内で暮らすことを永久に禁じられて、カウンセリングを受けるよう求められた。そしてマサチューセッツ大学を退学し、のちに「虚偽の申し立ての結果として〔…〕ボンス氏を停学処分にした〔大学の〕恣意的、不公平、不当、故意、差別的、さもなくば理不尽な決定に起因する〔…〕連邦人権侵害」で大学を訴えた[68]。この訴訟は二〇一六年に非公開の金額によって和解が成立している。

ボンスの訴訟では、彼に対する申し立ては「虚偽」だと述べられていた。これはある意味では誤解を招く。ボンス自身も認めているように、彼女が言っていたことは実際に起こった。しかし少なくともマサチューセッツ大学とマサチューセッツ州の考えでは、それらはレイプに相当しなかった。[69] 被害者とされる学生の側は、ボンスは何も強制しなかったし、ノーと言ったらそれを聞き入れたし、性的な行為はすべて自分からはじめたし、彼のことは恐れていなかったし、やめて部屋から出られるとわかっていたし、つづけたいという合図を自分がいくつも示したと強く主張していた。それにもかかわらず、「正しくないと直感的に思う」何かが彼女に起こった。彼女は「犯された」[70]。

アメリカの大学キャンパスにおける男女差別を禁じる連邦法、教育改正法第九編《タイトル・ナイン》を批判するフェミニスト――ジャネット・ハリー〔一九五二―。フェミニストの法学者〕、ローラ・キプニス〔一九五六―。性の政治、ジェンダー、ポルノなどの批評家、ノースウェスタン大学名誉教授〕、ジーニー・スク・ガーセン〔一九七三―。刑法や家族法を専門とする法学者で、ハーヴァード大学ロースクールで教える〕など――は、ボンスの事件のような例を証拠として挙げ、いまは日常的な性交渉がヒステリックな道徳主義および「セックス官僚制[71]（sex bureaucracy）」とスク・ガーセンと夫のジェイコブ・ガーセンが呼ぶ過剰な取り締まりの対象になっていると論じる。スク・ガーセンとジェイコブ・ガーセンはこう書く。

> 手続的保護が蝕まれ、それと同時に不同意の概念が拡大することで、（かならずしも理想的ではないにせよ）同意にもとづいたセックスとして女性と男性がおこなっている性行為が、官僚制度による調査と懲戒の対象になる。その結果もたらされるのは、性暴力やセクシュアル・ハラスメントを扱う官僚制ではない。セックス官僚制であり、焦点を合わせるのは、そうした制度が

発展するきっかけとなった実際の不正や危害とは大きく異なる行為である［…］。セックス官僚制が管理するのは普通のセックスであり、そのために性暴力にはうまく対処できなくなり、不幸にも性暴力と闘う取り組みの正統性を蝕む[72]。

たしかにこの数十年でアメリカの大学は、学生のセックスを管理する手のこんだ仕組みをつくってきた。これは学生を性暴力から守るためではなく、おもに大学を訴訟、評判の悪化、連邦政府資金の引き揚げから守るためである。大学のセックス官僚制が欠陥だらけなのは驚きではない。性的暴行を受けた女子学生の多くは警察に通報しないようすすめられ、そのあげく学内のプロセスでは加害者に責任をとらせることができずに終わる。ボンスの例のように、適正手続きによって守られることなく推定にもとづいて男性が罰を受けることもある[73]。

とはいえ、マサチューセッツ大学での出来事を「普通の」セックスの一例として示すことで——単に「あいまいな、望ましくない、不快な、しらふでない、後悔した[74]」セックスとして提示することで——、タイトル・ナインの批判者は自分たちに都合よく状況を単純化しすぎている。ボンスに手淫をした女性は、それを望んでいなかった——あるいは最初は望んでいたけれど、その後、望まなくなった。彼女がつづけたのは、非常に多くの少女や女性がそれをつづけるのと同じ理由からだ。男性を性的に興奮させた女性は、最後までしなければならないと思われているからである。ボンス自身がそれを期待していたかどうかは関係ない。多くの女性がその期待をすでに内面化しているからだ。したくなくなった性行為をつづける女性は、立ち去ることができるとわかってはいるが、そうしたら性的に興奮させてお預けをくらわす思わせぶりな女と思われ、男性から軽蔑されることもわかっている。単なるあいまいさ、不快さ、後悔以上の何かがここにはある。ある種の強制もある。おそらくボンスから直接受ける強制ではなく、ジェンダー化された性的期待のインフォーマルな規制システムから受ける強制である。こうした期待に背く代償はときに厳しく、致命的ですらある。だからこそ、「普通の」セックスの例と性的暴行の「実際の不正や危害」の例はつながっている。マサチューセッツ大学での出来事は、たしかに統計的な意味では――日々起こっているという意味では――「普通」かもしれないが、倫理的な意味では「普通」ではない。つまり、コメントせずに見すごすべきことではない。その意味でこれは、だれにとってもあまりに身近でありながら、普通ではない現象である。

とはいえ、多くのフェミニストがそう呼ぶように、この種のセックスを「レイプ」と呼ぶことで、いったいだれの役に立つのだろう？[75] 二〇一四年、フェミニスト活動家のあと押しにより、カリフォルニア州知事のジェリー・ブラウンが「イエスと言うことがイエス（Yes Means Yes）」法案として知られるSB967に署名して法律として成立させた。[76] これによって、学資援助のために州から補助金を受けとるカレッジと大学はすべて、性行為が同意にもとづいたものか否かを判断する際に「積極的同意（affirmative consent）」の基準を採用することを義務づけられた。法案には次のように記されている。

「積極的同意」とは、性行為に従事する積極的、意識的、自発的な合意のことである。相手あるいは相手たちから性行為に従事する積極的同意を得るのは、性行為に参加する一人ひとりの責任である。反抗や抵抗がないことが同意ではなく、沈黙も同意ではない。積極的同意は性行為のあいだ継続しなければならず、いつでも撤回できる。当事者のあいだに交際関係があっても、過去に性的関係があっても、それ自体を同意のサインと想定すべきではない。

これが法律になったあと、エズラ・クラインがVoxにこう書いている。SB967は「日常的な性行為に疑いを投げかけ」「何が同意にあたるのかをめぐって不安と混乱のもやを」生むだろう。しかし「大学キャンパスでの日常的な性行為のありかたは覆される必要があり、男性は性交渉をはじめるときに不安が寒々と高まるのを感じなければならない〔…〕。醜い問題には、かならずしもきれいな解決策があるわけではない」[77]。

SB967があれば、マサチューセッツ大学の問題は解決したのだろうか？　厳密に何が「問題」と考えるかによる。最初に能動的な「イエス」を得ずに男性が女性とセックスしているのが問題なら、積極的同意の法律は、「きれい」ではないにせよ、おそらく有効な解決策である。しかし問題がさらに深く、ほんとうはセックスすることを望んでいない女性とセックスしたいと男性に思わせたり、女性の抵抗を乗りこえるのが自分の役目だと男性に感じさせたり、したくないのに男性とセックスしなければならないと女性に感じさせたりする心理社会的な構造と関係しているのなら、SB967のような法律に何ができるかははっきりしなくなる。キャサリン・マッキノンが指摘するように、積極的同意の法律は法的に許容されるセックスの基準をただ変えるだけだ。以前は女性がノーと言うと男性はやめなければならなかったけれど、いま男性は女性にイエスと言ってもらう必要があるというだけである。[78] 家父長制によって生みだされるたぐいのセックスを禁じる規制は、どうやってつくればいいのだろう？　この問いに答えるのがとてもむずかしいのは、単純に法律がこの仕事にふさわしい道具ではないからではないのか？

仮に一部の男性を見せしめに罰することで、ＳＢ９６７のような法律がほかの男性のセックスのしかたを変えられるとする。その場合であっても、フェミニストはその可能性を受け入れるべきだろうか？　マサチューセッツ大学に積極的同意の基準があれば、クワドゥオ・ボンスは大学のタイトル・ナイン・オフィスによって性的暴行で有罪と判断され、おそらく退学処分を受けただろう。レイプ関連の法律に積極的同意の基準が採用されている州――ニュージャージー、オクラホマ、ウィスコンシンなど――のどこかにいたら、起訴され、逮捕され、有罪判決を受けて投獄されたかもしれない。[79] 白人女性に訴えられた黒人男性として、そうなる可能性が圧倒的に高い。法律に相当する大学の制度によって、ボンスの人生はすでに破壊された。被害者とされる女性自身、こうした結末は望んでいなかったようだ。大学宛ての陳述書で彼女は、ボンスの処罰は「この事件の特徴であるあいまいなニュアンスを考えて可能なかぎりゆるやかな」ものであるべきと述べていた。[80] しかし彼女がボンスのゆるやかな処罰を望んでいたとして、ボンスが投獄されることで彼女が安心でき、なんらかの意味で償いを受けるとしたら、これはフェミニストがすすんで受け入れるべき代償だろうか？

フェミニズムは男性により多くを望むべきではないと言いたいわけではない――もっとよい男性になるよう求めるべきではないと言いたいのではない。けれども意義あるフェミニズムは、それを求めるにあたって、昔ながらの罪と罰のかたちを機械的に再現し、つかの間の満足感を得て予想どおりの代償を生むのを避けるほかの方法を見つけなければならない。わたしが言いたいのは、意義あるフェミニズムは、女性がこれまでの男性よりもよくなることを――もっと公平になるだけでなく、想像力をいっそうふくらませることを――求めるということであり、これを求めるのはいまにはじまったことではない。

とはいえ、これは女性だけにかかっているわけではない。それどころか、#MeTooで悪事をあばかれた有名男性に印象的なのは、彼らがもっとよい男になることにおしなべて無関心なことだ。『ハーパーズ』誌に寄稿した文章のはじめのほうで、ジョン・ホッケンベリーはこう書く。自分を「破壊した」「熱狂を支持」することはないし、自分は「家父長制の将校でも手先」でもないが、「ジェンダー平等という高邁な大義は心から受け入れる」。同時にホッケンベリーは「従来の恋愛」の終焉を嘆き、従業員への口頭での、また身体的なハラスメントは「不適切でうまくいかなかった不器用な求愛の試み」だと言い、アメリカの「性的な厳格主義《ピューリタニズム》」と「社会革新主義」の「矛盾した融合」を非難して、#MeTooを恐怖政治になぞらえ、「生涯をかけて公共に身を捧げ奉仕してきた人間を［…］世間は擁護してくれない」と嘆いて、アンドレア・ドウォーキンが自分の友だちになってくれるだろうかと思いをめぐらせ（「わたしのことをペニスのない下半身不随の男友だちとして受け入れてくれるだろうか?」)、小説の登場人物でレイプ被害者である一二歳の少女、ロリータと自分自身を重ねる。けれども、文章によるこの巨大構築物のなかに、自分の行動が被害者女性に何をもたらしたかを考える余地は見いだされない。「被害」と「危害」ということばは登場しない。「苦しみ」「苦しい」「苦しんで」ということばは六回登場するが、すべてホッケンベリー自身の経験か彼の子どもたちの経験のことだ。

ジア・トレンティーノが「自分の振る舞いの責任を負わされたわたしの一年」と呼ぶこのジャンルにおける一篇で、二〇人をこえる女性から性的暴行とハラスメントで告発されたカナダのラジオ番組司会者ジアン・ゴメシは、公の場で辱められたのちに受けた「共感の短期集中講座」のことを『ニューヨーク・レヴュー・オブ・ブックス』誌に書いている。[81] しかしこの共感は、彼が暴行し、いやがらせをした女性へのものではない。自分のようなほかの男性への共感である。「わたしはいま、他人の不幸をよろこぶ気持ち《シャーデンフロイデ》にあらためて揺るぎない反感を抱いている[…]。いまは、公の場で攻撃されている人を別の目で見るようになった。たとえ自分と考えが大きく異なるかもしれない人でも」[82]。「こうした男性の多くはかわいそうだと思う」とミシェル・ゴールドバーグは書く。「でも、彼らが女性のことをかわいそうと思ったり、女性の経験について深く考えたりすることはないだろう」[83]。

名誉を失いながらも愛され、破滅しながらも裕福で、もう雇われることはないけれど、そのうちまた雇われる、これら#MeTooの放蕩息子たち。彼らとその擁護者たちは、無実を主張してリンチを非難してはいるけれど、女性の告発が偽りであることに怒っているわけではない。告発が事実であることに怒っている。そして何より、謝っても自分の状況がよくならないことに怒っている。彼らと、彼らを権力の座に就かせた世界が変わるよう女性が求めていることに怒っている。どうして変わらなきゃならないんだ？　おれたちをだれだと思ってるんだ？

ポルノについて学生と話すこと

Talking to My Students About Porn

ポルノがフェミニズムを殺したのだろうか？　そんなふうにアメリカの女性解放運動を語ることもできる。アメリカの女性解放運動は、一九六〇年代終わりによろこびに満ちた怒りと真剣な目的意識とともに爆発的な盛りあがりを見せたが、一世代のうちに分裂し、くたびれはてたものになった。ポルノをめぐる論争――「それは家父長制の道具か、それとも性的抑圧への対抗手段か」「従属の手法か、それとも言論の自由の行使か」――がアメリカで、またある程度イギリスとオーストラリアでも女性解放運動のもっぱらの関心事になり、その後、運動を引き裂いた。

一九八二年四月、バーナード・セックス会議（Barnard Sex Conference）（とのちに呼ばれるようになるもの）[1]がニューヨークでひらかれた。テーマは「女性の性的快楽、選択、自律」。この会議の趣旨を説明したペーパー「セクシュアリティの政治に向けて」（'Towards a Politics of Sexuality'）でキャロル・ヴァンス〔セクシュアリティ、人権、ジェンダー、保健などを専門とする人類学者。コロンビア大学名誉教授、イェール大学客員フェロー〕は、セックスが「制約、抑圧、危険の領域であるのと同時に、探究、快楽、行為主体性《エージェンシー》の領域でもある」[2]ことを認めるよう呼びかける。およそ八〇〇人のフェミニスト研究者、学生、活動家[3]がさまざまな講演やワークショップに参加し、そこでは次のようなテーマが扱われていた。「ポルノグラフィと女性主体の構築」「政治的に正しいセクシュアリティと政治的に正しくないセクシュアリティ」「禁じられたもの――エロティシズムとタブー」。『セクシュアリティ会議のダイアリー』――参加者に配られる予定だったパンク・ジンで、批評的なエッセイ、機知に富んだ考察、推奨文献、性的に露骨な画像が掲載されていた――に実行委員のひとりが書いているように、この会議は「反ポルノグラフィ運動の知的な不誠実さと退屈さにげんなりしていたフェミニストたちのデビュー・パーティー」[4]にすることを意図していた。反ポルノ・フェミニストは会議の一週間前からバーナード・カレッジの事務局職員や理事に電話攻勢をはじめ、この会議は「性的倒錯者たち」が企画していると苦情を申し立てる。[5]バーナードの学長エレン・フッターは会議の開催を許可したが、それに先立って実行委員たちから話を聞き、『ダイアリー』はポルノグラフィであると言い張って一五〇〇部すべてを没収した。[6]

会場では、反ポルノ・フェミニストが胸に「フェミニスト・セクシュアリティ賛成」、背中に「SM反対」と大きく書かれたTシャツを着て、この会議はポルノグラフィとサドマゾヒズムだけでなく家父長制と児童虐待も擁護していると非難するビラを配った[7]（最後の非難には、根拠がまったくないわけでもなかった。この会議を「デビュー・パーティー」と呼んでいた〔比較的保守的な〕実行委員は、『ダイアリー』に次のようにも書いている。「ポルノとSMについての進歩的な立場は理解できるけれども、ペデラスティ〔成人男性が思春期の少年に向ける性欲〕を擁護する議論は理解できない！」[8]）。最終的に『ダイアリー』がふたたび印刷されると、アンドレア・ドウォーキン〔一九四六―二〇〇五。ラディカル・フェミニストで反ポルノグラフィ運動の代表的人物のひとり〕がそれをコピーし、「致命的なまでに反女性的で反フェミニスト的」だと断言する添え状をつけて配った。「フェミニズム運動を記録する新聞に最も近い存在」だったフェミニスト刊行物『オフ・アワ・バックス』（*off our backs*）は、一九八二年六月号で多くの紙幅を割いてこの会議をこきおろし、怒りに満ちた反応の「なだれ」を呼んだ。[9]

バーナード会議の実行委員たちは、会議後の「魔女狩りと粛正のマッカーシズム的な雰囲気」を振り返っている。[10] また、バーナード女性センターは主催していた連続会議のスポンサーを失った。大西洋の向こう側からこの出来事を見ていたイギリスのあるフェミニストは、バーナード会議とその余波によって「アメリカの運動のすでに傷だらけの分断がさらに深まった」[11]と残念そうに述べている。一九八六年には、マウント・ホリヨーク・カレッジでひらかれた「フェミニズム、セクシュアリティ、権力」の会議が「全面衝突」に陥り、実行委員のひとりが振り返るように、一部の「講演者はポルノグラフィとSMの問題から離れるのを拒み［…］仲間《シスター》たちに露骨にひどい態度をとっていた」[12]。一九九三年には反ポルノ・フェミニストの一団がオーストラリア国立大学の副学長に手紙を書き、ゲイル・ルービン〔一九四九―。ミシガン大学で教える文化人類学者で、性とジェンダーの政治の活動家、理論家〕やキャロル・ヴァンスらアメリカのプロ・セックス・フェミニストを招くのをやめるよう要求する。その手紙に署名したひとりが、イギリス女性解放運動における「革命的フェミニズム」の中心人物、シーラ・ジェフリーズ〔一九四八―。メルボルン大学でフェミニスト理論、セクシュアリティの政治、国際ジェンダー政治などを教えた〕である。革命的フェミニズムは――当時支配的だった社会主義フェミニズムの見解とは異なり――資本主義ではなく男性の性暴力こそが女性の抑圧の基盤だと主張していた。最近ではジェフリーズは、自身のようなトランス排除的（trans-exclusionary）フェミニストへの「中傷」と「検閲」を非難している。[13] 皮肉にもジェフリーズは、四〇年前に自分自身とほかの反ポルノ・フェミニストが切りひらいた戦術に反対していて、どうやらそれに気づいていない。バーナード会議でワークショップをひとつ担当したゲイル・ルービンは、「そこにいた恐ろしさ」[14]をいまだに抱えていると二〇一一年に書いていている。

こうしたことはすべて、いまとなっては奇妙なことと感じられ、古風とさえ思われるかもしれない。ポルノのことでこんなに大騒ぎしていた？　哲学的な次元での話は別として、実際面と技術面では、インターネットによって「ポルノ問題」は解決した。ポルノが最上段の棚に置かれた雑誌やいかがわしい映画館を意味していたとき、つまりポルノが物理的な場所に存在して、理屈のうえでは封じこめることができたときには、ポルノ廃止の可能性を思い描くことができた。けれども、どこでもすぐにポルノが手にはいる時代には、事情がまったく異なる。[15]

ポルノが一世代前のフェミニストにとって「問題ある」セックス全般を象徴することばになっていたことを心にとめておくと、「ポルノ戦争」の激しさをよりよく理解できる。女性の快楽を無視したセックス、サドマゾヒズム的なセックス、売買春、レイプ・ファンタジー、愛のないセックス、力の差のある者のあいだでのセックス、男とのセックス。このようにポルノグラフィは、個人的なものの新しい政治における数ある争点のひとつにすぎなかったわけではなく、セックスをめぐる相反するふたつの見解がすべてそこに向けられていた。「アンチ・セックス」の考えは、いまのセックスは家父長制によってつくられたもの――ジェンダー不平等をエロス化したもの――であり、男性と女性の関係に革命を起こさなければ、そこからほんとうの意味で解放されることはないというものだった。革命抜きでは、分離主義、レズビアニズム、純潔は（せいぜい）解放的な選択肢にすぎない。「プロ・セックス」の考えでは、女性の自由に必要なのは、不名誉や恥を感じることなく、好きなときに、好きなやりかたで、（同意があるという前提で）好きな相手とセックスする女性の権利を保障することだとされていた（もちろん、多くのフェミニストはこのふたつの極のあいだのどこかにいた――たとえば、ポルノに助長され世間にはびこっているレイプ文化と見なすものに強く反対する一方で、レイプと「望んだ」セックスを区別するというように）。現代のフェミニズムは、女性には性的快楽を求める権利があり、許容されるセックスの唯一の境界線は同意だと主張する点において、おおむねプロ・セックスの見解をとっているが、多くのフェミニストは、いまでもセックスに対するかつての慎重なアプローチにひかれている。そうしたフェミニストの目には、セックスにはふたたび革命的な変化が必要だと映っているのである。この意味で、ポルノ戦争を駆りたてていた懸念はいまも消えていない。

ポルノ戦争はセックス全体をめぐる戦いだったが、多分にポルノそれ自体をめぐる戦いでもあった。ポルノ雑誌、アダルト・ショップ、成人映画館で上映される映画。第二波フェミニストは、一九六〇年代終わりからポルノグラフィに抗議をはじめた。一九六九年春、FBIから圧力を受けたレコード会社が地下新聞から広告を引き揚げるようになった。資金を必要とするこうした新聞は、代わりにポルノ的な広告を載せたり附録をつけたりしはじめる。[16] ニュー・レフトのこうした機関紙がセクシズムを金に換えていたのは、当時のフェミニストには驚きではなかった。女性解放運動はおおむね、ラディカルなはずの同志たちのミソジニーに反応して形成された。一九七〇年、三〇人の女性がオルタナティブ系出版社グローヴ・プレスの役員室を占領する。同社のオーナー、バーニー・ロゼット（「昔ながらのエロ本屋」と『ライフ』誌では呼ばれていた）は、かつてはD・H・ロレンスやヘンリー・ミラーの〝わいせつ〟文学作品を刊行する法的権利を守ろうと果敢に闘っていたが、その後、ポルノ映画の大手配給業者に転じていた（ロゼットは労働組合のつぶし屋でもあった。ロビン・モーガン〔一九四一―。アメリカの詩人、ラディカル・フェミニズムの牽引者のひとり〕は、グローヴ社で組合をつくろうとして解雇された九人の従業員のひとりだった）[17]。

フェミニズムへの文化的なバックラッシュが高まるなか、一九七〇年代なかばまでにフェミニストはポルノを家父長制のかなめと見なしはじめた。「ポルノグラフィは理論であり、レイプは実践である」とロビン・モーガンは一九七四年に喝破する[18]。一九七六年、フェミニストによる最初の反ポルノ集団、ポルノグラフィとメディアでの暴力に反対する女性の会（Women Against Violence in Pornography and Media）がサンフランシスコ湾岸地域で発足した。その目的は、「女性が性的あるいはエロティックな刺激のために縛られたり、レイプされたり、拷問されたり、傷つけられたり、虐待されたり、さまざまなかたちで貶められたりする描写をすべてやめさせる」ことである[19]。同じ年にアンドレア・ドウォーキンは、ほかのラディカル・フェミニストたちとともに映画『スナッフ』(*Snuff*) を上映するニューヨークの映画館にピケを張った。アルゼンチンの撮影班が妊娠中の女性を殺害して手足を切断した現実の映像というふれこみの作品である（『スナッフ』のキャッチフレーズは、「この映画は南アメリカだからこそつくられた……命が安い場所だからこそ！」）。このグループはその後、ポルノグラフィに反対する女性の会（Women Against Pornography, WAP）を結成し、タイムズスクエアのセックス・ショップ、のぞき劇場《ピープショー》、トップレス・バーをまわる隔週の「ツアー」をはじめる。スーザン・ブラウンミラー〔一九三五―。ジャーナリスト。邦訳書に主著『レイプ・踏みにじられた意思』など〕が率いるツアーに同行したニューヨーク・タイムズ紙の記者が、出発前に見せられた意識変革《コンシャスネス・レイジング》用のスライドショーのようすを記している。「小さな店で十数人の女性がこわばった表情で見つめるなか、女性が縛られ、殴られ、虐待される画像がスクリーンに映しだされていった」[20]（WAPのスライドショーを見て興奮したとのちに認めるフェミニストもいた）。九番街にあったWAPの本部は、市長のミッドタウン法執行計画によって無償で貸しだされたものだった。かつてその場所にあった「異性装者《トランスヴェスタイト》と売春者のためのソウルフード・レストランやたまり場」は、この計画のために閉鎖されていた（法執行計画の責任者、カール・ワイスブロットはこうコメントしている。「いうまでもなくポルノグラフィの問題は、市とフェミニストのどちらにとっても懸念すべきことがらです[21]」）。ロサンゼルスでは一九七六年、女性への暴力に反対する女性の会（Women Against Violence Against Women, WAVAW）がローリング・ストーンズのアルバム《ブラック・アンド・ブルー》の広告板に抗議した。その広告には縛られてあざができた女性が描かれていて、「ローリング・ストーンズのおかげで〝ブラック・アンド・ブルー〟——最高！」という文句が添えられていた。WAVAWの支部がアメリカとイギリスのいたるところにできる。一九八六年にはイギリス・ポルノグラフィ反対運動（British Campaign Against Pornography）が立ちあげられ、タブロイド紙に掲載されるトップレス女性の写真、「ページ・スリー・ガール」に反対するロビー活動を展開する。ニュージーランドでは、三〇分間の集団レイプ・シーンがあるホラー映画『悪魔のえじき』（一九七八年）を審査で通したことを理由に、ポルノグラフィに反対する女性の会が同国の審査機関長官に辞任を求めた。

この時代の反ポルノ・フェミニストにとって、ポルノは単に女性とセックスを女性蔑視的に描くだけのものではなかった。それは「プロパガンダ以外の何ものでも[22]」なかった。ポルノは家父長制のイデオロギー的な足場であり、女性に対する男性の暴力をエロス化し、けしかけ、正当化していて、より広く男性への女性の社会的・政治的な隷属を強化しているものだったのだ。キャサリン・マッキノンは、反ポルノのマニフェスト『ことばだけ』（*Only Words*）（一九九三年）で、次のように述べる。

> そのメッセージとは「女を手に入れろ」であり、これは全女性に向けられていると同時に、加害者〔制作者〕が手にする年間一〇〇億ドルに上る利益（これが毎年続くのである）にも向けられている。このメッセージは直接ペニスへと勃起を通して届き、その矛先が現実世界の女性たちに向けられる。このメッセージの内容はポルノグラフィだけのものではないが、それを実現する機能はポルノグラフィ独特のものである。[23]

ポルノの機能はそのメッセージを実現することにあると論じること、それはすなわち、世界を描写するだけでなく世界をつくるメカニズムとしてポルノを理解することである。マッキノンやその他の反ポルノ・フェミニストにとってポルノは、イデオロギーを生産・再生産する仕掛けであり、女性の従属をエロス化することで、その従属を現実にするものにほかならなかった。

ポルノに世界をつくる力があると妥協なく主張するこの分析は、当時のブラック・フェミニストの手で歴史と人種の文脈に位置づけられた。ブラック・フェミニストは、植民地主義と奴隷制のコンテクストで黒人女性の身体が歴史上、見せ物にされてきたことに主流ポルノグラフィのひな型を見いだす。たとえば、ヨーロッパ各地で過度《ハイパー》なセクシュアリティを体現するアフリカ人女性の見本としてほぼ裸の身体をさらされた〝ホッテントット・ヴィーナス〟ことサラ・バートマン〔一七八九？―一八一五。アフリカ南部出身の女性。死後には性器などがフランスの博物館で展示された〕や、裸にされ、つつかれ、オークションで売られた無数の奴隷女性である。したがってアリス・ウォーカー〔一九四四―。アフリカ系アメリカ人のフェミニスト作家。『カラーパープル』で八三年にピューリッツァー賞〕は次のように書く。「現代ポルノグラフィの大昔のルーツは、ほぼつねに黒人女性のポルノグラフィ的な扱いに見いだされる。黒人女性は、奴隷になったその瞬間から［…］セックスと暴力の「論理的《ロジカル》」な収斂としてのレイプを受けた」[24]。名著『ブラック・フェミニズム思想』（一九九〇年）でパトリシア・ヒル・コリンズ〔一九四八―。人種、階級、ジェンダーの社会学者でメリーランド大学カレッジパーク校名誉教授。邦訳共著書に『インターセクショナリティ』〕は、白人女性と見分けがつかないように異人種間であえて「繁殖された」奴隷女性に白人女性のポルノ的なモノの先駆けを見る。そうした女性は、コリンズによると「白人女性に押しつけられた美しさ、アセクシュアリティ、貞操のイメージに近い」が、「内面はきわめて性的でみだらな女、所有者にいつでも快楽を提供する「奴隷愛人」」である[25]。この人種化されジェンダー化された慣行から、主流ポルノはその標準的な女性人物像を導きだしたのだとコリンズは示唆する。つまり清楚で淫乱な女のイメージである。ポルノが白人女性の地位への攻撃だとしたら、有色の女性には二重にそれが当てはまる。画面の外で有色の女性がレイシスト的かつ家父長制的なまなざしのもとにモノ化されていたこと、それこそが、画面上で全女性の身体が扱われる際の原型だった。

反ポルノ・フェミニストは、ヒステリーを起こしていたのだろうか？　口やかましい上品ぶった女たちだったのか？　インターネット・ポルノの時代には、雑誌のヌード写真やいかがわしい映画館はもちろん、ＤＶＤやビデオカセットも懐古的なものとして笑いとばせる。いま振り返るとフェミニストの反ポルノ活動家は、セックスにオープンになりつつあり、空想と事実をそれなりに区別できていた大衆文化への不安にとりつかれていたのにちがいないと一部の人の目には映るかもしれない。家父長制のもとでのセックスに不安を抱くフェミニストには、「ミステリアスでとらえどころのない［…］ものそれ自体より、わたしたちを抑圧するものの画像を攻撃する」[26]ほうが簡単だったのだと、ポルノ賛成派フェミニストのグループが一九八三年に書いている。ここで暗に意味されているのは、反ポルノ・フェミニストはポルノの力を過大評価していたということだ。見通しを誤っていたのだと。しかし、反ポルノ・フェミニストの見通しのほんとうの重要性が、注意を向けていた対象ではなく、注意を向けていた時期に見いだされるのだとしたら？　反ポルノ・フェミニストはヒステリーを起こしていたのではなく、先見の明があったのだとしたら？

この問題を考えるきっかけを最初にくれたのは学生たちだった。「ポルノ問題」を議論するのは、フェミニズム理論の入門クラスではほぼ必須である。でも、わたしはあまり気乗りしなかった。学生は反ポルノの立場を上品ぶっていて古くさいと感じるだろう、そう思っていた。フェミニズムの歴史といまの時代のつながりを学生に理解させるのに苦心していたので、それと同じだろうと。でも心配は無用だった。学生は釘づけになった。ポルノグラフィは女性の従属を描いているだけでなく、実際にそれを現実にしていると言える？　わたしが尋ねると、学生はそのとおりだと言う。ポルノのせいで女性は望まないセックスに抵抗しづらくなり、男性はその抵抗の声を聞きづらくなっていて、女性が沈黙させられている？　そのとおりだと学生は言う。ポルノは女性のモノ化、女性の周縁化、女性への性暴力に責任がある？　あると学生は言う。すべてにイエスの答えが返ってきた。

女子学生だけではない。男子学生もイエスと言っていて、いっそう強くそれを口にすることもあった。ある女子がフェミニスト・ポルノの例を挙げて反論すると、「でも僕らはそれを観ない」と男子は言う。観るのはハードコアで過激なもの――いまはインターネット上にあって無料で観られるものだ。男子学生は、セックスでしなければならないルーティンについて不満を述べる。ある男子学生は、支配と服従ではなく愛情ある相互的なセックスを思い描くのはユートピア的すぎるのかと問いかけた。女子学生は、ポルノの筋書きでは女性の快楽がなおざりにされていると語り、それが自分たちの生活における快楽の不在と関係しているのではと考えていた。「でも、もしポルノがなかったら」ある女子が言った。「セックスすることをどうやって学ぶの？」

わたしの学生はポルノに大きな意味を見いだしていて、それをとても気にしていた。四〇年前の反ポルノ・フェミニストと同じように、ポルノの力を強く意識していて、ポルノが現実世界にさまざまな影響を与えていると確信していた。そのゼミのあと、大学院生のティーチング・アシスタント（わたしより少しだけ若かった）と話して、最初からわかっていたはずのことに気づいた。学生たちは、ほんとうの意味でインターネット・ポルノを観て育った最初の世代だったのだ。教室にいた男子のほとんどは、最初に望んだときに、あるいは望んでいなくても、初めての性体験を画面の前でしたはずだ。教室にいた女子のほとんどは、初めての性体験を画面の前か、そうでなければ画面の前で初めての性体験をした男子としたはずだ。その意味で、彼女の経験もまた画面に媒介されている。画面がそうしろと彼に指示したものに。いまはほとんどの人が、ポルノがどこでも手にはいる世界で暮らしているけれども、二〇世紀最後の数年に生まれたわたしの学生は、そうした世界で性的に大人になった最初の世代だった。

わたしの学生は、雑誌やビデオを万引きしたりみんなで回し読んだり観たり、あちこちからおぼろげな知識を集めたりはしなかったはずだ。セックスは完全にかたちづくられ、完全に解釈され、完全に分類されて――〝ティーン〟〝輪かん〟〝熟女〟〝継娘〟――最初からそこにあり、画面上で待っていた。学生たちが現実世界でセックスするようになったときには――かつての世代のティーンエイジャーより遅く、と言っておく必要がある――、少なくともストレートの男子と女子には台本があり、自分がして相手に求める身体の動きと身振りと音だけでなく、適切な感情、適切な欲望、適切な権力の分配も指示されていた。学生たちの心理はポルノグラフィの産物である。反ポルノ・フェミニストの警告は、彼ら彼女らにおいて遅まきながら実現したようだ。学生たちにとってセックスとは、ポルノがセックスだと言うものにほかならない。

ポルノのゼミを初めて担当したあと、ひとりの女子学生がオフィスアワーに訪ねてきた。「自分がしてきたセックスを理解するのに役に立った」とその学生は言う。彼女はむかし付き合っていた彼氏から、おまえのやりかたはおかしいといつも言われていた。「彼はあの女の人たちみたいにしてほしかったんだって、いまはわかる」――つまりポルノに出演している女性たちのことだ。彼女はその女性たちのようではなく、どうやってそう振る舞えばいいかもわからずに、彼に捨てられた。その学生は一九七〇年代の反ポルノ・フェミニストと同じように、ポルノの消費と男性による女性の否定的な扱いを直接結びつけていた。マッキノンは『ことばだけ』で次のように書く。

　ポルノグラフィを見る人はやがては［…］それを三次元の世界で実行したくなるのだ。［…］教師がポルノグラフィの愛好者だった場合、彼は女子学生を将来は自分と同等の人間になるとは見ることができず、［…］医者は麻酔をかけた女性に対してわいせつ行為をしたり、出産時にじっと見ていたり、痛みを加えることを楽しんだり［…］する。ポルノグラフィの愛好者のなかにはトイレに落書をする人もいれば、仕事で（裁判所に提出する）法的意見を書く人も、まちがいなくいるのである。

　ポルノグラフィの愛好者は陪審員の中にもおり、上院司法委員会にも、夫・恋人の暴力の通報を受ける警察官の中にも、［…］普通の映画を作っている男性の中にもいるであろう。［…］何人かは従業員や患者にセクシュアル・ハラスメントをし、娘に性的虐待を行い、妻を殴り、娼婦を買うだろう。［…］寮や高速道路の休憩所で［…］女性を輪かんする男たちもいる。何人かはポルノグラフィを使用しているのかポルノグラフィを作っているのかわからないような形の連続レイプ犯や連続強姦殺人犯になる。[27]

驚くべきイメージである。ポルノは男性の性的な攻撃性を育むバーチャルな教育の場だというのだ。ほんとうだろうか？　それともこのイメージ自体がある種の性的なファンタジーであり、ミソジニーをひとつの出所に還元していて、たくさんいる多様なミソジニストをひとつの主体に、すなわちポルノ視聴者に還元しているのだろうか？

『ことばだけ』の手厳しい書評で、政治哲学者のロナルド・ドウォーキン〔一九三一—二〇一三。法実証主義の批判者として有名で、オックスフォード大学やニューヨーク大学で教えた。主著に『権利論』『法の帝国』など〕（アンドレアの親類ではない）は、ポルノの視聴はそもそもそこまで浸透していなくて、マッキノンやその他の反ポルノ・フェミニストが主張するような否定的な影響を広い範囲に及ぼしてはいないと論じた。男女平等の妨げになっている大衆文化があるとするなら、それはメロドラマと広告だとドウォーキンは書く。一九九三年にはそうだったかもしれないが、いまこの主張はそれほど妥当とは思えない。二〇一八年、五大ポルノサイト——PornHub, XVideos, BongaCams, xMaster, xnxx——の一か月あたりのアクセス数は、合計六〇億をこえていた。PornHub だけで、二〇一七年のアクセス数は二八五億だったという[28]。

二〇一〇年のあるメタ分析では、「ポルノの消費と女性への暴力を擁護する態度のあいだには、全体的にかなりのつながりがある」[29]と結論されている。この結びつきは「暴力的」と分類されたポルノグラフィでは「かなり強かった」が、「非暴力的」なポルノグラフィでもやはり統計的に有意だった[30]（マッキノンたちは知りたがるだろう。「暴力的」なポルノと「非暴力的」なポルノの境界線はどこにあるのかと。男が女の尻を平手で叩いたら暴力的だろうか？　ビッチと呼んだら？　顔に射精したら？　気持ちいいんだろう、ヤりたいんだろうと言ったら？　「ノー」と言っていた女性が最後には「イエス」と言うようになったら？）。調査によると、ポルノを頻繁に観る男性は女性を対象とした差別是正措置《アファーマティブ・アクション》を支持する傾向が弱く、[31]

レイプ被害者に感情移入する傾向も弱い。[32] またレイプする意思を示す傾向が強く、[33] 性的暴力をふるう傾向も強い。[34] 一方、女子学生クラブのメンバーを対象にしたある研究では、ポルノを観る女性は、ほかの女性が性的暴力を受けているのを目にしたときに止めにはいる傾向が弱かった。[35]

批判者たちは、こうした相関関係の強さを疑問視する。そして、自分たちに都合のいい研究を引用し、大人にはファンタジーと事実を区別する能力があると主張する。また、女性もポルノを観ると念を押す。PornHub によると、同サイトのユーザーの三二％は女性である（しかしくり返し尋ねるなら、女性がミソジニストになることはないとだれが言ったのか）。最も重要なことに批判者たちは、その相関関係は因果関係ではないと念を押す。おそらくポルノを観る傾向が強いのは、女性に性暴力をふるい軽蔑的な態度をとる傾向がすでにある男性ではないかと。

イデオロギー面でのポルノの影響を評価するのは、若者のポルノ視聴習慣を扱った信頼できるデータがないこともあってむずかしい。情報源のほとんどは、キリスト教系の反ポルノ団体――いまこの瞬間にもあなたの娘が自撮りポルノ動画をインターネットにアップロードしていると熱心に警告する人たち――か、一八歳未満がコンテンツを閲覧していることを否定するのに強い関心をもつ PornHub のようなウェブサイトである。八〇〇人のポルノ常用者を対象としてシドニー大学が実施した二〇一二年の研究では、そのうちの四三％が一一歳から一三歳までのあいだにポルノを観はじめていた。[36] カナダのアルバータ州の一三歳から一四歳までの生徒を対象にした二〇〇七年の研究によると、九〇％の男子が性的に露骨なメディアにアクセスしていて、三五％が「数えきれないほど何度も」ポルノを観ていた。[37] 世界で最も有名なポルノスターのひとりで四八歳のリサ・アンは、熟女（MILF）ジャンルのベテランだ。インターネット時代のポルノ産業を取りあげたジョン・ロンソンのポッドキャスト、「ザ・バタフライ・エフェクト」でリサ・アンは、一九九〇年代には街で自分に気づくのは大人だけだったとロンソンに語る。いまは「一二、一三、一四歳の子が近づいてきて［…］「ヤらない？」って［言う］」。「その子たちにはただこう言うの。いい？　ああいうサイトであなたが見てることは、たぶん実際には起こらない。だから、女の子にしてって頼んじゃだめだし、セックスがほんとうにあんなものだって思ったらだめ」[38]。一、二世代後、地球上の全員がポルノの世界で性的に大人になるとき、世界はどんな場所になるのだろう？

おまえのやりかたはおかしい。例の女子学生の発言でわたしがいちばん強い印象を受けたのは、元彼氏のポルノ視聴の習慣と彼から与えられた屈辱のあいだに学生が因果関係を見ていたことではない。その屈辱を与える際に彼が使ったことばだ。おまえのやりかたはおかしい。この青年にとってポルノはセックスの規範を示す基準であり、それによって彼女は評価され失格と判断された。ポルノは教育ではないけれど、まるでそうであるかのように機能することが多い。次に示すのは、一四歳から一八歳の男子生徒がポルノについて語った内容を典型的に表すサンプルだ。この生徒たちは、二〇一三年にイギリス子どもコミッショナー事務局（UK Office of the Children's Commissioner）が発表した報告書の一環としてインタビューを受けた[39]。

セックスのやりかたを知って、いろんな新しい動きを知るんだ。

どうやってやるのかわかるんだよね、みんなどんなふうにするのか［…］自分もこうやったらできるんじゃないかって、なんとなくわかる。

観にいくのは［…］楽しみのためだけど、観てるといろんなことがわかるんだ。よく知らないことを。ただあれこれ知って、いろんなことがわかるようになる。

みんながポルノを観るのは情報のためだと思う。何をしてるのか、どうやってやるのかって。

これらのコメントを読んで驚くのは、ポルノを使って射精することについて少年たちがほとんど語っていないことだ。彼ら自身の説明では、ポルノを観るのは「知る」ため、「なんとなくわかる」ため、「あれこれ知る」ため、「情報」のため、「何をしてるのか」を知るためである。もちろん射精もしている。ポルノは「楽しみのため」なのだから。でも、なかには童貞らしき子もいるこの少年たちは、セックスのやりかたを示す権威として手っ取り早くポルノを扱う。同じ調査で少女たちは次のように語っている。

若い子は、セックスはポルノみたいなものだと思ってると思う。その基準があって、そんなふうじゃなかったらセックスはよくないんだって。

それのせいで、ある意味、男子のファンタジーが現実みたいになる。ほんものの人だから。で、男子はいつもそんな感じなんだって思うようになって［…］ちょっと攻撃的、ちょっと無理やりでもいいんだって。

そのせいで〔男子は〕女子についてよくない考え、ていうかイメージをもつんです。女子はみんなこうあるべきだとか、女子はみんなセックスしたがってるとか。

この年ごろの男子はかなり世間知らずで、信頼できるのはだれかが問題なんだけど、こういうのを観てる男子には、どう扱われるかわかんない。

これらの少女は、ポルノをセックスの権威と見なしてはいない。ファンタジーとフィクションをきちんと区別できている。けれども、ポルノは男子にとって「よい」セックスの「基準」を設定し、「いつもそんな感じ」（つまり「ちょっと攻撃的、ちょっと無理やり」）だと考える根拠になり、女子についての「考え」や「イメージ」をつくるものだと彼女たちはわかっている。

ポルノはセックスと女性について嘘をつくかもしれない――ジョン・ストルテンバーグ〔一九四四―。アメリカのラディカル・フェミニスト活動家でアンドレア・ドウオーキンの夫。邦訳書に『男であることを拒否する』〕が示した有名な公式によると、「ポルノグラフィは女について嘘をつく」が「男については真実を語る」。しかし、だから何なのか？　人に、なかでも若者にセックスの真実を語る責任がポルノにあるのだろうか？　ポルノ消費者の行動の責任をポルノとその制作者に負わせるには、男性が女性をモノ化し卑しめるのにポルノが影響を与えていることを示すだけでは足りない。言語《スピーチ》は意図せぬ悪影響を生むことが多いからだ。わたしが何かの冗談のおちで「火事」ということばを口にして、あなたがお茶をこぼしたとする。それはわたしが言ったことの影響ではあるけれど、その害の責任がわたしにあるとは言いがたい。一方、満員の劇場でわたしが「火事だ！」と叫んで、一斉に人が出口に殺到したら、それはわたしの責任だ。人が逃げたのは行き当たりばったりの影響でも偶然の影響でもなく、わたしが遂行した言語行為（speech act）、つまり警告の当然の結果だからだ。反ポルノ・フェミニズムにとって決定的に重要なのは、ポルノはたまたま女性の従属をもたらしているのではなく、それ自体が女性を従属させる行為だという考えである。具体的にいうと、ポルノグラフィは女性の従属を許可し、劣った市民としての地位を女性に付与する言語行為を遂行している。わたしが「火事だ！」と叫んだあとに一斉に人が出口に殺到するのと同じで、ポルノが女性に影響を与えるのは、単に予想どおりの結果であるだけでなく、ポルノグラフィの本質でもあると反ポルノ・フェミニストは考えている。

それが事実だとしたら、ポルノに権威がなければならない。権威がなければ、女性を劣った存在として描くことはできても、女性を劣った存在にすることはできない。女性の従属を描くことはできても、女性の従属を許可することはできない。フェミニスト哲学者のレイ・ラングトン〔一九六一―。ケンブリッジ大学教授。カント哲学やフェミニスト哲学を教える〕は、ポルノは決定的な判定を下す権威がある審判なのか、それとも外側から口を出すだけの傍観者なのかと問いかけ、次のように書く。「もしポルノグラフィの発話は権力をもたないマイノリティによるもの、道徳的な迫害をとりわけ受けやすい傍流の集団によるものだと考えるのなら」、ポルノは傍観者のようなものであり、口は出すけれども権威はなく、聞き入れられるかどうかはわからない――したがって、正確である責任はない、という答えになる。「もしポルノグラフィの声は支配者側の権力の声［…］だと考えるなら、そうはならない」[40]。

もちろん、ポルノ制作者は審判とは異なり、セックスについての真実を語る権威を正式に与えられてはいない。だれもポルノ制作者を選挙したり任命したりはしていない。ポルノが実際に「支配者側の権力」の声だとしても、正式にそうであるわけではない。ポルノがもつ権威は、それが何であれすべて視聴者から与えられる。「何をしてるのか」を自分たちに教えてくれるものとしてポルノを信頼する少年や男性から。反ポルノ・フェミニストを批判する者のなかには、ポルノに責任を負わせるには、この種の事実上の権威では不十分だと論じる者もいる。男子とおそらく一部の女子がポルノをセックスの権威と見なしているからといって、実際にそれが権威であることにはならない。ポルノになんらかの権力があるとしても、それは目指したものでも正式に付与されたものでもない。これは権威と権力をはっきり区別するということだが、この区別はおそらく過去のものである。インターネットによって権力と権威の区別はあいまいになった。かつてラジオ局、テレビ番組、新聞、出版社によって割り振られていた発言のプラットフォームは、いまではありあまっていて、無限に利用でき、ほとんど無料だ。正式に権威を与えられなくても、個人としての発言者が大きな権力を集められる――「インフルエンス」と呼ばれるようになったものである。そうした権力をふるう者に従わせるべき基準が仮にあるとしたら、それはいったい何だろう?

ポルノスターのストーヤは、「可能なかぎり大衆に受けることを狙う制作会社がつくる、ジェンダー・バイナリーで異性愛者向けのポルノ」[41]と彼女が呼ぶ作品に出演している。ニューヨーク・タイムズ紙の論評コラムでストーヤは、求めていたわけではない権威をもってしまったことを認めている。「若者の心をかたちづくる責任を負いたかったわけではない。それなのに、この国の性教育制度が機能していないために、またインターネットに接続できる人ならだれでもどこでもポルノを観られるせいで、わたしはその責任を負っている」。そしてこうつづける。「それを考えると、ときどき夜も眠れない[42]」。

政治的言説のなかで若者を引きあいに出すのは、反動的な目的に資することが多い。若者の純潔を守れという呼びかけは、いまも昔も存在しない子ども時代についてのファンタジーにもとづいている――大人の世界と大人の欲望に汚されていない子ども時代というファンタジーである。それに子ども時代の純潔に訴えると、昔といまの物事のありかたをありえないほどはっきり区別しがちになり、連続性を無視してしまう。ローリング・ストーンズとマイリー・サイラス、ポルノ雑誌とPornHub、映画館の後部座席での愛撫とペニスの自撮り写真の連続性である。それに、いまの社会の技術革新に対処する力がないのは、現在のティーンエイジャーや若者ではなく、おそらくそのほかの者たちだ。わたしが言いたいのは、最もたやすくTikTokやInstagramの記号論的な可能性を把握するのは子どもたちだ、ということだけではない。子どもたちは、政治の主流で過去に見られたいかなるものをもしのぐ、ジェンダー化され人種化された権力の作用に敏感だ、ということでもある。わたしたちが子どもだったら対処できないと思うからといって、いまの子どもがポルノの世界に対処できないと考えるのはまちがっている。第二波フェミニズムの反ポルノ・フェミニストと同じように、おそらくわたしの学生たちはポルノに大きな力があると思いすぎていて、それに抵抗する自分たちの力をあまりにも信じていなさすぎる。

二一世紀に生きる若者の性の現実を取りあげたベストセラー、ペギー・オレンスタイン『ガールズ&セックス――複雑な新しい状況をうまく切り抜ける方法』（二〇一六年）は、カリフォルニアの大きな高校で新学年の全校集会がひらかれている場面からはじまる。出席の注意点とアルコールとドラッグについての警告のあと、校長が女子生徒に直接語りかける。「みなさん、外出時には自分自身と家族に敬意を払う服装をする必要があります。[…]ここはショートパンツ、タンクトップ、クロップトップにふさわしい場所ではない。考えてみなさい。みなさんの服装を見たら、みなさんのおばあさんはよろこびますか?」校長はその後、セクシュアル・ハラスメントの話に移る。すると、最高学年のラテンアメリカ系女子生徒がいきなり立ちあがってマイクを奪う。「いま言ったことは問題だし、すさまじくセクシストだし、「レイプ文化」を助長してると思う」とその生徒は言う。「かわいいからって理由でタンクトップとショートパンツを身につけたいのなら、そうしたってかまわないはずだし、それは自分にどれだけ「敬意」を払うかとはなんの関係もない。校長が言ってることは、被害者を非難する悪循環をつづけてるだけです」。ほかの生徒たちは拍手喝采する。[43]

わたしは二〇〇三年に高校を卒業した。当時、女子はお尻にぴったりフィットするポケットなしのローライズ・ジーンズを穿いていた。シャツやセーターはショート丈で、ピアスつきのおへそと、(運よくそれがあったら)突き出た腰の骨を見せていた。教員の委員会では——わたしは生徒代表として参加していた——、教師たちが女子の服装への懸念を話しあっていた。「女子のTバックをじっと見ているようじゃ、男子はどうやって二次方程式を学べるのかわからんね」。わたしの数学教師が不満を口にした。Tバックとその教師が口にするのを聞いて、気分が悪くなった。男子は実際に集中できずにいたのだろうか——平気そうだったけれど——、それともその教師は自分の考えを伝えていただけなのだろうか?　わたしはむしょうに腹が立っていたけれど、当時はそれをはっきりことばにする概念上の手段——〝スラット・シェイミング〟〔固定観念や社会通念にもとづいて、性をめぐる行動や見た目を批判すること〕〝被害者非難（victim blaming）〟〝レイプ文化〟——をもっていなかった。学校は生徒が安全に自己表現を模索できる場であるべきだし、二次方程式のやりかたを学ぶのは男子の責任だし、女子の気が散らないようにイケメン男子の顔に袋をかぶせろとはだれも言わない。こんなことをわたしはなんとか口にしたのだと思う。ひょっとしたら思っただけかもしれない。その会議のあと教師たちは、女子にシャツを引っぱりおろしてジーンズを引っぱりあげるよう指示する権利があると考えるようになった。

　オレンスタインが論じる『ガールズ＆セックス』の少女たちは、若いときのわたしとはちがい、言うべきことをはっきりわかっているはずだ。わたしや友人みんなとはちがって、フェミニストを自称するのを恥じないはずだ。このように若い女性のあいだでフェミニストとしての意識が高まっている状態と、性をめぐる彼女たちの状況が悪化しているように思われること——モノ化の強化、理想体型へのプレッシャーの高まり、快楽の減少、自分たちが望むセックスの選択肢の縮小——、この関係をどう理解すればいいのだろう？[44]おそらく少女や若い女性が以前よりもフェミニストになっているのは、彼女たちを取り巻く状況が悪化しつつあるために、それが求められているからではないか。あるいはひょっとしたら、オレンスタインが示唆するように、フェミニストとしての意識は多くの若い女性には虚偽意識（false consciousness）の一形態であり、自分たちが反対していると思っている性的従属の体制そのものの術中にはまっているのかもしれない。性にかんするエンパワメントと自律の言説は、もっと邪悪で不自由な何かを覆い隠しているのだろうか？　フェミニスト哲学者のナンシー・バウアー〔一九六〇—。ボーヴォワール、実存主義、現象学などを専門とし、タフツ大学で教える〕は、教え子の女子学生たちに、なぜ「週末の夜、酔っぱらった学生社交クラブの男子たちに自分たちばかりがフェラチオをして」過ごすのかと問いかけたときのことを書いている。「それによって得られる力の感覚が好きだと彼女たちは言う」とバウアーは書く。「おしゃれして、男をどうしようもなく興奮させたところで、ただ立ち去ることだってできる。でもそうはしない」[45]。

最近わたしはロンドンのある学校で、セックスについて一七歳の少女たちから話を聞いた。その子たちは、性教育や同意についての教育の大切さ、クィアのセクシュアリティ、女性の快楽について語った。みんな聡明で思慮深く、おもしろおかしかった。それに長く話すうちに、みんな失望していることもわかった。ある少女は、付き合っている彼女との写真が学校中に出まわって、同性愛者であることをばらされたときのことを語った。みんなダブルスタンダードについて話す。男子はセックスするのを許されているのに、セックスする女子はヤリマンだと言われる。女性のオナニーはタブーになっているとみんな言う。男子はオンラインでは感じがいいのに、実際に会うと感じが悪くて性的に強引だとも言う。ある子がぽつりと語った。ポルノのせいで、男子は女子に現実的ではない期待をもつようになっている。そのせいで、こちらが何を望んでいるかは尋ねてこない。処女でないというだけで、必要な同意はすべて得たと男子は思っているとその子は言う[46]。

『ガールズ＆セックス』の書評でゾーイ・ヘラー〔一九六五—。イギリス生まれ、ニューヨーク在住のジャーナリスト、小説家〕は、世代のちがいから生じるヒステリーを起こしているとしてオレンスタインを非難する。

歴史が教えてきたのは、若者の道徳習慣に不満を述べる中年に警戒しろということだ。いつの

> 時代でも、親は性についての子どもの態度にショックを受けがちである。〔…〕一九五〇年代には、「男女交際」の頽廃的な新しい習慣は道徳の大惨事の前ぶれだと強く信じる人もいた。

ヘラーはオレンスタインが「アメリカの少女の日常について、厳しくも印象的な情報」を示していることを認めるが、「この分野と結びつけられてきた誇張、単純化、でっちあげられた危機の兆し」を避けることができていないとして彼女を非難する。[47]

親の取り越し苦労に対するこうした不満は、たしかに一理ある。オレンスタインは『シンデレラがわたしの娘を食べた』〔邦訳タイトルは『プリンセス願望には危険がいっぱい』〕という本も書いている。しかしオレンスタインの本をわたしにすすめてくれたのは、歴史を忘れがちな興奮した親ではなく、大学を卒業したばかりの若い女性だった。彼女とその女友だちはみんなオレンスタインの本を読んでいて、それについて話していた。オレンスタインが描いているのは自分たちの状況だと彼女たちは言う。デートなしのセックスという日常。そこでは女子が与え男子が受けとり、エンパワメントの言説と自分の身体《ボディ》に自信《コンフィデンス》をもてという言説が、より深いところにある失望と恥の感覚を覆い隠している。この若い女性とその友人たちは、かならずしもポルノを責めていたわけではない。おそらくそれは、自分の存在に組みこまれた特徴であると思われるものを責めるのはむずかしいからだろう。しかし彼女たちは日常のなかにあるセックスについての考えかたとセックスのやりかた、つまり避けられないのと同時に不十分で、なんらかのかたちで外から、手の届かない地平の向こうから押しつけられていると感じられるものに気づいている。

何をすべきなのだろう?

一九七二年、ポルノ映画が初めて一般の映画館で大規模公開された。いまやカルト映画の古典になった『ディープ・スロート』(*Deep Throat*)では、主演女優の芸名リンダ・ラヴレースことリンダ・ボアマンがオーガズムを追求する――クリトリスが普通ではない場所についているため、彼女はフェラチオをすることによってのみオーガズムに達することができる。当時この映画は、女性のセクシュアリティを祝福するものとして受けとめられた。公開後、ボアマンはポルノ的な回想録を刊行し、映画制作の解放的な経験を語っている。いまでもこの作品は、史上最大級の興行収入を獲得したポルノ映画である。世界中で公開され、アメリカ各地の映画館では一日に何度も上映された。ニューヨーク・タイムズ紙の評論家が、あるポルノ監督(「しかつめらしく髭を生やし、映画に関心をもつ若い男」)のことばを引用している。ポルノ女優は「好きだからやってるし、簡単に金を稼げるからやってるんですよ――その順番だと思ってます。それに露出狂でもある。カメラがあると興奮するんです」。[48]

八年後の一九八〇年、ボアマンは二冊目の回想録『試練』(*Ordeal*)を書き、ポルノと売春の世界に無理やり引きずりこまれ、夫でマネージャーのチャック・トレイナーにレイプされていたことを明かす。ボアマンはキャサリン・マッキノンおよびアンドレア・ドウォーキンとともにこの本の記者会見をひらき、そこで公にこれを告発した。その後、ドウォーキンとマッキノンは、ポルノとの闘いに法律を使う可能性について話しあう。そしてポルノに反対する従来の主張――わいせつで下品で、コミュニティの規範に背くという主張——を用いるのではなく、ポルノグラフィは性差別の一形態であり、女性から市民権を奪い、平等な市民としての女性の地位を脅かしていると主張することにした。

一九八三年、マッキノンとドウォーキンはミネアポリスの反ポルノ条例を起草するよう依頼される。この条例は、ポルノに出演した人でもしていない人でも、ポルノによってこうむった害をめぐってポルノ制作者を相手に民事訴訟を起こす権利を女性に与えるものだった。ミネアポリス市議会で可決されたものの、最終的には言論の自由をめぐる懸念を理由に市長が拒否権を行使した。ドウォーキン＝マッキノン法案をもとにした同様の条例は一九八四年にインディアナポリスでも可決されたが、のちに第七巡回区控訴裁判所によって憲法違反として無効にされ、この判決は連邦最高裁判所でも支持される。第七巡回区控訴裁判所の判決では、イースターブルック判事が意見を書いている。「この法案の前提をわれわれは受け入れる」と彼は書く。「従属の描写は、従属を永続化させる傾向がある。女性の従属的な地位は、職場でのいやがらせや低賃金、家庭での侮辱や傷害、街頭での暴行やレイプにつながる」。しかしここに「示されているのは単に、言論（speech）としてのポルノグラフィの力である」[49]。

アメリカのようなリベラルな司法制度のもとでは、ポルノグラフィが言論だと主張することは、すなわちポルノは特別な保護を受けてしかるべきと主張することである。言論の自由は、リベラルな社会が価値を置く（あるいは価値を置くと主張する）さまざまなものと結びついている。個人の自律、政府の民主的な説明責任、個人の良心の不可侵性、差異と意見の相違への寛容、真理の探求といったものである。アメリカでは言論が異様なまでに強く保護されていて、「言論(speech)」ということの概念そのものが異様なまでに広く解釈されている。一九九二年、最高裁判所は、憲法修正第一条〔宗教、表現、報道の自由などを保障する条項〕を根拠に、ミネソタ州の犯罪条例を全員一致で無効にする判決を出した。この条例は、白人のティーンエイジャーが黒人一家の芝生で十字架を燃やしたのを罪に問う際に使われたものである。[50] セントポール市の「偏見を動機とした犯罪に関する条例」(Bias-Motivated Crime Ordinance)では次のように定められていた。

公有あるいは私有の土地に、人種、肌の色、信条、宗教、ジェンダーにもとづいて他者に怒り、恐怖、憤りを覚えさせることがわかっている、あるいはわかっているという合理的な根拠がある、燃えあがる十字架やナチスのかぎ十字シンボル、あるいはその他のシンボル、もの、名称、特徴、グラフィティを配置した者は、治安紊乱行為を犯したものとし、軽犯罪を犯したものとする。[51]

最高裁の多数派意見を書いた〔アントニン・〕スカリア判事〔一九三六―二〇一六。保守派で知られ、同性婚や人工妊娠中絶に反対し、銃所有の市民の権利を擁護した〕が問題視したのは、この条例が特定の「言論」(たとえば十字架を燃やすこと)を、それが表明する見解(たとえば黒人は劣っているという考え)を根拠に禁じていることだった。この見解はたしかに忌まわしいかもしれないが、それでもやはりひとつの見解であって、それゆえその表現は守られなければならないとスカリアは論じる。スカリアの主張によると、言論への制約として唯一許されるのは、言論の形式を根拠としたものである——たとえば、故意になされた虚偽の言論（文書による名誉毀損、中傷）や、犯罪として子どもを虐待することで生みだされた言論（児童ポルノ）などだ。レイシストやセクシストの言論を、内容を根拠に禁止したり抑えつけたりすることはできない。思想の自由市場に国家が介入することになるからである。最高裁は次のように結論を下す。「セントポールには、［…］討論の一方にフリースタイルで闘う許可を与え、もう一方にクインズベリー［侯爵］・ルールに従うよう求める権限はない」。クインズベリー・ルールとは、グローブの着用を義務づけたボクシングの最初の規則である。ようするに、人種の平等をめぐる白人至上主義者と黒人の〝討論〟において、国家はどちらか一方の肩をもつことはできないということだ。

ドゥォーキンとマッキノンの反ポルノグラフィ条例についても、判事や法学者が同様の主張を展開した。この条例案は、女性は男性が性的に利用するモノであるという見解を表現する主流ポルノ制作者の権利を侵害している、というのがその主張である。ドゥォーキン＝マッキノンの条例はすべてのポルノ素材を標的にしていたわけではなく、人間性を奪われた性的なモノとして女性を提示し、そうすることで女性を従属させるポルノ素材だけを対象にしていた。つまり形式ではなく内容で区別していた。女性の平等をめぐるミソジニストとフェミニストの討論において、国家はどちらか一方の肩をもつことはできない。

マッキノンは『ことばだけ』で、この主張をふたつの理由から斥けている。第一に、女性の地位をめぐる論争へのポルノの「貢献」のせいで、女性が平等な条件で論争に参加する可能性が排除されている。ポルノは自分自身の性体験を証言する力を女性から奪い、女性を「沈黙させている

(silences)」とマッキノンは言う。ポルノは女性が「ノー」と言っているときに「イエス」を聞くよう男性に教える。いやがらせを受けた、あるいはレイプされたと言う女性を信じないよう教える。抵抗を恥じらいと受けとり、恥じらいを誘惑と受けとるよう教える。ポルノ制作者が行使する言論の自由の権利によって、女性の言論の自由の権利が損なわれている。

第二に、ポルノグラフィは、女性が従属させられるべきという見解をただ表現しているだけではないとマッキノンは論じる――「ことばだけ」ではないのだと。ポルノとそれが現実世界に与える影響への注意力を鍛えると、ポルノを従属を強いる行為として見られるようになる。その機能は、男性との関係ですべての女性に劣った地位を押しつけることにある。判事、弁護士、哲学者がポルノを言論の自由の問題として――ポルノが何をしているかではなく、ポルノが何を言っているかの問題として――扱っている、まさにそのことが、彼らが暗に男性的なものの見かたをとっていて、多くの女性が理解するようにポルノを理解できていないことを示している。というもの、「社会生活のなかでは、修正第一条が一言も出てこないまま、法的には「行為」として扱われる「言葉」が数限りなくある」[52]からだとマッキノンは書く。訓練された攻撃犬にだれかが「殺せ！」と叫んだ場面を考えてほしいとマッキノンは言う。法律ではこれは、「あなたには死んでもらいたい」という単なる見解の表明としては扱われない。攻撃を命じた犯罪行為として扱われる。犬の飼い主が逮捕されたら、その飼い主の言論の自由は侵害されていることになるだろうか？　ならないのなら、ポルノをつくることで女性への攻撃を命じている男たちは、なぜ異なる扱いを受けるのか？　マッキノンはそう問いかける。法律は男性の制度であり、男によって男のためにつくられているから、というのがマッキノン自身の答えである。「言論の自由」は、単に司法判断の形式的な原則であるかのように見せかけられているが、マッキノンによると、実は支配階級の自由を守るために選択的に使われるイデオロギー上の道具にほかならない(これは、マッキノンの主張を敷衍し擁護しようとしてきたフェミニスト哲学者がおおむね見逃してきた点である。マッキノンにとって問題は、形而上学的にいうとポルノグラフィは実際に行為であり、単なる言論ではない、ということではなく、言論と行為の区別そのものが隅から隅まで政治的であることだ)。

ここには多くのことが含まれている。十字架を燃やした事件での最高裁判所の判決は、政治資金は言論であり保護されるという「シティズン・ユナイテッド対連邦選挙委員会」(Citizens United v. Federal Election Commission)(二〇一〇年)の最高裁判決と同じく、「言論の自由」がいかにやすやすと既存の権力体制をイデオロギー的に支えるものになりかねないかを示している。しかし、社会的平等への無関心のほかにも、ポルノの法規制に慎重を期す理由がある。一九九二年の「R対バトラー」(R. v. Butler)の判決でカナダ最高裁判所は同国の猥褻法を拡大し、暴力的な描写があるポルノおよび非暴力的ながらも「品位を傷つけたり人間性を奪ったりする」ポルノを犯罪化した。[53] 判決理由のなかでカナダ最高裁は、ドウォーキンとマッキノンがアメリカで主張していたのとまさに同じ根拠をもちだして、この種のポルノは女性を従属させ女性の平等の権利を侵害していると論じた。「大きくて悪い国家権力が貧しい無力な個々の市民に飛びかかっているというのとは大ちがいである」とマッキノンは書く。「そうではなくて、比較的無力な集団が、平等を求めて社会的に戦うのを支援する法律が作られたのだ」。[54] わずか数か月後、カナダの警察が、トロントのグラッド・デイ書店からレズビアンのエロティック・フィクション雑誌『バッド・アティチュード』（*Bad Attitude*）を押収する。その雑誌には「緊縛と暴力をともないい性的に露骨な素材が含まれていた」。オンタリオ州上位裁判所はバトラー事件の判例をひき、カナダ人がほかのカナダ人にとても見せられない性的に露骨な素材が含まれていた」。オンタリオ州上位裁判所はバトラー事件の判例をひき、カナダ初のゲイ＆レズビアン書店グラッド・デイに猥褻罪で有罪判決を下す。[55] マッキノンが言うとおり、バトラー事件の判決は「比較的無力な集団が、平等を求めて社会的に戦う」のを手助けすることを意図していた。しかし実際にはその判決は、性的マイノリティを攻撃する際の隠れみのとして使われ、主流のポルノ制作者は無傷のままだった。バトラー事件のあとの二年間で、当時カナダで（また世界でも）最大のアダルトビデオ専門店のオーナーだったランディ・ジョーゲンセンは、この法律に妨げられることなく二〇の新店舗をひらいている。[56]

フェミニストを「ポルノ反対派」と「ポルノ擁護派」の陣営に分けるおきまりのやりかたは誤解を招く。第二波フェミニストのなかには、人間のセクシュアリティの健全な表現として主流ポルノを擁護する者もいたが（一九七九年にエレン・ウィリスは「性的抑圧と偽善を斥けることで」ポルノは「ラディカルな衝動を表現している」と書いている）、[57] ほとんどのポルノ擁護派フェミニストは、ポルノはかならずしもいいものではないが、それを禁じる法律をつくるのは望ましくないという見解をとっていた。一九六〇年代、フェミニストによる初期の反ポルノ運動は、ボイコットと抗議というかたちで制作者と販売者への直接行動をとった。一方、一九八〇年代はじめの反ポルノ活動家は、国家の権力に訴えた。本人たちも認めていたように、つまるところ根本的に男性の視点をとる組織に訴えかけていたということだ。フェミニズムを隠れみのにした国家が女性と性的マイノリティの従属を助長する行動をとったからといって、驚くべきことだろうか？

この問いは、アメリカの反ポルノ・フェミニストが運動を展開していた一九七〇年代終わりと一九八〇年代はじめには特別な意味があった。「ロー対ウェイド」(Roe v. Wade)(一九七三年)で連邦最高裁判所が人工妊娠中絶を合法化する判決を下したのは、フェミニズムにとって大きな勝利だったが、それによって右派による組織的な反発が起こり、宗教的保守派と新自由主義経済の支持者が結びついて、決定的かつ長期的な影響が生じた。新右翼のイデオロギー的綱領で中心的な位置を占めていたのが、フェミニストの成果を覆すことである。人工妊娠中絶の合法化だけでなく、避妊と産児制限へのアクセス、性教育、ゲイとレズビアンの権利、労働人口への女性の大規模参入もだ。こうした動向のなか、ラディカル・フェミニズムのポルノグラフィ批判は、保守派のイデオロギーとうまくかみあった。保守派は、国家に懲らしめられなければならない〝悪い〟女(セックスワーカー、〝福祉の女王《ウェルフェア・クイーン》〟)と国家に守られる必要がある〝よい〟女を区別し、男は生まれつき強奪的なので一夫一婦制の結婚と核家族の制度によって飼いならす必要があると考えていた。ドウォーキン＝マッキノン法案をもとにした条例がニューヨーク州サフォーク郡で審議されたときには、修正が加えられ、ポルノグラフィは「ソドミー」のおもな原因であり、市民の「健康、安全、道徳、福祉全般への深刻な脅威」であるとされた[58](マッキノンはサフォークの条例は「歪曲されている」と言い、それを覆すために闘った)。新右翼の旗手ロナルド・レーガンは、大統領として司法長官にポルノの弊害を調査するよう命じ、マッキノンとドウォーキンもそこで専門家として証言した。調査結果をまとめた一九六〇ページに及ぶミーズ委員会の報告書は、出典を示すことなく、「ポルノグラフィは理論であり、レイプは実践である」というロビン・モーガンの宣言をくり返している。[59] しかし、法律に助けを求めるのは無駄だというモーガンの同じエッセイでの警告はくり返していない。

男根中心的文化が、『男が彼女を引き裂き殺す』みたいなタイトルの本［…］よりも、女性内性器のセルフチェック本や、レズビアニズムを叙情的に賛美する本から検閲的な粛正に着手するであろうことはわかっている。［…］さらにわたしは、男性の支配する司法もあまり信頼していない［…］検閲は結局、一部の男性判事が裁判官席にすわり、汚らわしい本をたくさん片手で読む結果につながることが多いと思う。[60]

二〇一四年、イギリス政府が、国内で制作されるポルノのうち次のような性行為の場面があるものを事実上禁じる法律を通過させた。

スパンキング
杖で打つこと
過激な鞭打ち
「暴力を連想させる」あらゆるものの挿入
身体的な、あるいはことばによる虐待（同意の有無に関係なく）
嗜尿（「聖水プレイ」として知られる）

未成年者としてのロールプレイング
身体の拘束
陵辱
潮吹き
首絞め
顔面騎乗
フィストファック[61]

一見、このリストは妙に一貫性を欠いているように思える。ここには、女性の従属をともなうように思えるかもしれない性的行為――スパンキング、杖で打つこと、過激な鞭打ち、身体的な、あるいはことばによる虐待、身体の拘束、陵辱――でありながら、実際には女性が男性に身体的な苦痛や精神的な恥辱を与える女王様プレイに特徴的なものも含まれている。このリストには、女性の快楽の象徴であり、主流ポルノではほとんど特別扱いされることのない行為もはいっている。潮吹きだ。また、多くの人の目に屈辱的に映ることを除けば、とくに問題なさそうな行為もある。聖水プレイである。「暴力を連想させる」あらゆるものの挿入」。これに男性のペニスは含まれるのだろうか？　おそらく含まれないだろう。首絞めと顔面騎乗（これも女王様プレイを連想させる）がここに挙げられているのは、「命を危険にさらす」可能性があるかららしい。ただ、女性が顔面にすわったことで、これまでどれだけの男性が命を落としたのかは不明だ。

イギリスのこの禁止セックス一覧は、そこに含まれていないものに目を向けることで初めてその意味を理解できる。含まれていないのは、昔ながらのよきポルノ、つまりストレートの「脱いで、フェラして、ヤって、イク」ポルノ――ストーヤが自分の出演するポルノとして語っていたたぐいの作品、ブロンドの女性がフェラチオをし、激しくやられて、「いい」と言い、最後は顔に精液をかけられるようなポルノである。この種のポルノが伝えるメッセージは、女性はヤられるために存在し、そうされるのが大好きだということで、女性を縛りあげたり、殴ったり、拒まれても力でねじ伏せたりするのは、たいてい必要ないということだ。イギリスのリストで制限されているもののなかで唯一、主流ポルノで大きく扱われているのが、どこでも見られる「ティーン」のカテゴリーで大きく取りあげられている「未成年者としてのロールプレイング」である。それを除けば、リストに含まれなかったことで主流ポルノ、つまりたいていの人を興奮させるポルノのほとんどが公式に認められたことになる。しかしフェミニストのポルノ批判は、そもそも主流のロジックを粉砕することを目的としていた。たいていの人を興奮させるからといって問題ないわけではないと示唆しようとしていたのである。セックスの周縁にあるものだけを禁じるのは、多数派セクシュアリティのヘゲモニーを強化することであり、多数派のミソジニーを強化することにほかならない。

イツィアール・ビルバオ・ウルティィアはロンドンを拠点にし、目出し帽をかぶり、銃をもち、スケートボードに乗るSMの女王で、アーバン・チック・スプリマシー・セル（Urban Chick Supremacy Cell）というフェティッシュ・サイトを運営している。これまでのところ、抜け穴を使って二〇一四年の法律をうまく逃れてきた。ウルティィアと彼女のチームは、資本主義的家父長制に共謀しているとして男性をなじりながら彼らを拘束し、ペニスバンドでアナルを犯し、出血させる（同意のもとで、料金つまり「女王様税」を払って）。男性たちはフェミニズムの文献を暗誦させられることもある。たいていの女王様フェチのポルノでは、男性は異性愛《ヘテロ》の男らしさの要求を満たせていないこと、つまり「めめしい男《シッシー》」であることをなじられる。ウルティアのポルノの世界では、裕福で成功していて支配的な男が侮辱の対象になり、めめしい男は救われるかもしれない（とてもヴァレリー・ソラナス的だ）。二〇一四年に規範から外れたポルノ行為を禁じる法律がイギリスで導入されたとき、ウルティアはこう語っている。「目抜き通り《ハイストリート》で商品を山積みにして、いちばん低俗な大衆趣味をもつ人にそれを売りこんで独立系のお店をつぶしてる企業のチェーン店と同じでしょ。五年もしたら、ポルノ版プライマーク〔ファストファッション・ブランド〕が売るフリーサイズのポルノしか残ってないかも[62]」。

二〇一三年、アイスランド（二〇一二年の『世界ジェンダー・ギャップ報告書』で一位〔最もジェンダー平等が進展している〕）は、ポルノの制作と販売の禁止を拡大してインターネットでの「暴力的で不快な」ポルノも含める案を検討した。これを提案した内務省は、アイスランドの子どもが初めてポルノを観るのは、平均で一一歳のときだという調査結果を引用している。内務大臣のアドバイザーはこう語る。「ヌードについても性的関係についても、われわれの社会は進歩的でリベラルですから、われわれのアプローチは反セックスではなく反暴力です。これは子どもとジェンダー平等の問題であって、言論の自由を制限するということではありません[63]」。二〇一三年の議会選挙のために立法は遅れたが、計画にはウェブフィルターを導入したり、サイトをブロックしたり、ポルノサイトへの支払いにアイスランドのクレジットカードを使うのを違法にしたりすることが含まれていた。この提案ははっきりとジェンダーへの配慮に動かされていて、「暴力的で不快な」ポルノとその他を区別していた。アーバン・チック・スプリマシー・セルは排除されただろう。『ディープ・スロート』は残っただろうか？

二〇一一年、中国の警察が「やおい」スラッシュ・フィクション〔ボーイズラブものの二次創作物〕の作者三二人を逮捕した。これは日本から輸入されたポルノ・ジャンルの一種である（南・東アジアのポルノは、ほとんどが日本からきている）。「やおい」は同性愛のファンタジーを漫画にしたもので、女性が女性に向けて描く。[64]

二〇一七年、イギリス政府はポルノで「年齢による締め出し」をおこなうと約束した。うまくいくはずがないと方々から批判され、ひそかに放棄されたが、[65]これは、パスポートや運転免許証をアップロードしたり近所のコンビニエンスストアで「ポルノ許可証」を購入したりして年齢を証明するようポルノ視聴者に義務づける案だった。イギリス政府が使用を提案していたAgeIDという年齢認証システムは、PornHub、RedTube、YouPornの親会社であるMindGeekがつくったものである。[66] MindGeekはオンライン・ポルノをほぼ独占している。

オーストラリアの「映画およびコンピュータ・ゲームの等級審査ガイドライン」（Guidelines for the Classification of Films and Computer Games）は、フィスティング〔膣や肛門に拳を挿入するプレイ〕およびその他、「ボディピアッシング、ろうそくのろうなどの物質の塗布、〝聖水プレイ〟、緊縛、スパンキングなどのフェティッシュ」の場面があるポルノ映画を禁じている。クリップ・セオリー〔障害者研究とクィア研究を交差させた理論的立場〕の理論家ライアン・ソニークロフトは近年、学術誌『ポルノ研究』で、フィスティングが禁じられるのなら、それは「スタンピング」にとって何を意味するのかと問いかけている。[67] スタンピングとは、切断された腕や脚の残りの部分を膣や肛門に挿入するプレイである。

二〇一八年、ネパールでは女性への性的暴行の増加に対する抗議を受けて、デジタル・ポルノを禁止した。禁じられた二万四〇〇〇のウェブサイトのリストには、セックス・ポジティビティ、性教育、クィアをあと押しするサイトも含まれている。[68]

二〇〇七年、オーストラリアのノーザンテリトリー政府の委託によってまとめられた報告書で、先住民コミュニティで児童虐待が多発しているとされていたのを受けて、当時の首相ジョン・ハワードが「緊急」介入をはじめた。その報告書は社会サービスの供給を増やすよう求め、植民地時代の暴力と土地強奪の歴史が現在の先住民文化を形成した経緯にもっと配慮するよう求めていた。しかしハワードはノーザンテリトリーの軍事占領を企て、ポルノの所持と頒布を全面的に禁止する。オーストラリアの全人口に先住民が占める割合はわずか三％だが、同国はPornHubで九番目に大きなポルノ消費国である。オーストラリアの視聴者は、「乱暴なセックス（rough sex）」というタグがついた動画を世界のほかの国の平均よりも八八％頻繁に見ている。[69] 白人のオーストラリア人はポルノの消費を禁じられていない。

ポルノを法律で規制しようとすると——セックスワーク全般を法律で規制しようとするのと同じく——、金銭面で最も大きくそれに依存する女性がかならず損害を受ける。PornHubなどの無料サイトは、ユーザーがアップロードする海賊版のコンテンツで成り立っている。ポルノ制作会社は海賊版の削除を要求できるが、実際にはアップロードされるペースにとても追いつかない。そして、プロのポルノ制作者の利益は減っている。無料ポルノサイトは毎年、ポルノ産業から推定二〇億ドルを奪っている。[70]ポルノ制作からオンラインの海賊版へとお金と権力が移行して、その代償の大部分を女性の出演者が払わされている。現在、世界最大のポルノ産業の中心地であるカリフォルニア州サン・フェルナンド・ヴァレーでは、ポルノ女優がその世界にとどまるのは平均で四～六か月であり、かつての世代の女優よりもずっと早く卒業して、アナルなどもっと出演料の高いハードコア・セックスへと移っていく。[71]

二〇二〇年、Covid-19のパンデミックによる大量失業のために、何万人もの新しい出演者が〝カムサイト〟を経由してポルノ産業にはいった。カムサイトは、あらゆる性別の「モデル」が、お金を払う個人の客にライブストリーミングでセックス・パフォーマンスを（また会話による癒やしもたくさん）提供するサイトである。二〇二〇年三月、CamSodaはモデルの新規登録者が三七％増えたと報告している。ManyVidsでは六九％の増加だという。[72]OnlyFansには、三月の最初の二週だけで六万人の新しいモデルが登録したらしい。[73]通常、出演者の女性や男性が受けとるのは、自分の売り上げのおよそ半分である。ロサンゼルスを拠点にするカムサイトIsMyGirlは、疾病手当なしで解雇されることになっていたマクドナルドの従業員たちに特別待遇を提供した。「（クレジットカード処理後の）売り上げの九〇％を手にする限定オファー」である。IsMyGirlの創業者エヴァン・サインフェルドはこう言う。「もちろん、いいコンテンツをつくって、ファンとのかかわりかたを考えるのは出演者しだいだよ。車上で暮らして仕事をしていた女性が、いまは月に一万ドル稼いでいるすばらしい例もある」[74]。

マクドナルドの元従業員は、ほかの労働者たちと同じく、十分な失業給付金、勤務先と紐づけされていないヘルスケア、車で仕事をしなくてすむ安全な住まいといったものがあったほうがいいはずだ。それに、売り上げの五〇%もかすめ取らない雇い主のもとで働くほうがいいにきまっている。とはいえ、失業したばかりで住まいも健康保険もなく、ポルノに頼ることにした何万人もの女性の生活は、それが違法だったらさらによくなるのだろうか？

法律が何を言おうが関係なく、ポルノはつくられ、買われ、売られる。フェミニストにとって最も重要であるべきなのは、ポルノについて法律が何を語るかではなく、ポルノで働く女性のために、ポルノで働く女性に対して法律が何をするかである。

ポルノのゼミを受けもって数年になるけれど、法律を使ってポルノの影響を抑えるべきだと言う学生にはこれまでひとりも出会っていない。それは学生たちが言論の自由を熱狂的に信じているからではない。みんなプラグマティストだからだ。インターネットを封じこめることはできないし、アクセスをブロックしても、比較的年齢が高くて知識のあまりない世代には通用しても、自分たちの世代には意味がないことを直観的に知っている。それに自分たちが単にポルノの消費者ではなく、徐々に制作者にもなりつつあることをわかっている。つまり、そうした法律の事実上の標的になるのはラリー・フリント〔一九四二―二〇二一。ポルノの雑誌、ビデオ、テレビチャンネルを手がけた出版社の経営者〕ではなく、自撮りの延長線上でセックス動画をアップロードする若者だとわかっている。学生はセックスワークの犯罪化にも慎重だけれど、これは買春する男性を大目に見ているからではなく、売買春の犯罪化によって最も傷つくのは、すでに社会の隅にいる女性だとわかっているからだ。

ポルノについては、よりよい言論によって悪い言論と闘わなければならないと学生は考えている。それにストーヤと同じく、ポルノが自分たちと自分たちの生活に権威をもっているのは性教育が不十分だからだと非難する。学生たちの考えでは、セックスの真実を自分たちに教える力がポルノにあるのは、国家が法律をつくっていないからではなく、国家が教育という基本的な責任を果たしていないからだ。

ある意味では学生たちは明らかに正しい。イギリス人の若者で「よい」あるいは「非常によい」性教育を受けたと答えるのは、わずか二五％にすぎない。[75] また、セックスの教えかたについて十分な訓練を受けたというイギリスの教師は、わずか四一％である。[76] 二〇二〇年九月からイギリスでは必修カリキュラムが拡大されて、同性愛、性暴力、「ポルノ・リテラシー」が含まれるようになり、子どもが一五歳になったら親は子どもにかならず性教育の授業を受けさせなければならなくなった。この変更に抗議して一一万八〇〇〇筆をこえる署名を集めた請願書は、セックスについて「子どもに教えるのは」親の「基本的な権利」であると主張している。[77] その親たちは気づいていないが、子どもたちはすでにセックスについて学んでいて、それは親からではない。

アメリカでは五〇ある州のうち性教育を義務づけているのは三〇州だけである。それらの州でも、何を教えて何を教えないかは個々の学区が決めていることが多い。[78] 性について純潔以外の選択肢を生徒に教えるか否かを決めるのも同じで、二六の州が性教育の授業では純潔を強調しなければならないと義務づけている。[79] 純潔の教育を受けた少女たちは大幅に年上のパートナーと最初のセックスをする傾向が強く、最初のセックスは望んでいないものだったと言う傾向も強い。[80] 二〇一一年から一六年までのあいだに、データがある三七の国でHIV予防について学んだのは、一五歳から二四歳までの男子のわずか三六%、女子の三〇%にすぎない。[81]

さらなる性教育と、よりよい性教育が必要だ。けれども、教育に訴えるのは法律に訴えるのと同じで、多くの場合、それが変革をもたらす力についての誤った考えにもとづいている。プラトンが理解していたように教育を理解したら――生まれたときから接してきたことば、イメージ、記号、比喩の全体として理解したら――、たしかにポルノの問題は教育の問題である。けれども「性教育」を普通の意味で――学校でおこなわれる正規の授業プログラムとして――理解したら、それがポルノのイデオロギー的な力に太刀打ちできるかはわからない。だれが教師に教えるのか？ 教師が普通の人と同じなら、男性のほとんどを含め、その多くがポルノを観ている（ポルノのせいで男性教師は「女子学生を将来は自分と同等の人間になるとは見ることができ」なくなるというマッキノンのコメントを思いだしてほしい。Tバックについての指摘を思いだしてほしい）。セックスが家父長制的につくられていることについて教師が語るのがむずかしくても、それは驚くようなことだろうか？ 「教員研修」をたくさん実施したら――フェミニストの全面的な意識変革《コンシャスネス・レイジング》がない状態で――それが変わるのか？ それに、どの州がその費用を払うのだろう？

ポルノとは異なり、正式な性教育はほんとうの意味での言論《スピーチ》であり、法律上そう見なされているものではなく実際の言論である。これは教師によって発話される言論であり、情報を伝え生徒を説得するのがその目的である。性教育が若者に働きかけるのは、知性に訴えることによってだ――よく考え、疑問を投げかけ、理解するよう求めることによってである。この点で、従来の意味で理解された性教育は、ポルノと同じ土俵で闘おうとはしていない。ポルノは情報を伝えたり、説得したり、議論したりはしないからだ。ポルノは躾ける。心に深い溝を刻みつけるのであって、わたしたちのなかの立ち止まってよく考え思考する部分を迂回して、性的興奮と選ばれた刺激を強力に結びつける。この結びつきは反復によって強められ、家父長制によって性差に割り当てられた社会的意味を強化し再生産する。これはとりわけ映像のポルノグラフィに当てはまる。映像のポルノは、イデオロギー的に最も影響力がある動画というエンターテインメント装置の力を利用する。動画は（ポルノでもそれ以外でも）静止画や書籍や録音とは異なり、わたしたちに何も求めない――インプットは必要なく、深く考える必要もない。求められるのは夢中になってそれに見入ることだけであり、わたしたちはその注目を与えることを強いられ、またみずからすすんで与える。ポルノ動画を前にすると想像力は停止し、現実の虚像に道をゆずって、それに取って代わられる。ブラウザのウィンドウが世界に、ポルノの世界につながる窓になり、見栄えのいい身体が自分たちの快楽のためにヤりヤられる。視聴者が経験する興奮はすべて、またマスターベーションでの視聴者による動画の使用はすべて、その世界で展開することに付随している。動画としてのポルノ動画から与えられる快楽は、ほかの動画から与えられる快楽と同じである。観て聞く快楽だ。

ただし現実にはポルノの世界はなく、そこにつながる窓もなくて、ポルノから得る快感は何にも付随しない。ポルノは視聴者をイカせることを目的に念入りにつくられたものである。そこでのセックスはほんものかもしれないし、そこでの快楽もときにはほんものかもしれないけれど、だからといってそれが変わるわけではない。当然ながら、主流ポルノは画面上で女性の身体を見るという快楽を提供する。挿入を待つその穴、すなわち口、膣、肛門を一つひとつ見る快楽を。しかしそれ以上に、自我の同一化の快楽を提供する。主流ポルノはきわめて特殊な性の図式《シェーマ》をつくりあげ――そこでは女性は総じて男性の性的な力が主張されるのをしきりに欲している――、その後、その図式のなかで自分を重ねあわせる特定の焦点を視聴者に与えるからだ。主流ポルノは男性に向けてつくられている。単にポルノ消費者の圧倒的多数が男性だという意味においてだけでなく、その視覚的なロジックによって、視聴者が「画面上の代理人(screen surrogate)」、すなわち男優に自分自身を投影するよう強いるという意味においても。「画面上の代理人」とは、ローラ・マルヴィ〔一九四一―。イギリスのフェミニスト映画理論家。ロンドン大学バークベック・カレッジで教える〕[82]が一九七五年の画期的エッセイ「視覚的快楽と物語映画」で使ったことばである。ポルノはひとつの視点を表現しているのだという市民的リバタリアンは〔市民の自由を強調する政治思想で、売買春や人工妊娠中絶の支持なども主張に含まれることがある〕、自分たちが思っている以上に正しい。ポルノのカメラは、仮に写すことがあっても男性の顔を撮りつづけることはない。非常に多くの場合、カメラは男性の視点を再現するように配置されている。男性の身体が映し出されているとき、それは能動的な身体であり、その動画の行動の行為主体であり、主題となる欲望と物語の進行の源である。男性の身体のうち、ただひとつ画面上でそれなりの時間が与えられるのが勃起したペニス、視聴者自身のそれの代役である(当然、この代理のペニスは視聴者のものより大きく硬いが、少なくともしばしのあいだ動画はそれを忘れさせてくれる。マルヴィが書くように、「スター男優の魅力の特性は、視線を集める性愛的対象としてのそれではなく、〔…〕理想自我の、より完全でより完結した、そしてより能力にあふれたものとなる」)。典型的には、またほぼ例外なく、ポルノ映画はペニスが射精して終わる――「イク場面がなければポルノ映画ではない」と『映画制作者のためのポルノグラフィ・ガイド』(*Film Maker's Guide to Pornography*)(一九七七年)では説明されている。[83] カメラに凝視され釘づけにされた女性の身体への射精によって。視聴者がうまくタイミングをはかれば――映画館とは異なりオンラインでは、いつでも一時停止、早送り、巻き戻しができる――女性の顔や胸にかかるのは自分の精液になる。

このすべてにおいて、女性視聴者はどこにいるのだろう? 主流ポルノを擁護する人は、主流ポルノの消費者の多くは女性だと念を押したがる。けれども、だからといってポルノが視聴者の女性に何をして何をしないのかはわからない。おそらく女性はそれを観て興奮するのだろう。でもだれに、あるいは何に自分を重ねているのだろう? いちばんわかりやすいところでは、主流ポルノを観る女性は画面上の女性に自分を重ねている。その画面上の女性の性的快感は、男性の欲望および身体的かつ精神的な支配を通じたその充足に媒介されている。命令、要求、挿入、腰を打ちつける動きを通じた充足に。そうした視聴者は、キャロル・クローヴァー〔一九四〇―。カリフォルニア大学バークレー校で中世史とアメリカ映画を教え、ホラー映画のジェンダー分析などを専門とする〕が言うように「それを目で受けとめる」[84]。しかし女性のポルノ視聴者は画面上の男性に自分を重ね、ときに命令、要求、挿入、腰を打ちつける動きをする側になることもある。エレン・ウィリスはこう問いかける。「女性がレイプ・ファンタジーで興奮しているとき、おそらくその女性は、被害者だけでなくレイピストにも自分を重ねているのではないだろうか？」[85] ウィリスの「おそらく」は弱すぎる。性が逆転したこの同一化はとてもよくあるかたちだと思われ、おそらく通常のかたちと同じぐらいありふれている。視聴者としての女性は、行為主体である男性と客体である女性とのあいだを行き来しながら、その両方に自分を重ねるのかもしれない。[86] なぜ多くの女性が――性的なトラウマの過去と向きあっている女性だけでなく――空想上の役割の逆転に快感を見いだすことがあるのか、それを理解するのはむずかしくない。レイプもののポルノの場合、同意のないセックスを演じるのにすすんで同意する女優に自分を重ねあわせることに快感を見いだすことがあるのも同じだ。

同様に、性的モノ化にも快感を見いだせる可能性があるのかもしれない。ジェニファー・ナッシュ〔ブラック・フェミニズム理論やインターセクショナリティの研究者で、デューク大で教える〕は、黒人女性が出演する主流ポルノは黒人女性の人種的・性的従属を助長していると非難するアリス・ウォーカーやパトリシア・ヒル・コリンズは拙速にすぎると主張する。ナッシュに言わせるとそうした描写は、白人男性と黒人女性の視聴者のいずれにとっても「黒人性を快楽と性的興奮の中心として表現する」ものでもありうるからだ[87]（ポルノに登場しないことは、登場するのと同じくらい抑圧の徴候かもしれない。ネイティヴ・アメリカン、アボリジニ、不可触民《ダリト》の女性をフェティッシュの対象にするポルノが比較的少ないのは、彼女たちが抑圧されていない証拠だろうか）。ナッシュの主張は、法哲学者レズリー・グリーン〔一九五六―。オックスフォード大学ベリオール・カレッジ名誉教授で、憲法理論や人権などを専門とする〕のゲイ男性の主流ポルノをめぐる議論を彷彿させる。その多くは「外見や振る舞いが」男性的な者《マスク》による支配と女性的な者《フェム》の服従というストレートのポルノのおきまりの主題を再利用してはいるが、それでもゲイ男性に――ゲイ男性にとっては性的に求められるモノとしての地位が与えられないのが「モチーフ体験（motif experience）」である――「自分自身のモノ性（objectivity）の確固たる感覚」を与えられるとグリーンは論じる。そうした感覚がなければ、男性の「ゲイのセクシュアリティは精神的、政治的、知的なものにはなりうるが、エロく興奮して楽しいものにはなりえない」とグリーンは言う[88]。

これはもちろんすべて正しい。反ポルノ・フェミニストは、画面上の性的・人種的支配のイメージは画面の外での性的・人種的支配を悪化させるだけだという仮説に自信をもちすぎている。この考えの単純さはとりわけ、制御不可能なことで知られる無意識によって覆される。意識上で「よい」「悪い」と考えているものを無意識がどう解釈するか、確実にわかる人などいるだろうか？とはいえ、レイプ・ポルノを観る男性がレイプされる女性に自分を重ねたり、異人種間のポルノを観る白人男性が黒人女性に自分を重ねたりすると論じるポルノ賛成派の理論家が、仮にいたとしてもきわめて少ないのは興味深い。

それでもやはり、こう問うことができる。なぜ女性視聴者が権力をふるうには、男性にならなければいけないのか？　なぜフェムのゲイ男性や黒人女性は、フェムらしさや黒人らしさに魅力があってほかから求められることを知るために、自分のような見た目の人が前かがみにさせられヤられるのを見なければいけないのか？　こうしたニーズがほんものでないと言いたいわけではないし、セクシストやレイシストのポルノをそれに役立つように転用できないと言いたいわけでもない。わたしが問いかけているのは、なぜそのニーズがそもそも存在するのかであり、ポルノの力がどれほど覆されたり逸らされたりするのかについて、それが何を教えてくれるのかだ。わたしが求めているのは、抑圧のもとでなんとかやっていかざるをえないことを解放のしるしと混同しないことである。

わたしは主流ポルノの力を見くびらないようにも求めている。インターネット・ミーム〔インターネット上で拡散され幅広く共有されていることばや画像など〕の「ルール34」では、「存在するのなら、それについてのポルノがある。例外はない」とされている。これはほぼ正しい。最大手のポルノサイトでさえ、風変わりな趣味や、さらには政治的に斬新な趣味にも合う作品を見つけられる。高齢者や見てすぐわかる障害のある人が出演するポルノ、女性が男性のアナルを責めるポルノ、風船を使ったポルノ、『スター・トレック』のポルノ。だからといって、ポルノの世界が自由で風変わりな欲望と個人的な変態嗜好の場だというわけではない。あらゆる文化の形式と同じで、ポルノにも色濃い流行と一貫した筋《スルーライン》がある。二〇一七年にPornHubで最も人気のあった二〇人のスターは、ふたりを除いて全員が白人であり、全員がスリムで、健常者で、フェムで、シスで、思春期前の少女のようにワックスで脱毛していた。[89] 一七位のパイパー・ペリは一四七センチ、四〇キロで――偶然にも？――ナボコフのロリータと同じ身長だ。完璧にそろった歯に歯列矯正器をつけていて、一四歳より上には見えない（ルール35を提案したい。わたしたちの性の政治における醜いもの、それはすべてポルノで大人気である）。

ただ、無料のオンライン・ポルノは、既存の性的嗜好をただ反映しているだけではない。PornHubのようなサイトは、YouTubeやAmazonを動かしているのと同じロジックにもとづいた非常に複雑なアルゴリズムによって動かされている。そうしたアルゴリズムは収集したデータをもとにユーザーの好みを学習し、その後、ユーザーの好みを形成する。検索履歴だけでなく、場所、ジェンダー、一日のなかでインターネットに接続している可能性が最も高い時間帯といったデータも収集する。そしてアルゴリズムは、同じ層のほかのユーザーが好んで視聴しているものをユーザーに提示し、視聴者たちの性の好みを合致させていく。さらにいうならアルゴリズムは、ユーザーがセックスそのものをあらかじめ決められたカテゴリーのなかで考えるようにしむける。『ポルノ産業』（*The Pornography Industry*）の著者シラ・タラントは言う。「たとえばダブル・オーラルに興味があって、それをブラウザに入力したら、ふたりの女性がひとりの男にフェラチオをするものが出てくる［…］ふたりの男あるいは人がひとりの女性にオーラル・セックスをするものはおそらく出てこない」。そしてこうつけ加える。「オンライン・ポルノのユーザーは、自分たちのポルノ使用のパターンがおおむね企業によってかたちづくられていることにかならずしも気づいていない」[90]。PornHubのアルゴリズムのカテゴリーのせいで、「ティーン」のカテゴリーに出演するには年をとりすぎ、「熟女（ＭＩＬＦ）」のカテゴリーに出演するには若すぎるポルノ女優は――つまり二三歳から三〇歳の女優は――、いま撮影の仕事を得るのがきわめてむずかしい。

ポルノは強力だ。教育によってそれを去勢できると望むのは、ポルノの力を見くびっている――言論としての力ではなく、映像としての力を。フェミニスト・ポルノとインディーのクィア・ポルノの制作者は、暗黙のうちにそれを知っている。その人たちが提供するのは、ある意味、オルタナティブな性教育であり、それは異性愛主義《ヘテロセクシスト》の、レイシストの、健常主義《エイブルイスト》のエロスの基準からはみ出る身体、行為、権力の分配に見いだされる性的魅力を明らかにし、それに耽ろうとする。一九八四年、キャンディダ・ロイヤル〔一九五〇―。アメリカのポルノ映画プロデューサー、元ポルノ女優、セックス・ポジティブ・フェミニスト〕が、初めてのフェミニスト・ポルノ制作会社フェム・プロダクションを立ちあげる。ロイヤルは射精シーンを避け（「女優としてわたしは尋ねた。「どうしてそれがあるんですか？」するとこう言われた。「ほんとうにやっていると証明するためだよ」」[91]）、レイプ神話の強化を避ける方法をセックス・セラピストと相談して、同意についての出演者同士の会話を盛りこむことで、強制的なセックスの場面をコンテクストに位置づけた。

ロイヤルのあとにつづき、いまは新世代のポルノ制作者と出演者が、どの身体と行為が興奮を呼ぶのか、だれの快楽が重要なのかについての支配的な理解に抗うポルノをつくろうとしている（忘れられがちだが、ほとんどすべての主流ポルノで男性は実際にオーガズムに達し、女性はそのふりをするだけだ）。バルセロナを拠点に活動するポルノ監督でプロデューサーのエリカ・ラストは、インディー・ポルノの世界にはいったのは、リンダ・ウィリアムズ〔一九四六―。アメリカの映画研究者。カリフォルニア大学バークレー校で教える〕のポルノ映画についての学術書『ハードコア――権力、快楽、〝目に見えるものの興奮〟』（*Hard Core: Power, Pleasure, and the 'Frenzy of the Visible'*）（一九八九年）のおかげだという[92]。ラストの映画は見ていて美しく、物語の面でも感情の面でも複雑で、快楽を求める平等主義的なエートスに動かされている。予告編を見るとアートシアター系映画のように感じられ、ある意味ではまさにそのとおりだ。

シャイン・ルイーズ・ヒューストンはサンフランシスコ芸術大学で映画の学位をとった黒人のクィア・ポルノ監督で、作品『ザ・クラッシュ・パッド』（*The Crash Pad*）（二〇〇五年）は「ダイク・ポルノ」のカルト的古典だ。ヒューストンはクィアと非白人の行為主体性《エージェンシー》を表現することで知られている。出演者は台本どおりに演じるのではなく、何をしたいかをともに決め、演じる性行為に関係なくそれぞれが同額で均一の出演料を受けとる。ヴァギナよりもアナルへの挿入、ひとつよりもふたつの穴への挿入、レズビアンよりもストレートのセックス、というように、普通は厳密な金銭的ヒエラルキーを押しつける市場への抵抗である。ヒューストンのオンライン・シリーズ、Crash PadSeries.comへの出演者たちは、自分のことをノンバイナリー、ブッチ・フェム、ウィッチ、トランス・レズビアン、トランスダイク、"ノン・ヒューマン・ウーマン"、ベア、ジェンダークィア・ユニコーン、ブッチ・フッチ・トランス・ガール・エンビー・ダイク、セックス・ナード、ftMサディストの性的雑食者など、さまざまに呼ぶ。エピソードには内容についての警告と(「同意された同意されていないセックス」の場合)、終了後に出演者が撮影を振り返る「舞台裏」映像がついている。

世界最大級の日本のポルノ産業は、無修正ポルノが無料で手にはいることで(ほかの場所と同様に)打撃を受けてきた。[93] しかし、自覚的にフェミニストのものでないにせよ、女性が監督する女性向けのポルノがとても強く求められている。[94]

単純にいうと問題は、フェミニストやインディーのポルノ動画はほとんどが有料であることだ。仮に無料だったとしても——たとえばジェンダー平等と人種平等のプログラムの一環として国が監督と出演者に補助金を出したとしても——、正式な性教育としてうまくいくとは考えにくい。それどころか多くの国や地域では、一八歳未満の者にこの素材を見せるのは、あるいはそれを見るよう促すだけでも違法だろう(これは学校で「ポルノ・リテラシー」を教えようとする際の深刻な問題でもある。見せられないテキストの読みかたをどうやって教えられるのか?)。わたしの学生はみんな一八歳以上で、いまとは異なる種類のポルノの未来を熱心に歓迎する子もいる。けれども多くは、自分にはもう手遅れだと思っていて、自分の欲望を組みかえるには年がいきすぎていると感じている。無限の多様性があるインターネットの申し子たちが、どういうわけかひとつを除いて可能性はすべて閉ざされていると思っている。

インターネット・ポルノの台頭を受けて、よりよく、より多様なセックスの表象（representation）が若者には必要だという主張を耳にすることが増えた。それを提供するのがむずかしいということのほかに、さらに理にかなった留保もある。よりよい表象を要求しても画面《スクリーン》のロジックはそのまま残り、セックスは否応なくそれに媒介されたままである。そして想像力は模倣に限定され、すでに吸収したものをくり返すだけになる。おそらくいまは、画面のロジックから逃れることはできない。だとしたら、「よりよい表象」は実際、望めるかぎり最善のものである。

けれども、ここでは何かが失われる。映像化されたセックスは、性の可能性の世界をひらくように思われるけれど、たいていの場合、性の想像力を閉ざし、それを弱く、従属的で、怠惰で、体系化されたものにする。性の想像力はミメーシス装置にかたちを変え、独自の新しいものを生みだせなくなる。『インターコース』（一九八七年）でアンドレア・ドウォーキンがまさにこれについて警告している。

想像力は、性的ファンタジーの同義語ではない。後者は単に、居眠り病的精神の中で情緒を繰り返し繰り返し吐露する、プログラム化された録音テープにすぎない。一方、想像力は、新しい意味と新しい形、複雑かつ断固たる価値と行動を見出す。想像力を持った人間は、まさにその想像力によって、きまりきった反応を起こすよう操作された単なるシンボルのがらくた置き場にではなく、新たな可能性と危険を秘めた世界——従来とは異なった新たな意味と選択がある世界——に導かれる。[95]

性教育が若者によりよい「きまりきった反応」だけでなく、大胆な性の想像力——「新しい意味と新しい形」を生む能力——も与えることを目指すのなら、それはある種の消極的な教育でなければならないと思う。それはセックスの真実を語る権威を主張するのではなく、セックスが何か、何になりうるのかについての権威は自分たちにあるのだと若者に伝える。自分たちがそれを選べば、セックスはこれまでの世代が選んだものにとどまるかもしれない。つまり暴力的で、自己中心的で、不平等なものにとどまるかもしれない。あるいはセックスは——自分たちがそれを選べば——、もっと楽しく、平等で、自由なものにもできる。このような消極的な教育をどう実現するのかはわからない。起草すべき法律はないし、策定すべき手っ取り早いカリキュラムもない。阻止しなければならないのはさらなる言論やイメージではなく、それらの氾濫だろう。そうすればおそらく性の想像力を引き出し、たとえつかの間でもそれが失った力を呼び戻させることができるはずだ。

セックスする権利

The Right to Sex

二〇一四年五月二三日、二二歳の大学中退者エリオット・ロジャーが世界で最も有名なインセル（incel）になった。インセルは「不本意な禁欲主義者（involuntary celibate）」の略であり、理屈のうえでは男女どちらにも使えるが、実際には性経験がない男性全般ではなく、性経験がない男性のなかでもある種の人を指す。自分はセックスできてしかるべきだと思いこんでいて、その権利を奪っている女性たちに怒りを燃やす男性である。ロジャーは、カリフォルニア州アイラヴィスタのサヴィル通りにある自宅アパートメントで、ウェイハン・ワンとチェンユアン・ホンというふたりの同居人およびその友人ジョージ・チェンを、それぞれ建物にはいってきたところで刺殺した。その数時間後、カリフォルニア大学サンタバーバラ校（UCSB）のキャンパス近くにあるアルファ・ファイ〔学生社交クラブ〕の女子学生会館へ車を走らせる。そして建物の外で三人の女性を撃ち、キャサリン・クーパーとヴェロニカ・ワイスのふたりを殺害した。その後はアイラヴィスタのさまざまな場所で車を走らせながら発砲騒ぎを起こし、食料品店のなかにいたUCSBの学生クリストファー・マイケルズ＝マルティネスの胸に弾丸一発を打ちこんで殺害したほか、一四人を負傷させる。最後はみずから頭を撃ち抜き、運転していたBMWのクーペは駐車中の自動車に突っこんだ。警察によって死亡が確認される。

アパートメントで三人の男性を殺害したあと、ロジャーはアルファ・ファイへ向かう前にスターバックスを訪れてコーヒーを注文し、「エリオット・ロジャーの報復」という動画を自分のYouTubeチャンネルにアップロードした。また、一〇万七〇〇〇語《ワード》の回想録兼声明書、「僕の歪んだ世界——エリオット・ロジャーの物語」を両親やセラピストらにメールで送信する。このふたつの資料で、その後の虐殺行為とその動機が詳しく述べられている。「望んでいたのは、うまくまわりに溶けこんでしあわせに暮らすこと、ただそれだけだった」。「僕の歪んだ世界」の冒頭でロジャーはそう語る。「けれども僕はのけ者にされ、拒まれて、孤独で無意味な生活に耐えることを強いられた。これはすべて、人類の女どもが僕の価値を認められなかったからだ」。

それにつづいてロジャーは、イングランドで過ごした特権的で幸福な幼少期のことを書き——彼は有名なイギリス人映画制作者の息子だった——、その後、ロサンゼルスで過ごした特権的で不幸な思春期について語る。背が低く、スポーツが苦手で内気。風変わりで友だちのいない子で、クールになろうと必死だった。髪をブロンドにブリーチしたときのこと（ロジャーは白人とマレーシア系中国人のあいだの子で、ブロンドの人は「はるかに美しかった」）。ゲームのHALOとワールド・オブ・ウォークラフトに「安らぎの場」を見いだしたこと。サマーキャンプでかわいい女の子に押しのけられたこと（「女からむごい仕打ちを受けた初めての経験で、すさまじく大きなトラウマになった」）。仲間たちの性生活に怒りを燃やす（「人間として劣った不細工な黒人の男子が白人の女子を手に入れられて、どうして僕が手に入れられないのか？　僕は美しくて、半分は白人だ。イギリス貴族の子孫だ。やつは奴隷の子孫なのに」）。次々と学校を中退して、コミュニティ・カレッジも退学したこと。自分が世界を支配しセックスが非合法化された政治体制を心に思い描いたこと（「女はみんな、疫病にかかった者のように隔離されなければならない」）。このすべてから必然的に導きだされるのは「女に対する戦争」であり、ロジャーは自分からセックスを奪った罪で必ず「女たちをみんな罰する」のだという。標的は「UCSBでいちばん魅力的な女子学生クラブ」、アルファ・ファイだ。そこにいるのは、「女のいやなところすべてをまさに象徴するやつら［…］きれいで魅力的なブロンドのやつら［…］甘ったれのむごくて性悪なビッチたち」だからである。自分が「ほかよりすぐれた人間」であることをみんなに見せつけるのだ。

二〇一七年終わり、オンライン・ディスカッション・フォーラムのReddit は、四万人のメンバーを擁する「インセル」のサポート・グループを閉鎖した。これは「恋愛関係をもてず、セックスもできない者たち」のグループである。Reddit がこの措置をとったのは、「暴力を助長、美化、誘発し、呼びかける」コンテンツを禁止する新ポリシーを導入したあとのことだった。孤独で性的に孤立した者のために立ちあげられたこのサポート・グループは、女性および女性と寝られる「ノンセル（noncel）」や「ノーミー（normie）」に怒りを募らせ、さらにはレイプまでしきりに擁護するユーザーのフォーラムになっていた。もうひとつのReddit グループ、「トゥルーセルズ（Truecels）」もサイトポリシー変更後にアクセスが禁止される。同グループの説明欄にはこう書かれていた。「暴力やその他レイプなどの違法行為を助長したり唆したりすることは禁じる。しかし、たとえばレイプの罰を軽くすべきだとか、レイプを合法化すべきだとか、ヤリマンはレイプされて当然だとか発言するのは、もちろんかまわない」。

ロジャーによる殺人事件が起こったあと間もなく、インセルたちはマノスフィア（manosphere）〔フェミニズムに反対し女性嫌悪を掻き立てる男性至上主義者のコミュニティ〕に夢中になり、この出来事の責任はつまるところ女性（およびフェミニズム）にあると論じた。「性悪なビッチ」がだれかひとりでもエリオット・ロジャーとセックスしていたら、彼はだれも殺す必要がなかっただろうというのがその主張である。フェミニストのコメンテーターは、すぐに当然の指摘をした。いかなる女性にも、エリオット・ロジャーとセックスする義務はない。セックスする権利があるという彼の意識は、家父長制イデオロギーのひとつの事例にほかならない。ロジャーの行為は、極端なかたちをとったとはいえ、その権利意識がくじかれた際の予想どおりの反応である、というように。さらにこうつけ加えてもよかっただろう。フェミニズムはロジャーの敵ではまったくなく、背が低く不器用で、異人種間に生まれためめしい自分に自信をもてない状態に彼を追いこんでいる、まさにその体制に抵抗している第一の勢力ではないかと。ロジャーの声明書を読むと、彼をいじめていたのは女子ではなく、圧倒的に男子だったことがわかる。ロジャーをロッカーに押しこみ、負け犬と呼び、童貞であることをからかっていたのは男子だった。しかしセックスを彼から奪ったのは女子であり、したがって女子が滅ぼされなければならないことになる。

また、こんなふうにも言うことができるだろうか？　ロジャーのアンファッカビリティ（unfuckability）〔セックスする相手にステータスを与えず、それゆえセックスの対象として魅力的とは思われないこと〕は、男性の性的魅力についての家父長制的な規範を女性が内面化している徴候だと。この問いへの答えは、ふたつのことによって複雑になっている。第一に、ロジャーはいけすかない人間で、それは少なくともある程度は、自分が美、道徳、人種の面ですぐれているという考えにこだわっていたせいであり、同居人とその友人を合計一三四回も刺させた彼のなかの何かのせいであって、女性が寄りつかなかったのはロジャーが異性愛《ヘテロ》の男らしさを欠いていたからではない。第二に、オタクっぽいけれども人を殺さない男の多くがヤれている。それどころか、インセルなどの〝男性の権利活動家〟は気づいていないが、本来ならば魅力的でないはずの男性すら魅力的にしてしまうのも家父長制のおかしなところである。ギーク、オタク、めめしい男、高齢の男、「おじさん体型」の男。一方でセクシーな女子生徒、セクシーな教師、〝マニック・ピクシー・ドリーム・ガール〟〔映画に登場するステレオタイプ的な明るい女性キャラクターで、引っ込み思案な男性主人公を助けることをもっぱらの役割とする〕、熟女（MILF）はみな、引き締まった身体をしていて魅力的であり、同じ標準的なパラダイムのなかでわずかに異なるだけだ（雑誌『GQ』が「おばさん体型」を賛美する記事を載せるなんて、想像できるだろうか）。

とはいえ、ロジャーがセックスをしたいと望む女性、つまり女子学生クラブの魅力的なブロンド女性が、基本的にロジャーのような男と付き合わないのはたしかだ。いけすかない人間でなくても、人を殺さなくても同じで、少なくともシリコンバレーで富を築くまでは相手にされない。また、これが家父長制によって強いられた根深いジェンダー規範と関係しているのも事実である。アルファ女性はアルファ男性を求める。それに、「甘ったれでお高くとまってるブロンドのヤリマン」に性的に執着するロジャーの欲望は、それ自体が家父長制の産物であるのも事実であり、「魅力的なブロンドのヤリマン」がすべての女性を表象することばになるのも事実である（マノスフィアでは多くの者が、ロジャーは自分の求める女性を殺すことすらできなかったと嬉々として指摘し、ロジャーの性的地位が「オメガ」であることの最終確認であるかのようにそれについて語っていた。被害者のキャサリン・クーパーとヴェロニカ・ワイスは「魅力的なブロンド女性」ではなく、アルファ・ファイの学生会館前をたまたま通りかかった別の女子学生社交クラブ、デルタ・デルタ・デルタのメンバーだった）。エリオット・ロジャーおよび広くインセル現象を取りあげたフェミニストによる批評では、男性によるセックスへの権利意識、性的モノ化、性暴力について多くのことが語られてきた。しかし欲望については、これまでのところほとんど語られていない。男性の欲望と女性の欲望、および両者のイデオロギー的な形成についてである。

かつては、欲望を政治的に批判したければ、目を向ける先はフェミニズムだった。数十年前には、性的欲望――その対象と表現、フェティシズムの対象とファンタジー――が抑圧によっていかに形成されるのかを考えていたのは、ほぼフェミニストだけだった。一九六〇年代終わりから七〇年代にかけてのラディカル・フェミニストは、性的欲望についてのフロイト的な見解を捨て去ることを求めた。その見解とは、キャサリン・マッキノンのことばを借りていうなら、「生物学的な性別によって分けられた、先天的、根本的、自然で、政治に先立って存在する無条件な衝動」[1]として性的欲望を理解するものである。その代わりにラディカル・フェミニストは、家父長制こそがセックスをいまのようなものにしているのだと認識しなければならないと主張した。いまのセックスは男性による支配と女性の服従を特徴としていて、その根本にある感情は、マッキノンにいわせると「敵意と軽蔑、すなわち奴隷に対する主人の性的興奮と、畏怖と弱さ、すなわち主人に対する奴隷の性的興奮」[2]である。いわゆる「アンチ・セックス」フェミニストの視点からすると、このような状態のもとでよろこびを得られる女性がいることが、状況のひどさを物語っていた。そうしたフェミニストの多くにとって解決策は、男性とのセックスと結婚を拒むことに見いだされる。たとえば、一九六九年にティ＝グレイス・アトキンソン〔一九三八―。全米女性機構の初期メンバーで、六〇年代終わりから七〇年代はじめにかけての女性解放運動で主導的な役割を果たした〕がニューヨークで創設した女性解放グループ、ザ・フェミニスツ（The Feminists）もその立場をとっていて、男性と結婚したり暮らしたりできるのはメンバーの三分の一未満というルールを設けていた。このルールは、フェミニズムが「女性の望むことに対処するだけでなく」、さらに踏みこんで「女性の望むことを変える」[3]必要もあるというザ・フェミニスツの信念を体現していた。一九六八年にボストンを拠点に創設された団体、セル16（Cell 16）は、性別による分離主義、禁欲主義、空手を実践する。セル16が何にもまして大切にしたのが、ヴァレリー・ソラナス〔一九三六―八八。一九六八年にアンディ・ウォーホールを襲撃したことで知られるラディカル・フェミニスト〕の『SCUMマニフェスト』〔SCUMはSociety for Cutting Up Men、男性根絶協会の略〕を読むことである。同書は次のように明言する。

> 女性は簡単に——自分で思っているよりもずっと簡単に——性欲を遠ざけることができ、完全に冷静かつ理知的で自由でいられる。［…］女性が自分の身体を超越したとき［…］ペニスによって自我が成り立っている男性は姿を消す。[4]

ソラナスと同様に、セル16の創始者ロクサーヌ・ダンバー＝オーティス〔一九三八―。歴史家、活動家。アメリカ先住民の研究でも知られる〕も次のように論じる。「セックスの世界をすっかり経験したのち、みずからの選択と強い嫌悪感によって禁欲者になった人は、このうえなく頭脳明晰な人である」[5]。

一九六〇年代終わりと七〇年代はじめのラディカル・フェミニストはみな、セックスは家父長制によってつくられていると考えていたが、なかには女性の欲望を自分たちの政治にふさわしいものにしなければならないという考えに最初から反対する者もいた。アメリカのラディカル・フェミニズムについての研究書『悪くなる勇気』（一九八九年）でアリス・エコルズ〔一九五一―。南カリフォルニア大学で歴史学とジェンダー学を教え、六〇年代アメリカの社会運動を研究する〕が詳述するように、自称「プロ・ウーマン」〔女性抑圧の責任は女性にはないとする立場〕のフェミニストたちは、男性とのセックスと結婚は家父長制による洗脳の徴候ではなく、ほとんどの女性にとって正当な望みであり戦略的に必要なものでもある——政治権力を獲得する手段、あるいは単に生きのびるための手段でもある——と考えていた。つまり女性に必要なのは、異性愛の結婚を求める妄想的な欲求から解放されることではなく、異性愛の結婚をより平等なかたちにとらえなおすことだという。[6] 一九六九年にシュラミス・ファイアストーンとエレン・ウィリス〔一九四一―二〇〇六。音楽評論家、ジャーナリスト。死後に刊行された評論集で二〇一四年に全米批評家協会賞批評部門受賞〕が立ちあげたラディカル・フェミニスト集団、レッドストッキングス（Redstockings）のマニフェストは次のように主張する。「女の隷従は、洗脳されたり、バカだったり、頭が弱かったりの理由で起こったことではなく、日常不断に男から抑圧された結果なのだ。われわれが変わる必要はない、男たちを変えねばならないのだ」[7]。したがって、レッドストッキングスやその他のプロ・ウーマン・フェミニストにとっては、「個人的な解決策」——セル16やザ・フェミニスツといった集団の分離主義的なやりかたに革命の可能性があるという考え——は斥けられるべきである。プロ・ウーマン・フェミニストに言わせると、そうした戦闘的な姿勢は、「ほんとうの」フェミニスト女性と、男性と関係をもち革命の大義に背く無知蒙昧な女性、という誤った二分法を想定しているからだ。プロ・ウーマン・フェミニストの考えでは、すべての女性が交渉と適応の行為に従事していて、真の解放には、個人的な変化ではなく構造的な変化が求められる。レッドストッキングスのある有名メンバーが、会合でこう言い放ったという。「革命が起こるまでプランテーションはなくならない！」[8]（このメタファーの選択からもわかるかもしれないが、たいていのラディカル・フェミニスト集団と同じく、レッドストッキングスもほぼ白人からなるグループだった）。

また、アンチ・セックス・フェミニストは家父長制を取り除くのに熱心なあまり、女性のセクシュアリティの否定に共謀しているのではないかともプロ・ウーマン・フェミニストは懸念していた。これは根拠のない懸念ではなかった。エレン・ウィリスは、レッドストッキングスの会合に出席したティ＝グレイス・アトキンソンから、「わたし〔ウィリス〕の頭にはただ」性的欲望のことしかないと「ひどく見くだすように」言われたと振り返る。[9]しかし、たしかにプロ・ウーマン・フェミニストは女性の性的欲望の実在性を強く主張してはいたが、異性愛の枠の外にある欲望の正当性を擁護することには概してほとんど関心がなかった。異性愛《ストレート》の結婚は実際的に必要であり、本質的に望ましいものでもあると考えていて、「性の戦場」から退却して主流女性を遠ざけているとしてレズビアンを非難していたのである。レッドストッキングスを脱退したある同性愛者の女性は、このグループは「レズビアンのこととなると、あまりプロ・ウーマンではなかった[10]」と述べている。

同性愛嫌悪《ホモフォビア》へ向かうきらいがある点で、プロ・ウーマン・フェミニストはめずらしくアンチ・セックス・フェミニストと手を組んでいた。アンチ・セックス・フェミニストの多くは、レズビアンを「男性と同一化した（male-identified）」性的脅威と見なしていて、ほかの女性を脅かす存在だと考えていた。自分たちのセクシュアル・アイデンティティと自分たちの政治は両立可能だとレズビアンのフェミニストが声高に主張しはじめたとき、彼女たちはレズビアニズムを生来の性的指向の問題としてではなく政治的連帯の問題として提示することで議論を展開した。一九七一年にワシントンDCで結成されたラディカル・レズビアン集団、ザ・フューリーズ（The Furies）は次のように宣言する。「レズビアニズムは性的嗜好〔好み〕の問題ではなく、政治的選択の問題であり、男性支配を終わらせるには〔…〕すべての女性がその選択をしなければならない」[11]。こうしてアンチ・セックス・フェミニストによる禁欲の主張は、きわめて特殊なかたちでとはいえ、レズビアニズム擁護の議論に転用された。政治的レズビアンが女性解放運動の前衛と見なされるようになると、プロ・ウーマン・フェミニストは、かつてアンチ・セックス・フェミニストを批判したときと同じように、政治的な対決よりも個人的な変革に関心を向けているとして彼女たちを非難する。それに対して政治的レズビアンは、男性の権力を支えているとしてプロ・ウーマン・フェミニストを非難した。

イギリスでも同様のパターンが展開される。一九七〇年、第一回全英女性解放運動会議（National Women's Liberation Movement Conference）がオックスフォードのラスキン・カレッジでひらかれた。イギリスの第二波フェミニズムは、思想の面でも政治の面でもはじめから社会主義フェミニストが牛耳っていた。ジュリエット・ミッチェル〔一九四〇―。イギリスの歴史家、精神分析家〕、サリー・アレクサンダー〔一九四三―。イギリスの歴史家、フェミニズム活動家で、社会運動史や精神分析史の研究者〕、シーラ・ローバトム〔一九四三―。イギリスの歴史家、理論家〕ら、資本家による搾取との闘いが女性の解放に中心的な役割を果たすと考え、左派の男性を（不完全とはいえ）重要な味方と見なす者たちである。なかには異なる考えをもち、分離主義にもとづいた女性だけの住まいやグループを立ちあげるフェミニストもいた。しかし、根本的な敵は資本主義ではなく男たちだと考えるフェミニストが決定的に袂を分かつのは、一九七七年のことである。ロンドンでひらかれた第九回全英女性解放運動会議で、シーラ・ジェフリーズが「革命的フェミニズムの必要性」という報告をして社会主義フェミニストを批判する。女性の抑圧の基盤にあるのは資本家による搾取ではなく男性による暴力であることを認識していない、また子育てを社会で担うように求めるといった「改良主義的な」要求をしている、というのが批判の内容だった。[12]「女性解放運動は脅威であり、そう見なされるべきだ」とジェフリーズは論じる。「男がコーヒーを淹れる男女混合のタッパーウェア・パーティー〔タッパーウェアの販売を目的としたホームパーティー〕としてそれを思い描くのが有益だとは思えない」[13]。英国フェミニストの声高な少数派がジェフリーズのもとに結集し、パンフレット「政治的レズビアニズム――異性愛反対論」（'Political Lesbianism: The Case against Heterosexuality'）で有名なリーズ革命的フェミニスト・グループ（Leeds Revolutionary Feminist Group）のような分離主義派のグループをつくった。翌年にバーミンガムでひらかれた会議では、それまで女性解放運動会議が掲げていた六つの要求を廃止する案を革命的フェミニストが提出する。「敵である家父長制国家に――男に――何かを求めるのはばかげている」[14]というのがその理由だった。しかし、この案は総会の議題に盛りこまれなかった――意図的に外された、というのが革命的フェミニストの主張である。ようやくそれが読みあげられると、社会主義フェミニストが猛反発し、それを受けて今度は革命的フェミニストがほかの演説者を妨害したり歌をうたったりして抗議した。男性による性暴力は「男性支配」の徴候なのか、それとも階級による抑圧などほかの社会悪の徴候なのか、またレズビアンのセクシュアリティはフェミニストによって特別に守られるべきなのか、ふたつの党派のあいだで激しい言い争いがつづく。延々と会がつづくなか、話は叫び声にかき消されてほとんど聞こえなくなる。演説者の手からマイクがもぎ取られる。多くの女性がいらだち、うんざりして会場をあとにした。バーミンガムでの集まりは、全英女性解放運動会議の一〇回目にして最後の会合になる。[15]

一九七〇年代から八〇年代にかけて女性解放運動が展開していくなかで、こうした対立は深まっていった。一九七〇年代なかば以降、アメリカのアンチ・セックス・フェミニストは、またアメリカほどではないがイギリスの革命的フェミニストも、ポルノグラフィの問題に集中するようになっていき、一部のフェミニストにはそれが家父長制のすべてを象徴するものになる（フェミニストによるホモフォビアのテーマと足並みをそろえて、反ポルノ派のフェミニストもおおむねレズビアンのサドマゾヒズムに猛反対していた。それは家父長制の力学を反復していると考えていたからである）。エレン・ウィリスをはじめとする多くのフェミニストは、プロ・ウーマン・フェミニストが戦闘的な禁欲主義に反対していたのと同じ理由で、ポルノへの拘泥に疑問を抱いていた。ポルノにもっぱら目を向けることもまた、女性のセクシュアリティの抑圧にひと役買っているというのがその理由である。しかし多くのフェミニストは、一夫一婦制の異性愛結婚がたいていの女性にとって理想的な状態だとするプロ・ウーマン・ラインからも距離を置きたがっていた。プロ・ウーマン・フェミニズムとアンチ・セックス・フェミニズムというふたつの極のあいだで、ウィリスの主導によって「プロ・セックス」あるいは「セックス・ポジティブ」フェミニズムと呼ばれるようになるものが生まれる。一九八一年の古典的エッセイ、「欲望の地平——女性解放運動はプロ・セックスか」でウィリスは、プロ・ウーマン・フェミニズムとアンチ・セックス・フェミニズムはどちらも、男性がセックスを求め、女性はそれに耐えるだけという保守的な考えを強化していると論じた。その考えの「いちばんの社会的機能」は、寝室（あるいは路地）の外での女性の自律性を奪うことにある。ウィリスによると、いずれのフェミニズムも「性的快楽の代わりにまやかしの道徳的優越感を受け入れることを、真の力を獲得する代わりに男性の性的自由を抑えることを」女性に求めている。[16] 同時代のLGBTの権利運動に触発され、ウィリスやその他のプロ・セックス・フェミニストは、女性はセックスにおいて独立した主体であり、女性による同意――イエスを言いノーを言うこと――がそのセックスについての道徳的判断を左右するのだと主張した。

ウィリスの時代以降、フェミニズムがインターセクショナリティへと向かうことによって、プロ・セックス・フェミニズムの主張は強化されてきた。家父長制的な抑圧が人種と階級によってどのような屈折を見せているのか、それを考えるようになったフェミニストは、性に関する普遍的な政策を含め、普遍的な方策を打ち出すのに消極的になったのだ。職場への平等なアクセスの要求は、男性とともに働くことをつねに求められてきた黒人や労働者階級の女性よりも、家庭にとどまることを期待されてきた白人中間層の女性に強く響くだろう。同様に性的な自己対象《モノ》化〔自分自身を性的なモノとして認識し提示すること〕についても、白人であり、そのためにすでに女性の美しさのパラダイムに合致している女性と、黒人や褐色肌やトランスの女性とでは、その意味はかなり異なる可能性がある。インターセクショナリティへ舵を切ったことで、虚偽意識（false consciousness）という観点からものを考えることへのフェミニストの抵抗感もさらに強まった。つまり、男性とセックスしたり結婚したりする女性は家父長制を内面化しているという考えへの抵抗感である。いま重要なのは、女性のことばをそのまま受けとめることだと広く考えられている。ポルノの仕事をしたり、男性とセックスしてお金をもらったり、レイプ・プレイをしたり、ピンヒールを履いたりするのが楽しいと女性が言うのなら――楽しいだけでなく、それらが解放に資するものであり、フェミニストとしての実践《プラクシス》の一部なのだとも考えているのなら――、その人を信じなければならないと多くのフェミニストが考えているのだ。これは単なる認識にかんする主張ではない。つまり、ある女性が自分自身の経験について語っているのなら、それがほんとうだと考える（絶対のではないにせよ）強力な理由があることになる、というだけではない。それはまた、あるいはおそらく何にもまして、倫理的な主張でもある。つまり、自己欺瞞という考えをあまりにも安易に使うフェミニズムは、解放するはずの主体を抑えつけかねないフェミニズムだというのである。

「欲望の地平」でのウィリスの主張は、いまなお力を保っている。一九八〇年代以降、女性の性的欲望について道徳的な判断を下すことなく、そうした欲望にもとづいた行動は同意という基準によってのみ道徳上の制約を受けると主張するフェミニズムに追い風が吹いてきた。セックスはもはや道徳的に問題か否かではなく、単に望むか望まないかのものになったのだ。この意味でセックスの規範は、資本主義的な自由取引の規範に似ている。重要なのは、需要と供給の力学がどのような状態のもとで生じているかではない――つまり、労働力を売らなければならない人がいる一方で、それを買う人がいるのはなぜかではない。売り手と買い手の両方が譲渡に同意したこと、ただそれだけが重要なのだ。とはいえ、セックス・ポジティブの考えはフェミニズムがリベラリズムに取りこまれたことを示していると論じるのは、あまりにも安易すぎる。フェミニストおよびゲイとレズビアンの活動家が、セックスを恥辱、汚名、強制、虐待、望まない痛みから解放しようと何世代にもわたって懸命に闘ってきた。この取り組みでは、次のことを強調するのがきわめて重要だった。すなわち、セックスについて外から理解できることは限られていて、性的な行為には公的な視点からはとらえられない私的な意味が含まれていることもあるのであって、たとえ問題ないとはとうてい思えなくても、ある特定のセックスの事例が問題ないと信じなければならないときもある、ということである。このようにフェミニズムは、公《パブリック》と私《プライベート》というリベラリズムの区別に疑問を呈するだけでなく、それを強く主張してもきた。

とはいえ、たとえ意図せぬ結果であっても、欲望の形成を問うのに消極的であるという点でセックス・ポジティブの考えとリベラリズムが一致しているのを無視することは不誠実だろう。第三波フェミニストが、たとえばセックスワークも仕事であり、たいていの女性がやっている単純労働よりもいい仕事かもしれないというのは正しい。それに、セックスワーカーに必要なのは救援やリハビリではなく法的・物的な保護であり、安全とセキュリティなのだという彼女たちの主張も正しい。しかし、セックスワークがどのような仕事かを理解するには——どのような身体的・精神的行為が売買されているのか、それをするのは圧倒的に女性が多く、お金を払うのは圧倒的に男性が多いのはなぜかを理解するには——当然ながら男性の欲望が政治的にどう形成されているかを語らなければならない。また当然ながらそれと関係して、教育、看護、ケア、子育てなど、女性のほかの仕事についても論じられるべきことがあるだろう。セックスワークも「ただの仕事」だと言ってしまうと、男性のものであれ女性のものであれ、いかなる仕事もただの仕事ではありえないことが忘れられてしまう。すべての仕事は性別化されてもいるのである。

ウィリスは「欲望の地平」を次のように締めくくる。「同意したパートナーのあいだでは、自分たちの性的嗜好を追求する権利がある」のであって、ウィリスにとっては、フェミニズムに「権威主義的なモラリズムがはいりこむ余地がないのは自明のことである」。しかし、次のようにつづける。「真にラディカルな運動は［…］選択の権利だけに目を向けていてはならず、根本的な問題に焦点を合わせつづけなければならない。なぜわたしたちは、いま選んでいるものを選ぶのだろう？ほんとうに選ぶことができたら、何を選ぶだろう？」これはウィリスにとって奇妙な方向転換だと思われるかもしれない。いかなるものであれ、性についての好みは定点として受け入れて道徳的な審査から守るべきという倫理的な主張を展開したあと、ウィリスは「真にラディカルな」フェミニズムはまさに「権威主義的なモラリズム」を生じさせる問いを投げかけるのだと論じているからだ。仮に女性がほんとうに自由なら、セックスについての女性の選択はどのようなものになるだろうというのがその問いである。ウィリスは一方で与え、他方で奪っているように感じられるかもしれない。しかし、おそらくウィリスはどちらにおいても与えている。ウィリスがここで語っているのは、フェミニズムに課された仕事である。すなわち、セックスについて自由に選択できるのは当然の前提だと考える一方で、「アンチ・セックス」フェミニストとレズビアン・フェミニストがずっと論じてきたように、家父長制のもとでその選択が自由であることがほとんどないのはなぜかを考えることである。わたしが言いたいのは、前者に取り組むのを急ぐあまり、フェミニストは後者に取り組むのを忘れてしまう危険を冒してはいないかということだ。

倫理的に問題ないセックスに課される制約は同意のみだと考えると、性についての好みは自然なものと見なされるようになっていき、レイプ・ファンタジーは政治的な事実ではなく根本的な事実になる。レイプ・ファンタジーだけではない。「魅力的なブロンドのヤリマン」と東アジア人女性はファッカビリティ（fuckability）〔セックスする相手にステータスを与え、それゆえセックスの対象として魅力的と思われること〕がきわめて高いこと、黒人女性やアジア人男性はファッカビリティが相対的に低いこと、黒人男性のセクシュアリティへの崇拝と恐怖、障害者、トランス、肥満者の身体に向けられる性的な嫌悪感のことも考えてもらいたい。「ファッカビリティ」についてのこの事実は――だれの身体が性的に手に入れやすいと見なされているかではなく（その意味だと、黒人女性、トランス女性、障害者女性はみなファッカビリティが高すぎることになる）、だれの身体がセックスする相手にステータスを与えるのかは――政治的な事実である。真にインターセクショナルなフェミニズムは、こうした事実を真剣に受けとめるよう要求すべきだ。しかし、ふたつの立場のあいだに立つよう呼びかけたウィリスから遠ざかったセックス・ポジティブの視点は、それらを政治に先立つ所与のものとして扱い、こうした事実を骨抜きにするおそれがある。つまりセックス・ポジティブの視点は、ミソジニーだけでなく、レイシズム、健常主義《エイブルイズム》、トランスフォビア〔トランスジェンダーの人への不安、嫌悪、憎悪などの否定的な感情〕、その他のあらゆる抑圧的な体制を覆い隠す危険がある。それらは、「個人の好み」という一見無害な仕掛けを通じて寝室に忍びこむ。

「Grindr〔ゲイ、バイセクシュアル、トランス、クィアを対象としたマッチングアプリ〕で見かけるきれいな上半身の写真は、たいてい顔を隠したアジア人の男なんだ」わたしのゲイの友人が言う。その翌日、Grindrが「ホワット・ザ・フリップ？」（'What the Flip?'）というウェブ・シリーズをはじめたことをFacebookで知った。初回の三分間のエピソードでは、髪を青く染めた美しい東アジア系男性と、身なりのいいハンサムな白人男性が、Grindrのプロフィールを交換する。結果は予想どおり残酷だった。アジア系男性のプロフィールを使うようになった白人の男はほとんどアプローチされなくなり、寄ってくるのは、「ライス・クイーン」〔アジア系の男が好きな非アジア系のゲイ男性〕を自称する男や、「ウケがうまい」からアジア系の男が好きだという者ばかりだ。メッセージを無視すると暴言を吐かれる。一方、アジア系男性の受信箱には求愛者が殺到する。のちにこれについて語りあうシーンで、白人の男はショックをあらわにし、アジア系の男は陽気にあきらめのことばを口にする。「みんなに好かれなくても、きみもだれかには好かれるよ」白人の男が力なくそういって、ふたりはハグする。次のエピソードでは、筋肉隆々のライアン・ゴズリング風の男性が、かわいい顔をした小太りの男性とプロフィールを交換する。別のエピソードでは、外見や振る舞いが女っぽい《フェムの》男性が男っぽい《マスクの》男性と交換する。結果は予想どおりだ。[17]

「ホワット・ザ・フリップ？」には当然の皮肉がある。Grindrはそもそも、アイデンティティの露骨な特徴《マーカー》によって性的な対象になる見こみがある人とない人のふたつに世界を分けるように——性的な「NGポイント」と「必要条件」によって人を判断するように——ユーザーに促すアプリだからだ。そうすることでGrindrは、わたしたちの性的欲望がすでに従っている差別のパターンを単純に強めている。オンラインの出会い系サービスは——なかでも顔、身長、体重、年齢、人種、気の利いたキャッチフレーズなど、必要最小限まで魅力を絞りこんだTinderやGrindrの抽象化されたインターフェイスは——ほぼまちがいなくセクシュアリティの現状の最悪の部分を取りあげ、それを画面上で制度化したともいえる。[18]

「ホワット・ザ・フリップ?」で前提とされているのは、これがゲイに特有の問題だという考えである。つまり、ゲイ男性のコミュニティはあまりにも皮相的で、あまりにもボディ・ファシスト〔身体の美しさに絶対的な基準を設け、そこから外れるものを排除する思考〕で、あまりにも非難がましいという考えだ。わたしの身近にいるゲイ男性はいつもこの種のことを言っていて、加害者も被害者も（たいていの人はそのどちらにも当てはまると考えている）みんなそれがよくないことだと思っている。ただ、わたしはそんなふうには思わない。BumbleやTinderなど、おもに異性愛者《ストレート》が使うマッチングアプリが、セクシュアル・レイシズムやファットフォビア〔肥満者への嫌悪感情〕と向きあうようストレートの〝コミュニティ〟に促すウェブ・シリーズをつくることなど、想像できるだろうか？ 考えにくいとしたら、それは異性愛者がボディ・ファシストやセクシュアル・レイシストでないからではない。異性愛者は——あるいは、白人の健常者のシスジェンダーの異性愛者は、と言うべきかもしれない——自分たちのセックスのやりかたにおかしなところがあるとは普段は考えないからだ。一方でゲイ男性は——たとえ美しくて白人で裕福で健常者であっても——だれとどのようにセックスするかは政治的な問題だと知っている。

当然ながら、性についての好みを政治の視点から精査することには、深刻な危険がつきまとう。フェミニズムは欲望の根拠を問えるものであってほしいが、スラット・シェイミングや上品ぶった態度、自己否定に陥ってほしくはない。一人ひとりの女性に、あなたは自分が望んでいることをわかっていない、あるいは同意の範囲内でやっていること、実際に望んでいることを楽しんでいるはずがない、と忠告することもあってもらいたくない。一部のフェミニストは、そんなふうに欲望の根拠を問うのはそもそも不可能だと考えている。欲望批判を許すと、権威主義的なモラリズムへと必然的に導かれていくからだ（ジュディス・シュクラーがかって「恐怖のリベラリズム」――権威主義的なオルタナティブへの恐怖心に動かされたリベラリズム――について論じたように、そうしたフェミニストたちは、ある種の「恐怖のセックス・ポジティビティ」について論じている［つまり権威主義に陥る恐怖心に動かされてセックスを肯定している］のだと考えることができる）。[19]しかし欲望をふたたび政治化すると、セックスする権利があるという言説を助長するおそれもある。性にかんして不当に周縁化されたり排除されたりしている人について語ることは、それらの人たちにはセックスする権利があり、その人たちとのセックスを拒む者のせいで権利が侵害されているという考えに道をひらきかねない。この見解はいらだたしい。ほかのだれかとセックスしなければならない義務など、だれにもないからだ。これはあまりにも自明の理である。そしてもちろんこれこそが、エリオット・ロジャーや彼を殉教者として称える大勢の怒れるインセルが目を背けていたものにほかならない。いまは使われていないRedditのグループに投稿された「インセルが女をレイプするのは合法にすべきだ」というタイトルの書きこみでは、次のように論じられている。「飢えた男が食べ物を盗んでも刑務所に入れられるべきではなく、性的に飢えた男が女をレイプしても刑務所に入れられるべきではない」。これは吐き気をもよおすような誤った同列化であり、家父長制の核にある暴力的な思いちがいをさらけ出している。

なかには政治的に根拠の怪しい理由によって性の領域から排除されている男性もいる——おそらく匿名フォーラムで絶望をぶちまける男の一部もそこには含まれているだろう。しかしその不満が、(自分たちと他者の)欲望を形成しているシステムへの怒りではなく、セックスを〝奪っている〟女性への怒りにかたちを変えると、一線をこえて道徳的に醜悪で混乱したものになる。

レベッカ・ソルニットは、「『ロリータ』について説教したがる男たち」という鋭いエッセイで次のように念を押す。「相手があなたとセックスしたいと思わない限りはセックスできない」のであり、それは「誰かにサンドイッチを分けてもらいたいと思ったところで、相手も同じように考えているのでなければそうはならない」[20]のと同じである。だれかのサンドイッチをひと口もらえなくても、「それは抑圧の形態でもなんでもない」とソルニットは言う。しかしこの喩えは、わかりやすいのと同時に混乱も招く。こんな状況を想像してほしい。あなたの子どもが小学校から帰ってきて、ほかの子たちは互いにサンドイッチを分けあっているのに、自分とは分けあってくれないと言う。さらに想像してもらいたい。あなたの子どもは褐色肌だったり、太っていたり、障害を抱えていたり、英語をうまく話せなかったりして、それが理由でサンドイッチの交換からのけ者にされているのではないかとあなたは考えている。すると突如として、あなたの子どもとサンドイッチを分けあう義務はほかの子にないと言うだけでは不十分だと思えてくる。実際にそんな義務はないかもしれなくてもだ。

セックスはサンドイッチではない。あなたの子どもは、哀れみの気持ちからサンドイッチを分けてもらいたいわけではない——お情けでヤらせてもらうのを、とくにレイシストやトランスフォビアの人からそうされるのを、心から望む人がいないのと同じだ。とはいえ、仮にあなたの娘とサンドイッチを分けあうように教師がほかの子に促したり、平等にサンドイッチを分かちあうルールを教師が設けたりしても、強制的だとは思われないだろう。他方で、性についての市民の好みや行動に国家が同じように介入したら——セックスを平等に「分かちあう」よう促したら——、おそらくひどく権威主義的だと思われるはずだ（ユートピア社会主義者のシャルル・フーリエは、ベーシックインカムの保障に似た「最低限のセックス」を、年齢や身体の弱さと関係なくすべての男女に保障するよう提案した。性的な欠乏状態がなくなることではじめて、ほんとうに自由な恋愛関係が可能になると考えていたからである。この社会サービスを提供するのは「恋愛貴族」、「名誉が命ずるところに愛を従わせる方法を知っている」[21]者だとフーリエは言う）。当然ながら、こうした介入がどのようなかたちをとるのかは重要である。たとえば、障害者の権利を主張する活動家は、学校でより包摂的《インクルーシブ》な性教育をおこなうようにずっと前から求めてきたし、広告やメディアで多様性を確保する規制を歓迎する人も多いだろう。とはいえ、そうした措置だけで性的欲望を変化させ、差別のパターンから完全に解放できると考えるのは単純すぎる。それに、子どもの集団にみんなでサンドイッチを分けあうよう求めるのはさほどおかしなことではないが、セックスについて同じことはできない。片方でうまくいくことでも、もう片方ではうまくいかない。セックスはサンドイッチではないし、ほかのどんなものとも異なる。これほど政治に引き裂かれ、しかし同時にこれほど侵しがたく個人的なものはほかにない。よくも悪くも、セックスをそれ自体として扱う方法を見つけなければならない。

現代のフェミニズムの内部では、こうした問題はトランス女性との関係でよく議論されている。レズビアンのシス女性は、トランス女性も女性としてきちんと受け入れると主張するが、それでもトランス女性はレズビアンのシス女性から性的に排除されることが多い。トランスジェンダーのポルノ俳優で活動家のドリュー・デヴォーは、この現象を——下着の「綿」にちなんで——「綿の天井《コットン・シーリング》（cotton ceiling）」と名づけた。多くのトランス女性が指摘するように、このフレーズはきわめて不適当である。「ガラスの天井」は、仕事の成果にもとづいて昇進する女性の権利が侵害されていることを意味するが、「コットン・シーリング」は、与えることをだれも義務づけられていないものへのアクセス不足のことである。とはいえ、トランス女性や障害者女性、アジア系男性に向かって、「あなたとセックスする義務はだれにもありませんよ」と言うだけでは、きわめて重要な問題を避けて通ることになってしまう。セックスする権利は存在せず、だれもが自分の求めるものを求める権利をもつが、個人の好みが——ペニスつき《ディック》はNG、女らしい《フェム》のはNG、デブはNG、黒人はNG、アラブ系はNG、東アジア系《ライス》や南アジア系《スパイス》はNG、外見や振る舞いが男っぽい者同士（MASC-FOR-MASC）〔外見や振る舞いが男性的なゲイ男性が別の男性的なゲイ男性を求めていること〕が——単純に個人的であることはまずありえない。

二〇一八年に『n＋1』誌に発表した文章で、フェミニストでトランス理論家のアンドレア・ロング・チュー〔一九九二－。本文章でトランス研究の「第二波」を開拓したと評価された〕は次のように論じる。トランスの経験は、わたしたちが慣れ親しんだ考えとは異なり、「アイデンティティの真実ではなく欲望の力を示している」。チューによると、トランスであることは「その人がだれであるかの問題ではなく、その人が何を求めるのかの問題なのだ」。そしてチューはこうつづける。

わたしが性別を変えたのは、ゴシップやほめことばを交わすためだし、口紅とマスカラのためだし、映画館で泣くためだし、だれかの彼女になるためだし、その彼女におごってもらったりバッグを持ってもらったりするためだし、銀行の窓口係やケーブルテレビ作業員から善意の性差別〔女性は守られるべき存在だという考えにもとづいて男女の扱いにちがいを設ける立場〕を受けるためだし、遠くにいる女友だちと電話ごしに愛しあうためだし、キリストみたいに左右に罪人をしたがえてバスルームでメイクをなおすためだし、セックス・トイのためだし、セクシーな気分になるためだし、ブッチ〔外見や振る舞いが男性的なレズビアン〕に言い寄られるためだし、どのダイク〔レズビアン〕に気をつけなきゃいけないかという秘密の知識のためだし、デイジー・デュークス〔デニムのショートパンツ〕やビキニのトップやありとあらゆる服のためだし、それにもちろん胸のためだ。ただ、ここから欲望についての問題が見えてくる。わたしたちは、本来望むべきものを望むことがめったにない。[22]

チュー自身もよく承知しているように、この宣言は反トランスのフェミニストによる主張をあと押しするおそれがある。すなわちトランス女性は、女であることを従来の女らしさの表面的な飾りと同一視し混同していて、そうすることで家父長制による支配をさらに強化しているという主張である。この非難に対して多くのトランス女性は、トランスであることは欲望ではなくアイデンティティの問題だと主張する。つまり女性になりたいのではなく、すでに女性なのだ（トランス女性を単に女性として見たら、トランス女性がジェンダーのステレオタイプを強化しているという批判は不当だと思われるようになる。シス女性の「過剰な女らしさ」が批判されることはずっと少ないからだ)。それに答えてチューは、トランス女性はいま欠けているものを求める欲望から成り立っているのだと主張する。「女性」という形而上学的なカテゴリーに抽象的に所属していることだけでなく、文化によって構築された抑圧的な女らしさ、その外見を飾るさまざまな具体的なもの——デイジー・デュークス、ビキニのトップ、「善意の性差別」——からも成り立っているのだと。トランス女性の権利として、アイデンティティの尊重だけでなく物質面の支援も受けてしかるべきなのは、チューに言いわせると、「政治的な主義主張に欲望を無理やり従わせても、何もいいことはない」からだ。これこそが「失敗に終わったプロジェクトとしての政治的レズビアニズムのほんとうの教訓」だとチューは言う[23]。つまり真に解放的なフェミニズムに必要なのは、欲望を政治的に批判しようとするラディカル・フェミニストの望みを完全に取り除くことにほかならない。

　この主張は諸刃の剣である。すべての欲望が政治的批判から守られなければならないのなら、トランス女性を排除して社会の隅に追いやる欲望もまた守られなければならなくなる。ある種の身体へのエロティックな欲望だけでなく、女であること自体を「まちがった種類の」女性と分かちあいたくないという望みも守られなければならない。チューが示すアイデンティティと欲望の二分法は、明らかに誤った二分法であり、いずれにせよそれを土台としてトランスの人たちの権利を考えるべきではない。同性愛はみずから選んだものではなく生来のものであるという考え(同性愛《ゲイ》の人たちが何を求めているかではなく、ゲイの人たちがだれであるかという問題)を土台にゲイの権利を考えるべきでないのと同じである。しかし他方で、欲望の政治的批判を完全に放棄するフェミニズムは、おそらくフェミニズムを最も必要とする女性たちを苦しめる排除や誤承認の不正義についてほとんど何も語らないフェミニズムである。

したがって問題は、この相反するふたつのあいだにいかにとどまるかだ。つまり、ほかの人を欲望の対象とする義務はだれにもなく、欲望の対象にされる権利もだれにもないと認める一方で、だれが欲望の対象になり、だれがならないのかは政治的な問題であって、この問題への答えは多くの場合、支配と排除のより一般的なパターンに見いだされることも認める、ということである。意外ではないが印象的なのは、性的に周縁化されている男性が、女性の身体に対する権利意識をあらわにしてそれに反応する傾向にある一方で、性的に周縁化されていることへ異議を申し立てる女性は、たいてい権利ではなくエンパワメントについて語ることだ。あるいは権利について語る場合には、他人の身体に対する権利ではなく、自分たちが尊重される権利を求める。そのうえで、女性の黒人、肥満者、障害者のラディカル・セルフ・ラブ運動〔容姿などについて肯定的に考えて自己肯定感を高めることを呼びかける運動。ギャラ・ダーリンが提唱〕は、性についての好みを完全に固定されたものとして扱わないよう呼びかける。「黒 は 美 し い《ブラック・イズ・ビューティフル》」や「大きいことは美しい《ビッグ・イズ・ビューティフル》」はエンパワメントのスローガンであるだけでなく、わたしたちの価値観をとらえなおそうという提案でもある。リンディ・ウェスト〔一九八二―。アメリカの作家、評論家、コラムニスト、脚本家〕は太った女性たちの写真をつぶさに見て、そうした身体――彼女自身、かつて恥ずかしさと自己嫌悪を覚えていた身体――を客観的に美しいものとして見る意味を考えた経験を記している。これは理論の問題ではなく、ものの見かたの問題だとウェストは言う。自分のものであれ他者のものであれ、ある身体を異なる角度から見て、嫌悪感から称賛へとゲシュタルト転換〔同じものを見ていても異なるもののように見えるようになること〕を呼び起こす方法なのだと。[24] ラディカル・セルフ・ラブ運動が投げかける問いは、セックスする権利があるか否かではなく（そんな権利はない）、欲望を可能なかぎり変化させる義務がわたしたちにあるか否かである。[25]

この問いを真剣にとらえるには、性についての好みが固定されているという考えそのものが形而上学的ではなく政治的だと認めなければならない。よき政治のつねとして、わたしたちは他者の選好を侵さないようにする。人がほんとうに求めているもの、あるいはなんらかの理想化された人が求めるであろうものについて語ることには、慎重を期してしかるべきだ。その先に権威主義が控えていることを、わたしたちは知っている。これは何にもましてセックスに当てはまる。そこでは、現実の欲望や理想的な欲望を引きあいに出すことによって、女性やゲイ男性へのレイプがずっと覆い隠されてきた。しかし実のところ、性についての好みは変えられるし、実際に変わる。ときにはわたしたち自身の意志によって。自動的に変わるわけではないけれど、変えられないわけでもない。さらにいうなら、何世代もの同性愛者《ゲイ》の男女が証言できるように、性的欲望はかならずしも自分自身の感覚ときれいに一致するわけではない。欲望に不意をつかれ、行くとは考えてもみなかったところへ連れていかれることもあれば、欲情したり愛したりするとは思ってもみなかった人にひきつけられることもある。最も望ましい例、おそらくわたしたちの最大の希望の支えとなる例では、欲望は政治によって選ばれたものに逆らい、欲望そのもののために選ぶことができる。[26]

コーダ——欲望の政治

Coda: The Politics of Desire

1　最終的に「セックスする権利」になるエッセイを書きはじめたのは、二〇一四年夏、エリオット・ロジャーの声明書がインターネットに掲載されたあとだった。それを読んだほかの人たちと同じように、わたしもその自己中心的な怒り、ミソジニー的で階級にもとづいた権利意識、人種差別的な自己嫌悪に強い印象を受けた。当初は、ミソジニー、階級主義（classism）、レイシズムという政治的な病が入り混じり交差した文書として、ただ声明書を詳しく読み解くつもりだった。けれども、次々と論評が出るなかで何より関心をひかれたのは、ほかのフェミニストたちがどのように声明書を読んでいるか、またフェミニストたちがロジャー事件全般をどう解釈しているかである。

2　最も広く見られたフェミニストの見解は、ロジャーはミソジニー的な権利意識を体現する存在だというものである。具体的には、その権利意識がくじかれたときに必然的にほとばしる暴力を体現しているという。これはもちろん正しい見かたであり、指摘しておく意味がある。主流社会のコメンテーターの多くは、ロジャーがミソジニストであることを認めていなかったからだ（たとえば次のような疑問が投げかけられていた。女性に愛されたくて必死だったのなら、女性を嫌っていたといえるのだろうか？　それに結局、女性より男性をたくさん殺したのなら、ロジャーの連続殺人はミソジニー的な暴力行為といえるのか？　ロジャーはスティシー〔女性的で魅力が高く、手の届かない女性〕と同じぐらいチャド〔男性的で人気があり、多くの女性と寝ていると思われている男性〕も嫌っていたのでは？など）。それでもこの反応のことで印象に残ったのは、人種と内向的な性格のせいで、また典型的な男らしさを欠いているせいで、セックスと恋愛において周縁化されていたというロジャーの主張にどうやら関心が向けられていなかったことである。この自己診断は当然ながらまちがっている——少なくともロジャーの尊大な態度と殺人まで犯す激情を考えれば、周縁化されているという感情に支配されていたことがわかるはずだ。それにロジャーの自己診断は、きわめて利己的でもある。自分自身の孤独を嘆きながらも、ロジャーは女性の性的魅力の厳格なヒエラルキー——「魅力的なブロンドのヤリマン」への異常なこだわり——と、黒人の男より自分のほうがセックスできてしかるべきという人種の厳格なヒエラルキーを強く主張してはばからなかった。ただし、レイシズムと異性《ヘテロ》愛の男らしさの規範のせいで自分は求められないというロジャーの診断は、原則としてはかならずしもまちがっていない。レイシズムと異性愛規範《ヘテロノーマティビティ》〔すべての人は男と女のどちらかに当てはまり、性行為や結婚は男女間でおこなうべきものであるという規範〕は、恋愛とセックスの領域にも確実に影響している。それどころか、「個人の好み」の論理で守られたこの親密な領域にこそ、それらはきわめて深く根を張っている。フェミニストは、これについて何も言うことがなかったのだろうか？

3　フェミニストはこう言うかもしれない。この問題を考えるだけでも、レイピストのように思考することになりかねないと。「セックスする権利」のエッセイを最初に発表したあと、あるフェミニストが次のようにツイートした。「お願いだからセックスする権利があるかを議論するのはもうやめにしない？　そんなものあるわけない。あるのはレイプされない権利。苦しむのはもうたくさん。以上」。「ちょっとした補足」として、彼女は次のようにつけ加える。「望むものを人生でどれだけ得られるかは、どの領域でもほぼ自分ではコントロールできない運と偶然と特権と特性の問題であることが多いという考えは、このうえなくありきたりだ[1]」。

4　セックスする権利はない（あると考えるのは、実際、レイピストのように考えることだ）。けれども、わたしたちの社会の現実の最も醜いところ——レイシズム、階級主義、健常主義《エイブルイズム》、異性愛規範——によって、わたしたちがだれを求めたり求めなかったり、愛したり愛さなかったりするのか、だれがわたしたちを求めたり求めなかったり、愛したり愛さなかったりするのかが決まっているという考えは、「このうえなくありきたり」だろうか？

5　有色の人、労働者階級、クィア、障害者といった人たちには、それがありきたりな考えだというのは初耳だろう。そうした人たちは、自分たちの抑圧の比較的あからさまで公的な側面と、それを可能にし、部分的に構築しているクラブ、マッチングアプリ、寝室、学校でのダンスのメカニズムといった、より目に見えにくい私的なメカニズムとをはっきり結びつけてきた。

6　わたしの女友だちがこんなことを言う。美しくてほかの面では人気者の自分が、黒人というだけで、通っていた白人ばかりの私立中等学校《プレップ・スクール》ではデートのことになると単純に「対象外」だった。

7　フェミニストたちにも初耳だろう。フェミニストはいまのセックスを、政治に先立って存在する根本的で自明のものと考えるのではなく、政治の産物であるのにあまりにも簡単に誤って自然化されているものだと考えるようずっと前から求めてきた。必要なのはセックスを抑圧による歪みから解放することであり、同意した（問題ない）ものと同意していない（問題ある）ものに単純に分けることではない。

8　実際、性についての男性の権利意識は――男にはセックスする権利があり、その権利は強制的に行使できるという誤った考えは――、政治がいかに性的欲望を形成しているのかを示すひとつのパラダイムでなければ、いったい何だろう？　わたしたち自身をセックスの政治的批判にさらすことなく、女性の身体一般に対する男性の性的な権利意識に反対して、「魅力的なブロンドのヤリマン」、セクシーな東アジア系の子、無防備な子どもの身体へのミソジニー的な執着に反対することなどできるだろうか？

9　セックスを抑圧による歪みから解放することは、だれもが自分の望むものや人を好きに欲望できるということではない。前半はラディカルな要求で、後半は自由主義的《リベラル》な要求である。リベラルな要求の多くと同じように、後半の要求は、共同体の強制的な権力に対する個人主義的な懐疑心に動かされていることが多い。わたしの欲望を規律に従わせなければならないとしたら、その規律はだれが与えるのか？　わたしの欲望が規律に従うことを拒んだら、わたしはどうなるのだろう？

10　こうした不安に根拠がないと言いたいわけではない。干渉されたくないと望むのはおかしなことではない。

11　とはいえ正しく理解すれば、セックスを抑圧の歪みから解放するというラディカルな要求は、欲望を規律に従わせることとはまったく異なる。「欲望は政治によって選ばれたものに逆らい、欲望そのもののために選ぶことができる」と書いたとき、わたしが思い浮かべていたのは、正義の要求によって統制された欲望ではなく、不正義の縛りから自由になった欲望である。わたしが問いかけているのは、自分や他者の身体を見て、そうすべきでないと政治が告げていても、感嘆、称賛、欲求を感じることを自分に許したらどうなるだろうということだ。ここには一種の規律がある。生まれたときからわたしたちに語りかけてきた声、どの身体と世界でのありかたに価値があり、どれに価値がないかを告げる声を黙らせるよう求められるからだ。ここで規律に従わされるのは欲望それ自体ではなく、さしでがましくも欲望に指示を与えている政治的な諸力である。

12　わたしの文章が発表されたあと、あるゲイ男性が一四年連れ添っている夫のことを書いてきた。夫は大柄で太った人で、男性は夫を深く愛しているし、満足いく性生活を送ってもいるという。けれども、「わかってもらえるでしょうか、彼のことをセクシーだと感じられるように、あえて意識して取り組まなければなりません」。そしてこうつづける。「その気になるものとならないものを変えることはできませんが、一方ではエロティックな興奮の邪魔になるかもしれないものを取り除くことができますし、他方ではセックスの最中に目の前で起こっていることをエロティックにするよう学ぶこともできます」。

13　これは規律の行為か、それとも愛の行為だろうか？

14　一九八〇年の古典的エッセイ「強制的異性愛とレズビアン存在」で、フェミニスト理論家の詩人アドリエンヌ・リッチ〔一九二九―二〇一二。アメリカのレズビアン・フェミニズムの代表的人物のひとり〕は、ほとんどのフェミニストが受け入れていると彼女が言う考えに批判を向ける。すなわち、異性愛が人間にとって標準的な生命のかたちであり、レズビアニズムはよくて単なる性的嗜好〔好み〕、最悪の場合セクシュアリティの逸脱種だという考えである。[2] 異性愛という政治制度は多くの場合、自分自身がほんとうに求めるものに背くかたちで、親密さ、親近感、関係を統制するよう「ストレートの」女性にも強いる――そう、心理的な内面化によって、ただし暴力的な強制によっても――、というのがリッチの主張だ。リッチはストレートの女性に、ほかの女性との結びつきや連帯感を経験したときのことを考え、男性のためにそれを――未熟で不十分なものとして――脇に追いやる必要を感じたときのことを振り返ってもらいたいと望む。男性の気をひくために初めて親友を裏切ったときのことを思いだしてほしい、そうストレートの女性に呼びかける。それは自然だった？　避けられなかった？　それとも、女性の側に欲望がないことを何より恐れ、女性の身体、労働、精神、心に対して男性がもつと思われているアクセスを失うことを恐れる男性支配の基盤によって求められたものだった？

15　ほかの女性の身体、顔、魅力、気取りのなさ、頭のよさへの嫉妬心が、実は嫉妬心ではまったくなく、欲望だったら？

16　こうした問いを自分自身に投げかけるのは、「性についての好みを完全に固定されたものとして扱わない」ことだとわたしは書いた。しかし、おそらくこう言ったほうがいいだろう。そのためには、「好み」としてのその地位を完全に疑ってかかる必要がある。

17　アドリエンヌ・リッチはこう書く。「女にとって異性愛が「選択」の結果などではまったくなくて、強いられ、操作され、計画的に編成され、宣伝でたたきこまれ、力ずくで維持されねばならなかった何ものかであるかもしれないと認めることは、自分は自由かつ「先天的に」異性愛者なのだと考えている人には、とほうもなく大きくて踏みだしにくい一歩である。だが一つの制度としての異性愛を吟味せずにいることは、資本主義［…］や人種主義《レイシズム》というカースト制度が、肉体的暴力と誤った意識の両方をふくめた多種多様な強制力によって維持されていることを、認めずにいるのと等しい。異性愛がはたして女にとって「好み」や「選択」なのかを問うこの一歩を踏みだすこと、そしてそれにともなう知と感情の作業をおこなうことは、自分を異性愛者として同定しているフェミニストに、とくべつな質の勇気を要求する」[3]。

18　好みが生来のもので至上のものだという主張は政治的に役に立つ。同性愛者《ゲイ》の権利の運動において「このように生まれた《ボーン・ディス・ウェイ》」という考えが、あるいはトランスの権利の運動において「まちがった身体に閉じこめられた」という考えが、どれだけ重要だったか考えてほしい。どちらの考えも、フェミニズムの構築主義的で反本質主義的な傾向とは――それに多くの同性愛者《ゲイ》とトランスの人たちの経験とも――相容れないが、責任が生まれつきのものではなく選択と結びつけられている世界では、いずれも政治的に欠かせなかった。政治的な主張は多くのばあい弁証法的であり、期待される未来ではなく、その主張がなされたときの規範の状況に対する反応として最もよく理解される。

19　しかし、生来の好みというイデオロギーには限界もある。二〇一二年、（いまは政治家に転身した）女優のシンシア・ニクソン〔一九六六―。テレビシリーズ『セックス・アンド・ザ・シティ』などで知られる。一八年にニューヨーク州知事選の民主党予備選挙に出馬し敗北〕が、自分にとって同性愛者であるのは選択だと発言し、ゲイとレズビアンの活動家たちとトラブルになった。「わたしはずっとストレートだったし、ずっと同性愛者《ゲイ》だった」とニクソンは言う。「そして、ゲイのほうがいい」。おそらく「選択」についてのこの発言は、反同性愛の活動家たちの思うつぼだったし、いまでもそうだ。けれども、ゲイであることを選択することによって――男性と異性愛を脇に追いやり、より大切で生きがいを感じられるレズビアニズムを選ぶことで――ニクソンは「ほんものの」ゲイではなくなるのだろうか（『あいまいさとセクシュアリティ』でウィリアム・ウィルカーソンは次のように書く。「わたしたちは、カムアウトする前から自分の感情がずっと存在したと考えるが、それを振り返るプロセスそのもののなかで以前の感情が変化後の感情に照らして記憶によって再構築されることを忘れている」）。[4] 男性をまったく選択肢として見られない女性もたくさんいる。異性愛の人生を強いられたら、ずっと違和感を覚えたままであろう女性たちだ。しかし、こうした違和感をまったく覚えないストレートの女性がいるだろうか？　シルヴィア・フェデリーチ〔一九四二―。マルクス主義者やフェミニストとして活動した「家事労働に賃金を」運動の中心人物。邦訳書に『キャリバンと魔女』〕は同性愛者《ゲイ》の女性が払う「孤立と排除」の代償に触れたうえで、ストレートの女性のために次のように問いかける。「しかしわたしたちは、ほんとうに男性とやっていけるのだろうか？」[5]

20　リッチとフェデリーチを真剣に受けとめるには、「政治的」レズビアニズムと「ほんとうの」レズビアニズムという、フェミニストによる使い古された区別を考えなおす必要がある（あるレズビアンの哲学者が最近わたしにこう書いてきた。彼女は「政治的レズビアニズム〔…〕の現象は認める」けれども、「それと欲望にもとづいたレズビアニズムとは区別する」）。もちろん、一九七〇年代と八〇年代に多くのフェミニストが政治上の理由から自覚的にレズビアンの生きかたを選んでいたのは事実である。けれども、なんらかの重要な意味で政治的でないレズビアンの関係がどれほどあるのだろう？――異性愛の男性支配の筋書きの外で女性が手にできるもの、ともにいられること、それを尊ぶことと深い次元で結びついていないレズビアンの関係がどれほどあるのか（女性同士の関係がその筋書きの外に完全に存在しうると言いたいわけではない）。ミソジニストはよく、レズビアンは男性をあきらめただけだと言う。だったら何なのか？

21 もしこれが正しいのなら政治的レズビアニズムは、いかなる意味でアンドレア・ロング・チューが言い張るように失敗したプロジェクトだといえるのだろう？

22 あるインタビューでチューは、「セックスする権利」に詳しくコメントしている。チューはわたしが懸念する現象を認める。「もちろん、「デブはNG、女っぽい《フェム》のはNG、アジア系はNG」みたいなものには歴史があって、政治があって、それは政治的プロセスとの関係で説明できる。帝国主義とか白人優越主義とか、それにたとえば世界史上での女性の敗北とか」。しかしチューはそれについて何かできる、あるいはすべきという考えには頑として反対する。リンディ・ウェストについてのわたしの議論にそれとなく言及しながら、チューは「ボディ・ポジティビティ〔ありのままの身体を受け入れようという考えにもとづいた社会運動〕にはガマンできない」と言う。「ガマンできない。わたしには、ただただイヤでたまらない。説教じみてるでしょ。欲望を変えろと人に言いながら、説教じみたものにならないやりかたなんて、まったく思いつかない[6]」。

23 「欲望を変えろと人に言う」ことと、自分たちが何を求めていて、なぜそれを求めていて、何を求めたいと望んでいるのかを自分自身に問うことは同じだろうか？ 欲望を変化させることは、（わたしたちの政治に合わせて欲望を故意に変える）規律的な取り組みにしかならないのだろうか？——あるいは（政治から欲望を自由にして）解放に資する取り組みになる可能性もあるのだろうか？

24　一九七八年にオードリー・ロード〔一九三四―一九九二。アメリカの作家、詩人、ブラック・フェミニスト〕が書いている。「わたしたちは、自分のなかのイエスを、最も深い欲求を恐れるように育てられてきた。でも一度気づけば、よい未来につながらないものは力を失って変えられるようになる。欲望への恐怖心によって、欲望は疑わしくむやみに強力な状態にとめおかれる。いかなるものであれ真実を抑圧すると、耐えきれない力がそれに与えられるからだ。自分のなかにあるかもしれない歪みを乗りこえられないという恐怖心によって、わたしたちは従順で忠実で素直な存在にとどまり、外から定義されたままになる[7]」。

25　道徳について語ることと説教することとの境目はどこにあるのだろう？　説教じみているというのは、道徳的なものについての適切な境界線を踏みこえ、自分たちの「個人的な」選択とものの見かたを不当に他者に押しつけているということである。寝室に倫理はないのだろうか？　クラブ、マッチングアプリ、学校のダンスパーティーには？　サンドラ・リー・バートキー〔一九三五―二〇一六。フェミニズムと現象学の研究者〕が『女らしさと支配』（一九九〇年）で書くように、こうした場に政治がないと考えるのは、「つまるところセクシュアリティのラディカルな批判にリベラルな応答をすることであり、したがってこの批判にまったく向きあうことができない[8]」。

26　チューは、わたしとおもに見解が異なるのは次の点だという。「わたし〔チュー〕が心配しているの［は］、抑圧する側の欲望についてのモラリズムが、抑圧される側の欲望についてのモラリズムの隠れみの《シェル・カンパニー》になりかねないこと」。わたしの理解ではチューが言いたいのは、欲望の政治的批判は周縁化された人びとへたやすく向けられかねないということである。非白人の男と寝るのを拒むゲイ男性、肌の色が薄い黒人女性とだけ付き合いたがる黒人男性、家父長制的な女らしさの表面的な飾りがすべてほしいトランス女性（チューの例）といった人たちだ。しかしこの見解をとると、抑圧者と被抑圧者の誤った二分法を想定することになる。ある面で抑圧される側であることで、ほかの人を抑圧する可能性から免れられると考えることになる。黒人女性には、黒人男性のセクシュアル・レイシズムについて彼らに責任を問う権利はないのだろうか？　それに黒人女性には、白人男性に求めるよりも多くのことを黒人男性に求める権利はないのだろうか？　そうした黒人女性は説教じみているとして非難されるべきなのか？

27　欲望を変容させるというわたしの話は、ほかの意味で、つまり個人の責任に目を向けすぎているという意味で説教じみているのだろうか？　レイシズム、階級主義、健常主義《エイブルイズム》、異性愛規範。これらは構造的な問題であり、構造的な解決策が求められる——そう論じるようにわたしたちは学んできた。これはもちろん正しい。それに、個人の行動に近視眼的に目を向けるのがブルジョワ的な道徳の特徴であるのも、もちろん正しい。その道徳のイデオロギー的な機能は、わたしたちが参加しているもっと大きな不正の体制から目をそらさせることにある（チューのことばを借りるなら、個人主義的な道徳は、構造的不正義のシェル・カンパニーになりかねない）。けれども問題は構造的だと主張したからといって、個人としてのわたしたちがそれにどう関与しているか、それについて何をすべきか考えることを免除されるわけではない。

28　かつてのフェミニストは、それをよくわかっていた。ラディカル・フェミニストが仕事、子育て、議論、意思決定、生活、愛について自分たちのやりかたを考えなおしたのは、彼女たちがブルジョワの道徳主義者だったからではない。[9] 自分たちが望むものの構造的な性質についても、あるいはそれが女性としての自分たちに課す要求についても、混乱をきたしていたわけではない。たしかに、「個人的なもの」をどれだけ「政治的なもの」にすべきかという問いをめぐって対立することはよくあった。分離主義、レズビアニズム、財産の共有、集団での子育て、家族関係の解体、女らしさの終焉がフェミニズムに必要か否かをめぐる対立である。それに、たしかに予示的政治(prefigurative politics)——来るべき世界にすでにいるかのように振る舞うことを個人に求める政治——が行きすぎると、それに合致しない人たちを遠ざけるだけでなく、合致する人にもそれ自体が目的になってしまう。最悪の場合、予示的政治は、集団の政治的な変貌の代わりに一人ひとりの個人的な変容に甘んじることを実践者に許す。ようするにリベラルな政治になる。しかし同じことは、予示を拒む政治にも当てはまる。政治的な世界を変えたいと言いながら、自分たちは変わらずにいる、これはいったい何を意味するのだろう?

29　したがって、ほんとうの問いは次のようになる。性の権利意識をめぐるミソジニー的なロジック（「セックスする権利」）や、解放ではなく規律へと向かう道徳的権威主義に陥ることなく、セックスを政治的に批判するにはどうすればいいのだろう？　自分のなかにあるかもしれない歪みへの恐怖心（とロードが呼ぶもの）をもつことなく、自分たちの欲望と取り組むにはどうすればいいのか。内向きになることなく、つまり政治的な取り組みを個人的な取り組みに取って代えることなく、それをするにはどうすればいいのだろう？　こうした問いへの答えは、わたしの考えでは実践的なものである――哲学者たちが言うように、「しかじかということを知っている（knowing-*that*）」ことではなく、「どうやってやるかを知っている（knowing-*how*）」ことだ。どうやってやるかを知るのは、理論的な考察を通じてではなく生活の実験を通じてである。[10]

30　「セックスする権利」でわたしは、「「魅力的なブロンドのヤリマン」と東アジア人女性はファッカビリティ（fuckability）がきわめて高く、黒人女性やアジア人男性はファッカビリティが相対的に低いこと」について語っている。これについて、ある黒人女性の読者からTwitterで非難された。「あなたは黒人女性のアンファッカビリティ（unfuckability）のことを政治的な事実として書いていたけど、この事実は何を根拠に擁護できるの？　ファッカビリティ一般と、ブロンド女性とヤることと黒人女性とヤることで社会から得られるもののちがいっていう具体的なもの、そのふたつを混同しているように思える」[11]。

31　「ファッカビリティ」と「アンファッカビリティ」のことを語るとき、わたしは政治に先立って存在する生来の性的魅力について語っているのではない。性をめぐる政治によって構築された性的魅力について語っているのであり、そこでは人種化されたヒエラルキーが押しつけられていて、たとえば白人女性が褐色肌や黒人の女性の上に、肌の色が薄い褐色肌や黒人の女性が肌の色が濃い褐色肌や黒人の女性の上に位置づけられている。ファッカビリティは（キャサリン・マッキノンの「レイパビリティ（rapeability）」と同じように）、まさに「ブロンド女性とヤることと黒人女性とヤることで社会から得られるもののちがい」の産物である。「ファッカビリティ一般」は、それが政治と社会に先立って存在する性的魅力のことなら、そんなものは存在しない。同様に、「レイパビリティ一般」も存在しない。ある種の女性の身体がレイパブルで、ある種の女性の身体がファッカブルなのは、支配的な文化規範によってそうしたステータスが割り当てられているからだ。この意味でヤれる身体は、レイプできる身体と同じく、生来のものに還元できないつくられたものである。

32　とはいえ——そのツイートはこの点については正しく指摘していると思う——「ファッカビリティ」という考えには、どこか還元主義的なところがある。褐色肌と黒人の女性の身体は——なかでも貧困者や受刑者やビザのない滞在者でもある女性の身体は——、重要な意味できわめてファッカブルであり、白人女性の身体をはるかに凌駕する。そうした身体は、罰を受けることなく、重大な結果を招くことなく犯すことができるからだ。黒人女性の身体は、男性の性的な注目を誘い求める過度《ハイパー》にセクシュアルなものとして記号化されているが、その身体にアクセスできる男性には、純潔で無垢とされる白人女性の身体にアクセスして得られるよりも低い社会的ステータスしか与えられない（この裏返しとして、黒人女性の身体を犯すことは、社会的には完全な侵犯になることがほとんどない。連続強姦犯の警察官ダニエル・ホルツクローは、それを承知のうえで貧しい黒人女性ばかりを狙っていた）。実のところすべての女性の身体は、なんらかの意味できわめてファッカブルである。

33　ファッカビリティは、より公平に分配されるべき財ではない。それは財ではまったくない。社会学者でゲーム批評家のキャサリン・クロスはこう書く。「一部の白人男性にとっては、アジア人女性が性的魅力のヒエラルキーのトップにいる。けれども、そうした女性はそこから何を得るのだろう？　従順だという息苦しいステレオタイプ、差別、虐待。ほかのだれかのヒエラルキーに組みこまれることで得られる報いがそれだ[12]」。

34　「セックスする権利」についてわたしが受けとったメールのなかで、ひときわ印象的だったのがシドニー在住の男性からのものである。シドニーはレイシズムで悪名高い国の多文化的な都市だ。スリランカ出身のその男性は、白人の両親の養子になった。「安心してください」と彼は書く。「僕はあの混血の青年のようなサイコパスじゃありません。あなたの主張の根拠になっている青年、人種のせいで拒まれたといって気の毒な人たちを残虐に殺害したあの青年とはちがいます。僕は道理をわきまえていて、自分の運命を受け入れ、短い命をせいいっぱい生きようとしています」。非白人の男である彼にとって、デート相手を見つけるのはひどくむずかしかったという。アジア系女性のものも含め、相手探しのプロフィール欄では、「白色人種《コーカシアン》」「白人男性のみ」「インド系はＮＧ」

といった希望が挙げられていた。あるとき、「フィリピン人女性はなぜ白人男性が好きなのか」というYouTube動画に批判的なコメントを投稿したところ、白人女性からこんな返信があったという。「ぐちぐち言うな。真実はつらいものなんだから」。彼も彼のアジア系の友だちも非常に孤独で、「求められていないことを思いださないように」いろいろな趣味に取り組んだ。多くの「白人男性とエスニックの女性の関係は愛にもとづいているんでしょう」と彼は書くが、「植民地的な征服と救出の再現」もなかにはないだろうかと問いかける。「仮にそうだとしたら?」「まあ、それもその人たちの権利です。同意にもとづいているんですから。僕らエスニックの男は、ただぐちぐち言わずにいるしかない。それに、僕らがそれに見あう存在だったら、女性たちもいっしょにいてくれたんでしょう。愛は詮索から守られています。その愛が政治的であっても」。彼は書く。「セックスの権利があるとはもちろん思いませんし、愛の権利があるとも思いません。だからといって、つらくないわけじゃない」。彼は書く。「おそらく僕には、つらいと感じる権利はあるんだと思います」。彼は書く。「僕らエスニックの男が直面する問題を認めてくれる女性には、エスニックの人でもそれ以外でも、あまり出くわしたことがありません。僕らはみんな遅れていると思われている。洗練という地域はコーカサスにしかないんです」。

35　二〇一八年、NPRのポッドキャスト〈インヴィジビリア〉(*Invisibilia*)で共同司会者を務めるヨウェイ・ショーが「白人男性とアジア系女性のカップルとその家族を扱う構想中の番組[13]」への協力者を募る告知を出した。ショーが関心をもつのは、「アジア系女性に見られる、内面化された白人優越主義という考えを調査することで［…］次のような問いを検討します。欲望のような非常に個人的で無意識だと思われるものに、文化全般がいかに影響するのか？　恋愛関係はいかに権力によって形成されるのだろう？　性的欲望を組みかえることはできるのか？　どのようにして？　そもそも人にそんなことをするよう求めるべきなのだろうか？」このテーマは「きわめて繊細であり、配慮とニュアンスをもってアプローチしなければならない」とショーは記している。そして、たちまちアジア系アメリカ人女性たちから反発を受けた。「信じられない」とジャーナリストのヘザー・チンはツイートする。「まるでredditとか4chanとか、ほかのＡＡＰＩ［アジア系・太平洋諸島系アメリカ人］の男性インセル掲示板からそのまま出てきたみたいな視点の番組[14]」。チンが言っているのは、「MRAsians」（アジア系アメリカ人男性の権利活動家）の台頭のことである。つまり、（怒れる白人男性をお手本にした）反レイシズムを掲げ、白人男性と付き合ったり結婚したりするアジア系女性にミソジニー的な罵詈雑言を吐くアジア系男性のことだ。

36　二〇一八年、小説家のセレステ・イング〔一九八〇―。香港から移住した両親のもとアメリカで生まれ育った作家〕が、『ザ・カット』誌に「非アジア系男性と結婚することでアジア系女性がいやがらせを受けるとき」と題した文章を書いた[15]。その文章は、イングが受けとった一通のメールからはじまる。件名には「大ファンなんです」とあり、本文は次のようにつづいていた。「あなたが内面化した自己嫌悪のせいで、あなたの息子が精神疾患になっていくところを見るのが大好きです。アジア系の見た目をしたあなたの息子は、母親に醜いと思われ、父親と心を通い合わせることができないと知りながら大きくなっていく」。イングがこのメールをTwitterで公開すると、「ＷＭＡＦ」〔白人男性とアジア系女性〕という関係のせいで攻撃されてきたほかの女性たちも名のり出た。作家のクリスティーン・タンは、次のように断言するメールを受けとっていた。「大勢の白人ゲス野郎どもと、アジア人の裏切り者のビッチどもを殺し〔…〕そのガキどもの頭をつかんでコンクリートの舗道に叩きつけてやる」。イングが話したアジア系女性のなかには、混血の息子が次のエリオット・ロジャーになるだろうと言われた人もいた。

37　この反ＷＭＡＦのネット上の中傷は、そのほとんどがサブレディット〔Redditのなかのカテゴリー〕のr/AZNidentity――数万人のメンバーを擁する「あらゆる形態の反アジア主義に反対する〔…〕汎アジア系コミュニティ」――からきている。管理人による二〇一六年の投稿でAZNidentityは、「まちがった種類のＡＦ〔アジア系女性〕――自己嫌悪に陥って白人を崇拝するたぐいの者――を非難することとＡＦ全般に絶えず罵りのことばを浴びせること」とのちがいに注意するようユーザーに促している。[16]「ＡＦを批判したければ」とその投稿はつづく。「その誤った振る舞いをやめさせ、社会のダイナミクスとそれについて何ができるかをもっと広い視点で考えよう――それならまったく問題ない。〔…〕だがなかには、いつもやりすぎる人が少数いる」。しかしその投稿によると、同コミュニティは「わざわざＡＦと妥協するつもりはない。それに、ＡＦやほかの人たちの気持ちに配慮して自己検閲することもない。〔…〕われわれはＡＦを批判できる。彼女たちの愚かさを指摘できる。白人による洗脳に屈していることを。〔…〕われわれが思い描く〔のは〕アジア人にとってよりよい生活である」。

38　ここには目をひく主張がたくさんあり、とりわけ「汎アジア人」のフォーラムが実はアジア系男性のフォーラムであるのを認めているのは印象的だ。それに、白人優越主義の具現者であるアジア系女性があらゆる面でアジア人の支配階級であり、アジア系男性はその被害者であるという主張が当然視されてもいる。白人の想像のなかで——すなわち世界の想像力の大部分において——アジア系男性が一人前未満だと思われているのは、おそらく事実だろう。しかしだからといって、あらゆる人種の男性と同じようにアジア系男性がアジア系女性を管理し、搾取し、妨害し、殴打し、レイプしなくなるわけではない。

39　黒人男性のセクシュアル・レイシズム、つまり彼らが白人女性や肌の色が薄い黒人女性を好むことを非難するのは、概して黒人女性である。ここでは、相対的に下位にいる集団（黒人女性）が相対的に優位な集団（黒人男性）の責任を問うている。これは、アジア系に見られる一般的なパターンとは反対だ。アジア系では相対的に優位な者（アジア系男性）が相対的に下位の者（アジア系女性）を非難している。黒人コミュニティにおけるセクシュアル・レイシズムとの闘いがセックスについての権利意識の隠れみのになることは、あるとしてもごくまれである。黒人女性は、求められることを求めることなく欲望の政治的形成について語る方法を知っている。ストレートのアジア系男性を含め、ストレートの男性にはミソジニー、権利意識、ありもしない〝権利〟の行使へと向かう誘惑がつねにある。

40　『n＋1』誌に発表され、称賛されるべくして称賛されたエッセイで、ウェズリー・ヤン〔アメリカのエッセイスト。朝鮮戦争を逃れて渡米した両親のもとに生まれ、アジア系アメリカ人の経験について執筆〕は、ヴァージニア工科大学で大量殺人事件を起こした二三歳の男、チョ・スンヒの写真を見たときのことを記す。「自分の顔のような顔が写っている。その顔と自分のあいだには、実存にもとづいた共通の知識があるのがわかる。ふたりとも自分の顔に文化的な記号が重ねられるのがどういうことかを知っていて、その記号が自分を恥じ入らせ、無力にし、去勢するものである場合、その記号が目に見えて反映されたものには、かならず好奇心と警戒心が入り混じった感情をもって向きあう。〔…〕チョ・スンヒの顔。このうえなく平凡な韓国人の顔――小さな丸い目、茶色い肌、唇のふっくらした小さな口、まぶたから離れた眉。鼻には歪んだめがねがのっかっている。醜い顔ではかならずしもない。顔のつくりは悪くない。ただ、この国の女性の欲望とはなんの関係もない顔というだけだ[17]」。二〇〇七年四月一六日、セミオートマティックの拳銃二丁で武装したチョ・スンヒは三二人を殺害し、ほかに一七人を負傷させたのちにみずから頭を撃ち抜いた。

41　その一〇年後、『エスクワイア』誌にカナダ人の心理学者で男性の権利運動のヒーロー、ジョーダン・ピーターソンのインタビュー記事が掲載されたとき、彼を紹介する文章でヤンはピーターソンを批判から擁護している。「ジョーダン・ピーターソンのことが大好きな若い男たちは、上流社会の者たちが彼を忌み嫌うのと同じあらゆる理由で彼のことが大好きなのだ。ピーターソンは、文化が与えまいとする［…］何かを彼らに与える。彼らの自然な傾向——リスク、冒険、肉体的な挑戦、とどまるところを知らない競争心——が、官僚化されたポストフェミニズム的世界の、温和で中性的な理想にふさわしくないものと定義されつつある世界での目的意識を」[18]。ヤンに問いたい。「自然な」男らしさというこのイデオロギーこそが、チョ・スンヒを生んだのではなかったのか？——生まれながらにしてリスクを恐れず、冒険的、競争的、支配的である男らしさ、やせっぽちで友だちがいなくてにきび面の東アジア系男子が完全に手に入れることなどできない男らしさこそが。

42 《アメリカズ・ネクスト・トップ・モデル》(*America's Next Top Model*, ANTM)〔モデルを発掘するオーディション型のリアリティ番組〕のシーズン6で、韓国系アメリカ人の出演者が「アジア系のモデルが少なすぎる」と言い、「その壁を破りたい」と語った。その後ほどなく、彼女は「アジア系の男には興味がない」と言い放つ。タイラ・バンクス〔一九七三—。アフリカ系アメリカ人のモデル、テレビパーソナリティ。《ANTM》の制作者・司会者・審査員〕がみごとなすばやさで矛盾を指摘した。「はじめに「わたしはアジア人で、強くて、韓国人だ」と言っておいて、そのあとで「韓国人の男はクソで白人の男がいい」って言うわけね」。オーストラリアの恋愛バラエティ番組《テイク・ミー・アウト》(*Take Me Out*) のあるエピソードでは、アジア系の女性ふたりが、アジア系の「独身男」を拒む理由を説明している。「なんてのか、「アジア系とは付き合わない」みたいな主義がわたしにはあって。なんだか自分の兄みたいだし」そうひとりが言う。「悪いけど、わたしも「アジア系とは付き合わない」主義」もうひとりが割ってはいる。「兄と妹みたいに勘ちがいされたらイヤだし」。二〇一八年五月、白人の夫をもつアジア系女性が、次のようなキャプションとともに Instagram に自分と赤ん坊の写真を投稿した。「わたしはブロンドで青い目の赤ん坊を生むのをずっと夢見ていて、みんなから、冗談でしょ、根っからの中国人のくせに！　って言われてた。うるさい。わたしにはいま、白人でどっちの目もちゃんと青い赤ん坊がいる」。ヨウェイ・ショーの〈インヴィジビリア〉のポッドキャスト「とても不快なロマンティック・コメディ」では、アジア系アメリカ人の若い男性が、一二歳のとき、姉が母親にアジア系の男とは絶対に付き合わない、魅力がないから、と話すのを耳にしたと語っている。[19]二〇一五年にセレステ・イングは次のようにツイートしている。「正直なところ、アジア系の男にはあまり魅力を感じない（いとこたちのことを思いだす）[20]」。イングはのちに謝罪し、あのツイートは自己嫌悪の表明ではなく自己開示のつもりだったと釈明した。アジア系男性の知り合いはいとこたちしかいなかったので、アジア系男性には魅力を感じるようにならなかったのだと。[21]

43　ニューヨーク・タイムズ紙に寄稿した意見記事でオードリア・リムは、オルト・ライト〔白人至上主義を掲げる排他的で過激な新しい右翼〕の男性がアジア系アメリカ人女性と付き合ったり結婚したりする、奇妙ながらも広く見られる現象のことを詳しく語っている。[22]リチャード・スペンサー〔一九七八–。アメリカの白人至上主義者で、オルト・ライトの中心人物〕が主催する白人至上主義者の集会で、夕食に先立ちナチスの敬礼をするヴェトナム系アメリカ人メディア・パーソナリティ、ティラ・テキーラの写真について論じながら、リムは次のように書く。その写真は「圧倒的に白人が多い学校に通う一四歳のアジア系少女だったわたしの記憶をよみがえらせる。おもしろく、落ちついていて、みんなに好かれる生徒になりたかった。そう望むことでわたしは、ほかのアジア系の子たちから、とくにオタクっぽくて勉強好きな子たちから距離をとることになると直観的にわかっていた。ある友だちから、あなたはアジア人っぽくなくて白人だ、「だってクールだから」と言われたとき、わたしは成功したのだとわかった」。

44　わたしにも、「〔あなたは〕基本的に白人だ」と冗談を言ってくる友人が数人いる。もっとも、冗談のつもりではないのかもしれない。

45　わたしの知り合いには、欧米諸国で暮らす東アジア系と南アジア系の女性で、自分の母親や祖母やおばの結婚相手のような男とは結婚したくないという人がたくさんいる。アジア系の男はいとこたちを思いださせるというとき、それはときに次のような意味だ。そうした少年や男がどのように育てられているか、わたしたちはあまりにも知りすぎている。ひとつの疑問は、アジア系女性は彼女たちの権利の範囲内でそうした選択をできるのではないのか？　もうひとつの疑問は、白人の少年と男がもっとうまく育てられているとなぜ考えるのか？　洗練はコーカサスにしかないのだろうか？

46　わたしが書いた「セックスする権利」は、「ジェンダー・クリティカル」のレズビアン・フェミニストたちから怒りのツイートを浴びせられた。わたしが「コットン・シーリング」のロジックを受け入れているというのが非難の内容である。これにはやや皮肉を感じる。わたしは「コットン・シーリング」という考えを、斥けられなければならないセックスへの権利意識のロジックの一部と見なしていたからだ。わたしはこう書いていた。「「コットン・シーリング」は、与えることをだれも義務づけられていないものへのアクセス不足のことである」。求められるのは権利意識の言説ではなく、エンパワメントと尊重の言説だとわたしは論じていた。

47　当然ながらレズビアン・フェミニストのなかには、黒人と寝ないポリシーの白人と、トランス女性と寝ないポリシーのシスレズビアンのあいだにありうる類似点をすべて否定したがる人がいる（正確には、一部のレズビアン・フェミニストはこのアナロジーを否定したがる。他方で、セクシュアル・レイシズムにもなんの問題もないと論じたがるレズビアン・フェミニストもいる）。女性の身体と女性器をもって生まれた人に生まれつき魅力を感じるのがレズビアニズムの本質だというのがその主張である。そうだとしたら、セクシュアル・レイシストとトランス排除的レズビアンのあいだに類似性はありえないことになる。前者は政治的に根拠の怪しい選択をしている一方で、後者は自然で固定され、それゆえ自分に非がない好みから行動していることになるからだ。

48　このように性的指向を性器に還元することに——何より生まれたときの性器に還元することに——、わたしは戸惑いを覚える。生まれつきペニスやヴァギナにひかれる人などいるだろうか？　わたしたちは、身体面を含めてまず世界でのありかたにひかれ、のちにそれを身体の具体的な部分と結びつけることを学ぶのではないか？

49　ヴァギナへの嫌悪感を嬉々として語るゲイ男性のことを考えてほしい。帝王切開によって生まれ、母親のヴァギナとすら身体的な接触を経験していない「プラチナ・スター・ゲイ」という発想のことを考えてほしい。これは生まれつきで、それゆえ許される嫌悪感の表明だろうか——それとも、あとから身につけた怪しいミソジニーか？

50　『ザ・トランスアドヴォケイト』での最近のインタビューで、クリスタン・ウィリアムズがキャサリン・マッキノンにこう尋ねている。「女性解放のためには、まず「女性」をほかからはっきり区別された生物学的な集団として定義する必要がある、と熱心に主張する人たちにはどう働きかけるのですか」。マッキノンはこう回答する。「男性が支配する社会で、女性はほかから区別された生物学的な集団としてずっと定義されてきました。それで解放が実現されるのなら、わたしたちはすでに自由なはずです[23]」。

51　性別化されたどの身体に魅力を感じるか、それを単純に変えられると言いたいわけではない。それに、(一部のトランス女性を含む) 一部の女性にはペニスが男性の権力と暴力の象徴かもしれず、欲望の対象の選択肢になりえないことを否定したいわけでもない。ある意味では決定的に重要な問題は、ペニスをもつ女性への性的な嫌悪感は不当なトランスフォビアとして最もよく説明できるのか、あるいは男性に対する正当な警戒心として最もよく説明できるのかである。しかし、トランス排除的フェミニストたちが線引きをしぶるのが、まさにこのちがいである。

52　二〇一五年、サウスカロライナ州チャールストンの黒人教会で聖書講読に参加し、そのあとで九人を射殺したディラン・ルーフは、殺害の最中にこう言い放った。「こんなことをしなきゃならないのは、おまえらがおれたちの女をレイプしてるからだ」。

53　二〇一七年一二月七日、ウィリアム・アッチソンが、かつて通っていたニューメキシコ州の高校で生徒ふたりを射殺してみずから命を絶った。検死によって、かぎ十字、「SS」「壁をつくれ（BUILD WALL）」「AMOG」――〝alpha male of the group（集団のアルファ男性）〟の略――の入れ墨が身体にあるのが明らかになる。オンラインでは「エリオット・ロジャー」というハンドルネームを使っていた。

54　二〇一八年のバレンタインデーに、ニコラス・クルーズがフロリダ州パークランドのマージョリー・ストーンマン・ダグラス高校で一七人の生徒と教職員を射殺した。クルーズは白人優越主義者の銃マニア（かつトランプ支持者）であり、学校銃撃事件を企てるという空想をソーシャルメディアで語っていて、女性を憎んでもいた。別れた彼女につきまとっていやがらせをし、その子の新しい彼氏を殺すと脅している。YouTube動画へのコメントでは「エリオット・ロジャーのことは永遠に忘れない」と誓っていた。

55　二〇一八年四月二三日、わたしのエッセイが最初に発表された一か月後に、二五歳のアレク・ミナシアンがバンを運転し、混雑したトロントの通りで歩道に突っこんで一〇人を殺害し一六人を負傷させた。犯行に先立ってミナシアンは Facebook にこう投稿していた。「インセルの反乱がすでにはじまっている！　われわれはチャドとステイシーをひとり残らず打倒する！　至上の紳士エリオット・ロジャー万歳！」

56　二〇一八年六月二八日、メリーランド州のザ・キャピタル紙のニュース編集室でジャロッド・ラモスが五人を射殺した。その六年前にラモスは同社を名誉毀損で訴えていた。高校の元同級生の女性にいやがらせをした罪を認めたことを同紙が報じたのがその理由である。ラモスは Facebook でその女性とつながり、自分のことを憶えているかと尋ねたが憶えていないと言われた。一度やりとりしたあと、ラモスはメッセージへの返信が遅すぎると感じはじめたらしい。自殺しろと女性に告げ、おまえには保護命令が必要になるだろうと警告した。

57　二〇一八年七月一八日の夜、アイオワ大学二年生のモリー・ティベッツが、アイオワ州ブルックリンの自宅近くでジョギング中に行方不明になった。のちに監視カメラの映像を確認すると、クリスティアン・バヘナ・リベラという男が車でティベッツのあとをつけているのが映っていた。最終的にリベラはティベッツの殺害を自供し、畑でトウモロコシの皮の下に埋めた遺体のところへ警察を案内する。検死によると、死因は「複数の鋭器損傷」だった。リベラはメキシコ人の農業労働者で、一七歳のときにアメリカへ移住していた。ティベッツの殺害について、ドナルド・トランプは次のように語っている。「ひとりの人間がメキシコから不法にやってきて、彼女を殺した。壁が必要だ。移民法を変える必要がある。国境対策の法律を変えなければならない」。

58　壁があったら、エリオット・ロジャー、ニコラス・クルーズ、ウィリアム・アッチソン、ディラン・ルーフ、ジャロッド・ラモスに殺害された三九人の死は防ぐことができたのか？

59　二〇一八年八月一六日、オクラホマ州ルーサーの高校で、全校集会の最中に一四歳の少年が刃渡り一〇センチメートルほどの折りたたみナイフを使って同じく一四歳の少女を無言で何度も刺し、腕、背中の上部、手首、頭部を負傷させた。少女は少年に、「友だちとして好き」で恋愛関係は望んでいないと告げていた。

60　二〇一八年一一月二日、四〇歳の退役軍人でメリーランド州アン・アランデル郡公立学校機構の元教師スコット・バイアリーが、フロリダ州タラハシーのヨガ・スタジオで六人を撃ち、ふたりの女性を殺害した。一連のYouTube動画でバイアリーは、女性から性的に拒まれてきたことに不満を漏らし、エリオット・ロジャーへの共感を表明して、異人種間の交際の弊害を激しく非難していた。二〇一二年と一六年には女性の尻をつかんだことで二度にわたって逮捕されていて、生徒の胸の下の腹部に触れ、「くすぐったいか」と尋ねたことで教師の職を追われていた。

61　二〇二〇年二月一九日、四三歳のトビアス・ラティエンがドイツのハーナウのシーシャ・バー二軒で一四人を撃ち、九人を殺害した。犯行後は自宅のフラットに戻り、母親を銃殺したのちにみずから命を絶った。個人ウェブサイトに掲載されたラティエンの声明書では、イスラム教徒が多数を占める国から来た移民を全滅させろと呼びかけていた。声明書からは「陰謀論、レイシズム、インセル・イデオロギーがきわめて乱雑に混ざりあっている」ことがわかると過激主義の専門家は言う。

62　二〇二〇年二月二四日、実名が公開されていない一七歳の少年が、トロントのマッサージ店で長刀《マチェーテ》のなたを使って三人に襲いかかり、ひとりの女性に致命傷を負わせた。カナダ当局は容疑者をインセルのサブカルチャーと結びつけ、テロの罪で少年を起訴した。

63　二〇二一年三月一六日、ジョージア州アトランタの複数のマッサージ店で銃撃があり、東アジア系の女性六人を含む八名が射殺された。この事件ののち、殺人容疑で起訴されたロバート・アーロン・ロングの動機がミソジニーなのか人種憎悪なのかで激しい論争がくりひろげられた。ロングはみずからの「セックス依存症」について語り――福音派の施設でその「治療」を受けていたという――、スパを標的にすることでほかの男たちを「助け」たかったと説明している。ここからロングの行為は人種と関係なかったと考えてしまうと、反東アジア系のレイシズムが東アジア系女性へのフェティシズムといかに絡まりあっているかを見逃しかねない。

64　「不本意な禁欲主義」というフレーズは、だれとも付き合った経験がなく、自分自身と自分のようなほかの人たちの孤独に名前をつけたかったアラナという「オタクのクィア女性」がつくった。一九九〇年代終わり、カナダのオタワの大学で学んでいたときに、アラナは〈アラナの不本意な禁欲主義プロジェクト〉(Alana's Involuntary Celibate Project) というすべて文字だけのウェブサイトを立ちあげる。女性、男性、若者、高齢者、同性愛者《ゲイ》、ストレートのためのフォーラムであり、サポート・コミュニティである。参加者は自分たちのことを「インヴセル (invcel)」と呼んでいたが、やがてあるフォーラム・メンバーが「ヴ (v)」を省くことを提案する。メンバーたちは、内気、不器用、憂鬱、自己嫌悪といった問題への対処法についてアドバイスを交換しあった。なかには女性をモノとして語る男性もいたとアラナは言うが、現在のさまざまなインセル・フォーラムの特徴である暴力的な権利意識はなかった。そのうちにアラナには恋人ができ、管理人の仕事をほかのメンバーに引き継いでフォーラムを去った。インセル運動のその後を知ったのは、ほぼ二〇年を経て『マザー・ジョーンズ』誌 (*Mother Jones*) でエリオット・ロジャーの記事を読んだときのことだ。現在のインセルは、女性のインセルである「フェムセル (femcel)」は存在しないと主張している。

65　アラナの話を聞くと、植物生理学者のアーサー・ガルストンのことを思いだす。ガルストンは大学院生のときに、2，3，5－トリヨード安息香酸を使って大豆の生長を促進できることを発見した。一九四三年に発表した博士論文『花成生理学——大豆の花芽分化に着目して』（*Physiology of flowering, with especial reference to floral initiation in soybeans*）の脚注でガルストンは、トリヨード安息香酸を過剰に使うと大豆植物の葉が落ちると記していた。アメリカ軍がそれに気づき、第二次世界大戦がつづいたら空中散布の枯葉剤として日本で使おうと、一九四五年に2，4，5－トリヨード安息香酸の生産と試験をはじめる。のちにこれを化学的主成分とする枯葉剤エージェント・オレンジができ、アメリカがヴェトナム戦争でそれを使用して、一八〇〇万ヘクタールをこえる土地が破壊された。自分の研究がこのように使われていることを知ったガルストンは、エージェント・オレンジを軍事兵器として使用しないよう求める猛烈なキャンペーンをはじめる。やがてニクソンを説得し、一九七一年にこの兵器の使用をやめさせた。

66　トロントでのバンによる襲撃事件の五日後、アラナは〈怒りではなく愛を〉（Love Not Anger）というウェブサイトを立ちあげた。「愛において孤独」な者たちをどうすれば最もうまく支援できるか、それについての研究を集約し促進する取り組みである。アラナはこう書く。「孤独と、セクシズム、ミソジニー、特権意識、権利意識とが組み合わさることで、性的に女性を手に入れられない多くの男性が怒っている」。この取り組みは二〇一九年一一月以降、活動を停止している。「そこから離れることで［自分の］メンタルヘルスがよくなった」とアラナは言う。

67　悩ましいのは次の問いだ。セックスあるいは恋愛の面で周縁化されていることが抑圧の一面であるのはどういうときで、ただ運が悪かったり、人生のちょっとした悲劇のひとつだったりするだけであるのはどういうときか（わたしが大学一年生のとき、ある教授がこんなことを言っていた。非常に残念だが、ポスト資本主義のユートピアでも失恋の悲しみはなくならない）。美しくない者は抑圧された階級なのか。背が低い者は？　いつも内気な者は？

68　だれかを求めるよい理由と悪い理由を区別することで、この線を引こうとすることもできるかもしれない——求められない理由のなかで、抑圧の一面であるものとそうでないものを分ける線を。しかし、だれかを求めるにあたってよい理由とは何だろう？　身体でなければ、中身はどうなのか？　心の美しさ？　心の美しさはわたしたちが決められるのだろうか？　それは重要なのか？　重要であるべきなのか？

69　サブレディット r/trufemcels は、長期的な恋愛関係を求めながらもそれを見つけられない少女と女性のサポート・フォーラムである。キスをしたことがなく、セックスをしたことがなくて、彼氏がいたこともない二〇代終わりから三〇代の女性であふれている。くり返し登場するテーマが、インセル男性の偽善である。自分は醜くすぎて、あるいは人づきあいが下手すぎて愛やセックスを手に入れられないと言いながら、彼らは世間一般の基準でいう魅力を欠く女性や人づきあいの下手な女性に明らかに無関心だ（フェムセルは、そういう男はほんもののインセルではなく、ヴォルセル（volcels）

——自発的な禁欲主義者（voluntary celibates）だと言う）。こうした男のほとんどがほんとうに求めているのは愛や性的な親密さではなく、魅力的な白人女性をひきつけることで得られるステータスだとフェムセルは指摘する。あるインセルのフォーラムで、インセルがステータスの低い女性に無関心である理由をメンバーたちが議論するなかで、だれかが次のように投稿していた。「ホンモノの汚物とセックスしたがるやつがいないからって、ムカついてんのか？」

70 「女性の上昇婚《ハイパーガミー》」〔自分より上の階層の男性と結婚すること〕は、インセル、男性の権利活動家（MRAs）、ナンパ師、ジョーダン・ピーターソンの取り巻きたちが使う語彙のなかで中心的な位置を占めることばである。ほとんどの女性は男性のなかの少数の者とだけセックスすると彼らは考えている（ピーターソンいわく、「女性は順位制〔動物の集団内の優劣順位にもとづいた秩序〕の横と上とつがい、男性は横と下とつがう」[24]）。あるマノスフィアのブロガーによると、抑えのきかないハイパーガミーから取り残された「ベータ男性」は「超ハイパーガミー的な性的市場における借金まみれの中間層であり、スリムで純潔で女らしくて若い白人女性の世界への入場料は高騰し、彼らの手には届かなくなっている」。さらにこうつづける。「こうした性、恋愛、結婚の不平等が慢性的につづく状態では、怒れる若い男の反乱は避けられない。トランプの当選は、当然の理由から怒っている若い男によるこの革命の最初の一斉射撃だ。トランプが失敗したら、次の一斉射撃は穏やかなものではすまないだろう。クソリベとプッシーハッター〔ピンクのニット帽をかぶってトランプの女性蔑視発言に抗議した女性たち〕は、ほんものの怒りが何かをやがて知ることになる[25]」。

71　怒れるインセルとトランプ支持者の「怒れる若い男」とのアナロジーは示唆に富んでいる。いずれの例でも怒りは表向きは不平等に向けられているが、実際にはその多くは白人男性の特権が失われようとしていることへの怒りである。ある種のトランプ支持者の抗議が次のようなものだったことを、いまのわたしたちは知っている。〝なぜ白人が黒人やラテンアメリカ系よりひどい状態に甘んじなければならないのか〟。同様に、インセルの抗議の声は次のようなものになる。〝なぜ白人の男がステータスの低い女で――「スリムで純潔で女らしくて若い白人」ではない女で――間に合わせなければならないのか〟。ここにあるのは不平等や不正への抗議ではなく、あると思いこんでいる権利が失われていることへの抗議だけだ。

72　さらにいうなら、いずれの場合も――人種的に虐げられているというトランプ支持者の場合もインセルの場合も――彼らが主張する現実は架空のものである。白人アメリカ人の状態は黒人やラテン系アメリカ人よりも悪いわけではなく、実際にはいまでもその反対だ。たしかに最底辺にいる白人は絶対的には以前より悪い状態に置かれていて、その意味では本気で不満を抱く正当な理由があったとしてもだ（ここから、トランプを支持する低所得層の白人有権者は人種対立に動かされていたのか、あるいは経済の不安に動かされていたのかという、いまやうんざりするほどおなじみの論争が生まれている。正解が何であれ――おそらく人種の不安と経済の不安をはっきり分けるのを拒むことからはじめるべきだろう――、トランプへの献金母体となっていた地方の裕福なビジネスマンとトランプに投票した高所得の有権者は、二〇一六年と二〇年〔の二度の大統領選挙〕にいずれも多数派に属していたことを心にとめておくべきだ）[26]。一方、ほとんどの女性の性的関心が少数の男性に奪われていて、大多数の男性が性的に「飢えている」というのは事実ではない。キャサリン・クロスが書くように、「性的魅力の社会的ヒエラルキーによって、性的魅力のある人とない人のイメージが構築される。これは、セックスしている人としていない人と厳密には対応していない」。[27]

73　全般にいまの若者は――少なくともアメリカ、イギリス、ヨーロッパ、日本では――一世代前の若者よりもセックスをしていない。[28] しかし調査によると、男性よりも女性のほうがセックスなしで過ごしていて、前年にふたり以上とセックスした人の割合は男性のほうが多い。二〇一六年に一〇人をこえる相手とセックスをしたアメリカ人男性は、わずか〇・八％である。チャドはごく少数だ。一九歳以上のストレートのアメリカ人男性のうち、宗教的な理由によって禁欲している者を除いて、性交経験がないのはおよそ一・三％である。その多くがだれとも付き合ったことがなく、それどころかまだ実家で暮らしている若者だ。[29]

74　やはりこれも驚きではない。本人たちの主張はどうあれ、インセルは分配の不平等に怒っているのではない。性的なステータスへの権利意識がくじかれたという（誤った）認識のために怒っているのである。

75　もちろん、インセルと怒れる白人男性のトランプ支持者とが似ているのはそれだけではない。

インセル、ナンパ師、男性の権利活動家（MRAs）の世界とトランプの大統領就任を支えた極右運動とのあいだには、直接のつながりがある。[30] マノスフィアに火をくべている、もがき苦しむ白人男性の不満の政治がイデオロギー上と実体上の入り口になり、よりあからさまなエスノナショナリズムの不満の政治につながってきた。ゲーマーゲート（Gamergate）〔二〇一四年に起こったゲーム上でのセクシスト的ないやがらせキャンペーン〕、レッド・ピル（Red Pill）〔映画『マトリックス』のシーンになぞらえ、すべてが女性に有利にできていて男性は不利益をこうむっているという〝事実〟に気づいた瞬間を指すことばとして男性の権利活動家が使う〕、ジョーダン・ピーターソンから、ユナイト・ザ・ライト（Unite the Right）〔二〇一七年八月にヴァージニア州シャーロッツヴィルでひらかれた極右の白人優越主義者の集会〕、プラウド・ボーイズ（Proud Boys）〔男性のみからなるアメリカの極右団体〕、スリー・パーセンターズ（Three Percenters）〔アメリカとカナダの反政府的な極右武装集団〕へと。二〇二一年一月六日の連邦議会議事堂襲撃事件に関与したとして逮捕された男たちのなかには、「デートおよび恋愛戦略家」で「女性心理学」の専門家パトリック・ステッドマンと、「価値の高い女性を手に入れられるよう男たちを手助けする」と請けあうYouTubeチャンネルのオーナー、サミュエル・フィッシャー（別名「ブラッド・ホリデー」）というふたりが含まれていた。襲撃事件の二か月前にステッドマンは次のようにツイートしている。「おまえらがいやがってるのはトランプじゃない。おまえらがいやがってるのは男らしいエネルギーだ[31]」。

76　トロントでのバンによる襲撃事件のあと、ニューヨーク・タイムズ紙に寄稿するカトリックの保守系コラムニスト、ロス・ドゥザットが「セックスの再分配[32]」というコラムを発表した。その文章は次のようにはじまる。「過激派、急進論者、変人のほうが、立派な人間、中道派、正気の人間よりも世界をはっきり見ていることがある」。そうした「すばらしい変人」のひとりが、ジョージ・メイソン大学の経済学者ロビン・ハンソンだとドゥザットは言う。トロントの事件のあと間もなく、ハンソンは自身のブログで、進歩派はなぜ富の再分配のことばかり考えていてセックスの再分配に目を向けないのかと問いかけた。ハンソンはさまざまな方面から非難される――『スレート』誌（*Slate*）には次のような見出しの記事が掲載された。「ロビン・ハンソンはアメリカでいちばんうさんくさい経済学者か？」しかし富の再分配に反対するハンソンは、偽善を働いているとして進歩派を非難していた。富の格差が不当であり正されなければならないのなら、なぜセックスの格差にも同じことが言えないのか、というのがハンソンの問いである。

77　セックスを「再分配する」という考えには、少なくともふたつの理由から問題がある。第一に、すでに論じたようにインセルが怒っているのはセックス不足のためではなく、性的なステータスが不足していると見なされているからだ。第二に、「再分配」について語ると、たちまち強制への不安が頭をもたげてくる。

78　多くのフェミニストは、セックスを再分配する提案はすべて、事実上、女性をレイプする提案にほかならないと論じることでハンソンに応答する。それに対してハンソンは、セックスの再分配を実現するほかの手段を提示する。セックスできない男性にお金を給付して買春できるようにする、あるいは結婚前の禁欲という旧来の規範やジョーダン・ピーターソンが「強制された一夫一婦制（enforced monogamy）」と呼ぶものを奨励する、といった手段である。皮肉なのは、こうした提案もまたレイプと同じく強制的ということだ。女性がセックスを売るのは、概してお金が必要だからである。セックスできない男にお金を与え、それを使ってセックスできるようにするという考えは、生きていくためにセックスを売らなければならない女性の存在を前提としている。（女性にとっての）結婚前の禁欲という旧来の規範や（女性にとっての）強制された一夫一婦制に立ちもどるという考えについていえば、これはレイプの強制とどれほどちがうのだろう？

79　ローリー・ペニーやジャクリン・フリードマンら一部のフェミニスト・コメンテーターは、セックスを再分配するという考えそのものが女性を商品として扱うことにほかならないとして、ドゥザットとハンソンに反論する。[33] そしてそれらのフェミニストは、これはセックスについての資本主義的なロジックを強調しているだけであり、インセル現象はそのロジックのひとつの徴候であると論じた。レベッカ・ソルニットが言うように、「セックスは商品であり、この商品を蓄積することで男性のステータスが上がるのであって、男性にはみな蓄積をする権利があるが、女性は奇妙なことにその障害になるものであり、それゆえ敵であると同時に商品でもある」。ソルニットが言うには、インセルは「自分自身のステータスが低いことに激怒しているけれど、ステータスを分配し、苦しく非人間的なかたちでわたしたちを商品化している体制を疑問視することはない[34]」。

80　ソルニットが言うとおり、インセルはステータスを渇望している——ステータスの高い女性とセックスすることで得られるステータスを、またステータスの高い女性を手に入れる代価と彼らが見なすステータスを求めている。それと同時にインセルはセックスの商品化を忌み嫌っていて、そこから自由になりたがっている。セックスが市場関係につかさどられているという考えや、ステータスの高い女性とのセックスが無償で愛情とともに自分たちに与えられることはないという考えを嫌っている。これはインセル現象の核にある根深い矛盾である。インセルは自分たちを性的市場における敗者と見なし、それに反対する一方で、その市場を構成するステータスのヒエラルキーに執着している。

81　この点においてインセルは、ふたつの病の衝突を象徴している。一方に新自由主義《ネオリベラリズム》とときに呼ばれる病がある。生活のさまざまな領域をとめどなく市場のロジックに同化させていく病である。他方に家父長制の病があり、資本主義社会においては女性と家庭が市場からの避難所であり、無償で与えられるケアと愛の源と見なされる傾向にある。そのように見なすことで家父長制は、そうした〝自発的な〟献身行為が女性に要求されてきたありとあらゆるやりかたをすべて無視している。これらふたつの傾向はジェンダー化された訓練、物質的必要に迫られた結婚、暗黙の脅しなどである。これらふたつの傾向は緊張関係にあるが、それでも互いに補強しあうこともあれば、有機的な統一体をつくることもある。一九七〇年代にセルマ・ジェイムズ、マリアローザ・ダラ・コスタ〔一九四三―。イタリアのフェミニスト。邦訳書に『家事労働に賃金を』など〕、シルヴィア・フェデリーチが指摘し、その後、ナンシー・フレイザー〔一九四七―。アメリカのニュー・スクール・フォー・ソーシャル・リサーチで政治学を教える〕が論じてきたように、女性的なケアの場としての家族は、市場関係による抑圧を感情と性の面で埋めあわせるものを男性に与え、そうすることで資本主義に貢献している。[35] その隠れたコストは家父長制的な家庭における抑圧であり、そのコストを背負うのはおもに女性である。インセルのほんとうの不満は、自分たちのイデオロギー――女性はステータスを付与する商品だという主張――が支えるまさにその体制から離れて休息を与えてくれる女性がいないという不満である。

82　ロス・ドウザットがニューヨーク・タイムズ紙のコラムで論じるもうひとりの「過激派、急進論者、変人」がわたしである。わたしはハンソンとはちがって「セックスする権利」があるかもしれないとは言っていないとドウザットは認めるが、どちらの文章も「後期近代の性生活のロジックに応答している」と彼は考える。後期近代の性生活とは、ドウザットによると「新しい勝者と敗者を生み」「古いものに代わる新しいヒエラルキー」をもたらした性革命のことである。わたしが現状へのユートピア的フェミニストの応答を示していて、ハンソンがリバタリアンのテクノ商業主義――セックス・ロボットとインスタ・ポルノの時代――へ向かう傾向と一致した解決策を提供していることをドウザットは正しく読みとっている。ドウザット自身が好むのは、「それに代わる保守的な応答」と彼が呼ぶものだ。「つまり、いま広がっている孤立と不幸と不毛状態には、一夫一婦制と貞操と永続性の美徳と、禁欲に払われるべき特別な尊敬というかつての考えを復活あるいは適応させることによって対処できるかもしれない」。

83　しかしドウザットの保守的で宗教によって屈曲された理想像は、セックスする権利を国家が強制するのを認めるというハンソンの提案にほんとうの意味で代わるものではない。一夫一婦制の結婚、異性愛規範の家族、貞操の規範は——ハンソンが提案するインセルへの政府補助金のように——女性の身体と心へのアクセスを男性が確保できるようにつくられた家父長制的な基盤の一部にほかならない。フェミニストの視点からすれば、男性の性的な権利意識を押しつけるのが国家であろうと社会であろうと関係ない——実際にはつねに両方である。

84　禁欲に払われるべき特別な尊敬については、その尊敬が自分自身の欲望を嫌うように教えこまれた同性愛者の男性や女性への慰めでなければ、それはそれでかまわない。

85　ラディカル・フェミニストがずっと主張してきたように、一九六〇年代の性革命は不十分だったと言うドウザットは正しい。しかしそれは、ドウザットが主張するように「新しい勝者と敗者」や古いものに代わる新しいヒエラルキーを生みはしなかった。

86　それどころか性革命の驚くべきところは——それが理由で一世代のラディカル・フェミニストの政治がかたちづくられたのだが——あまりにも多くのことを変えずに残したことだ。いまでもノーと言う女性はほんとうはイエスと言って《ノー・ミーンズ・イエス》いて、イエスという女性はいまでもヤリマンだ。黒人と褐色肌の男はいまでもレイピストで、黒人と褐色肌の女性へのレイプはいまでもレイプとは見なされない。女の子はいまでも求める側だ。男の子はいまでも与えることを学ばなければならない。

87 では、性革命はいったいだれを自由にしたのだろう？

88 わたしたちはまだ自由ではない。

教え子と寝ないこと

On Not Sleeping With Your Students

一九九二年、ウィスコンシン大学ミルウォーキー校で英語と比較文学を教える特別栄誉教授ジェーン・ギャロップ〔一九五二―。ラカン派フェミニストとして知られる。邦訳書に『娘の誘惑』など〕が、教え子の女子大学院生ふたりからセクシュアル・ハラスメントで訴えられた。長い調査ののち大学は、ひとりの学生についてギャロップが教員と学生の「同意にもとづく恋愛関係」を禁じる規則に違反したことを認めた。ギャロップは軽い譴責《けんせき》処分を受ける。その五年後、ギャロップは著書『セクシュアル・ハラスメントで訴えられたフェミニスト』を刊行し、告発に対してみずからを擁護した。たしかにほかの大学院生たちとバーにいたとき、ふたりの女性のひとりといちゃついたと彼女は言う。大学院生が「性的嗜好の対象」だとカンファレンスで公言もした。教育上の関係をわざと濃密で、浮ついた、性的なものにもした。少なくとも一九八二年に生涯のパートナーとなる男性に出会う前は、大学院生であれ学部生であれ多くの学生と寝た。さらに、どれもまったく悪いことではないとギャロップは言う。

最も情熱的なとき――また最も生産的なときとも言っておきたい――教師と学生の教育上の関係は、実のところ「同意にもとづく恋愛関係」である。大学がセックスだけでなく教師と学生の「恋愛関係」も禁じるのなら、キャンパスで禁止される「同意にもとづく恋愛関係」とは、教育そのものかもしれない。[1]

教育はその理想型においてすでに恋愛的でエロティックな関係だとギャロップは示唆する。その関係をセックスとして身体的に表現することの何がいけないのか？　学生と教員のセックスを排除すること、それはエロティックな力をおびた教育を排除することにほかならならない――ギャロップの考えでは、それこそが最も望ましい教育であるにもかかわらずである。

一九八〇年代はじめ、アメリカの大学は教員と学生のセックスを慎むよう促しはじめ、場合によっては禁止するようになった（アメリカ以外では、そのような禁止はいまでもめずらしい。わたしが教えるオックスフォード大学の規程には次のようにある。「大学はスタッフの個人生活を管理することを望まないが、スタッフがなんらかの責任を負う学生と近しく個人的な、あるいは親密な関係にならないよう強く勧告し、そこから複雑な問題が生じかねないことに注意を喚起する」）。こうした規程がアメリカの大学で導入されたのは、フェミニストによる一九七〇年代と八〇年代の反セクシュアル・ハラスメント運動の結果だった。一九六四年に公民権法が通過し、「性別にもとづく」雇用差別は法律で禁じられていたが、六〇年代と七〇年代の女性たちは職場でのセクシュアル・ハラスメントと闘う際に法律をなかなか味方につけられずにいた。裁判官はきまって、職場でのセクシュアル・ハラスメントは「個人的な」問題である、あるいは「性別にもとづく」差別ではなくほかの理由にもとづいた差別であるとの判決を下していた。たとえば上司とセックスしたがらない女性であるといった理由であり、この性質は性別とは異なり反差別の法律で保護されないという（同じような理屈で、ある裁判ではスカートの着用を女性に義務づけたドレスコードに従わなかったとして女性を解雇した雇用者に勝訴判決が下された。その女性は性別にもとづいて差別されたのではなく、「パンツスーツを好む」女性であることによって差別されたのだというのがその理由である）[2]。

当時のフェミニストは、現在の多くの人には当然のことを法廷に理解させようと闘っていた。セクシュアル・ハラスメントは単に個人的な問題ではなく、ジェンダーとは異なる次元の問題でもなくて、女性の政治的な従属を表現し強化しているということである。一九七四年、環境保護局の事務アシスタントの仕事を首になったばかりのポーレット・バーンズが、同局を性差別で訴えた。バーンズは上司のダグラス・コッスルから執拗に性的な誘いを受け、それを拒んだのちに解雇されていた。訴えは斥けられたが、その後、コロンビア特別区控訴裁判所で審理された。当時イェール大学のロースクール生だったキャサリン・マッキノンは、のちに画期的な著書『セクシャル・ハラスメント・オブ・ワーキング・ウィメン』（一九七九年）となるワーキングペーパーを上訴にかかわっていた判事助手にひそかに手渡す。裁判所はバーンズの身に起こったことは性差別であり、公民権法の第七編《タイトル・セブン》に違反するとの判決を下した[3]。

数年後、革新的なニューヘイヴン・ロー・コレクティヴ（New Haven Law Collective）のリーダーのひとりになっていたマッキノンは、イェール大学の学部生の一団が大学を訴える手助けをした。訴えの理由は、自分たちと仲間たちが学生として受けたセクシュアル・ハラスメントと、それに対処しなかった大学側の怠慢である。学生側は敗訴したが、この「アレグザンダー対イェール」（Alexander v. Yale）（一九八〇年）では、一九七二年の教育改正法第九編《タイトル・ナイン》のもとでセクシュアル・ハラスメントが性差別にあたることが確認された。この裁定をきっかけに、全米の大学がセクシュアル・ハラスメント規程と苦情処理の手続きをつくりはじめる。

法律上の定義では、セクシュアル・ハラスメントには「相手が望まない」性的な誘いがともなう。だとしたら、同意にもとづいた教員と学生の関係はそこに含まれないように思える——実際、初期のセクシュアル・ハラスメント規程は、そうした関係には沈黙していた。しかし一九八六年に連邦最高裁判所が、同意はかならずしもセクシュアル・ハラスメントの阻却事由にはならないとの判決を下す。この判決のきっかけとなった「メリター貯蓄銀行対ヴィンソン」（Meritor Savings Bank v. Vinson）は、メシェル・ヴィンソンという若い女性が「過剰な」休暇をとったとして銀行での仕事を首になった事件である。ヴィンソンはその四年前、銀行に勤めだした直後に上司のシドニー・テイラーからセックスの誘いを受けるようになった。はじめは断ったが、やがて仕事を失う不安からそれに応じた。ヴィンソンはテイラーとのセックスに五〇回ほど応じたと見積もり、何度かレイプされたと証言する（その前のポーレット・バーンズやほかの主要なセクシュアル・ハラスメント訴訟の女性たちと同じく、[4]メシェル・ヴィンソンも黒人だった。アメリカでセクシュアル・ハラスメントおよびそれをめぐる法廷闘争の矢面に立ってきたのは黒人女性である）。法廷は次のように指摘した。上司の性的な要求に同意していたからといって、ヴィンソンがそれを歓迎していたことにはならない、なぜならその同意は、断ることで生じる影響への恐怖心をもとに成立したものだからである。

メリター貯蓄銀行の判例のロジックを大学キャンパスに適用することで、同意にもとづいてセックスしている相手の学生に教員はセクシュアル・ハラスメントをしていると論じられるようになった。そもそものような関係に学生が同意するのは、心から望んでのことではなく恐れからかもしれない。責任を問われかねないと懸念した大学は、一九八〇年代にセクシュアル・ハラスメント規程を拡大し、同意にもとづいた教員と学生の関係もそこに含めるようになった。一九八九年には、同意にもとづく関係を規程に含めているアメリカの大学は推定一七%にすぎなかった。それが二〇〇四年には五七%になり、[5] 二〇一四年の調査では八四%にまで増える。[6] 規程の内容もしだいに厳しくなっている。二〇一〇年、イェール大学がアメリカの大学で初めて教員と学部生の関係を全面的に禁止した（それまでイェールが禁じていたのは、自分が指導している、あるいは指導する可能性のある学部生および大学院生との関係だった。[7] この規程ができたのは一九九七年で、一七歳の一年生と数学の教員が同意にもとづいていたとされる関係をもち、学生が本人いわく「裏切られ」「利用された」と感じた一件がきっかけだった）。[8] イェールが全面禁止を実行に移すと、アメリカのほかの多くの大学もすぐにそれに倣った。二〇二〇年、ユニヴァーシティ・カレッジ・ロンドンが教員と学生の関係を禁止したイギリスで三つめの大学になる。[9] どの大学も一様に、教員と学生の力の差を理由にこの禁止を正当化している――その力の差によって、学生による同意の意味に疑問が投げかけられるというのが大学側の言い分である。[10]

大学のセクシュアル・ハラスメント規程が拡大され、同意にもとづく教員と学生の関係も含まれるようになったのは、女性解放運動が残したひとつの成果である。しかしこの拡大がはじまるとすぐに、一部のフェミニストが自分たちの主義を大きく裏切るとしてこれを糾弾した。女子学生が教員とのセックスに同意できないと考えるのは、「ノーはイエス」というレイピストの理屈をひっくり返し、「イエスはノー」という説教じみた理屈にしただけだとそれらのフェミニストは主張する。女子学生は大人ではないのか？　好きな相手とセックスする権利はないのか？　そうした規程は、復活を遂げつつあり女性の性生活の管理にあまりにも熱心な宗教的右派の思うつぼではないのか（一九八一年にアン・スニトウ、クリスティン・スタンセル、シェアロン・トンプスンがアドリエンヌ・リッチへ送ったゆるやかな批判の手紙に書いたように、「レーガン時代にあっては、貞淑かつ道徳的なセクシュアリティの古い規範を美化するなどという贅沢は、私たちにはとてもできないのです」[11]）。一九八〇年代と九〇年代の一部のフェミニストは、こうした規程は力のある教員と弱い学生というヒエラルキー的で反フェミニズム的な教育の理解を強化すると異議を唱えた（新たに設けられた禁止に反対する男性たちは、これは個人の自由への堅苦しい攻撃だと案の定文句を言い、ひどい例では、男性教員の手で処女を失う若い女性の恩恵を無視していると論じた）[12]。しかしこの二〇年でそうした主張はあまり目立たなくなり、フェミニストは教員・学生関係の全面的な禁止にほとんど反発しなくなった[13]。これは大きな力の差によって歪められた性的関係の倫理にフェミニストが不安を募らせてきたのと歩みをともにしている。比較的無力な者が権力者とのセックスに同意するとき、それは同意の名に値するのだろうか？

もちろん、拒んだときの影響を恐れて、ほんとうは望まないセックスに同意する女子学生もいる――悪い成績、精彩を欠く推薦状、指導教員からの無視。けれども、心から望んで教員とのセックスに同意する女子学生もたくさんいる。それに恋愛的で性的な誘いが学生からおおいに望まれている教員もいる。教員と学生の力の差のために同意が成立しないと主張するのは、女子学生は子どもと同じでそもそもセックスに同意する力がないと考えること、あるいは教員の目もくらむばかりの力のせいで、どういうわけか女子学生は同意する力を失うと考えることである。そんなに魅力的な教員がどこにいるのだろう？

とはいえ、心から望まれた教員と学生のセックスに問題がないわけではない。こんな教員を想像してもらいたい。のぼせあがった教え子の注目をよろこんで受け入れ、デートに連れ出し、セックスして、恋人にする。おそらく多くの学生にしてきたように。学生は同意していて、これは恐怖心からではない。ここには懸念すべきことが何もないとほんとうにいえるだろうか？　懸念すべきことがあるとして、同意がないことが問題ではないのなら、いったい何が問題なのか？

こんなことを言うのは、あまりにも退屈で不毛だろうか？　その教員は教え子と寝るのではなく、彼女を教えるべきではないのか。

学生からのセクシュアル・ハラスメントの苦情申し立てに対する正式な応答のなかで、ジェーン・ギャロップはフロイトの転移の概念を引きあいに出す。子ども時代に重要だった人物（たいていは親）を患者が無意識のうちに精神分析医に投影する傾向である。多くの場合、その結果はフロイトが「転移性恋愛」と呼ぶものになり、そこでは子どもの愛情、あこがれ、しきりに歓心を買おうとする気持ちが向かう先が、親から精神分析医に変わる。転移は「実際に影響力がある教師とのいかなる関係においても避けられない一部でもある」とギャロップは言う。[14]つまり教師と恋に落ちるのは、教育がうまくいっている証拠である。

ひょっとしたらそうなのかもしれない。たしかにわたしたちの多くが大学教員になったのは、学校や大学で教師から、あるいは教師たちから刺激を受け、新しい欲望や欲求をもつようになったからだ。それに教職に就くわたしたちは、転移に似た何かを学生のなかに認めるだろう。わたしたちが刺激を与えて同じような欲望を呼び起こす学生だけでなく、わたしたちが行使する教育上の権威をみずからの独立への致命的な攻撃であるかのように感じ、（過度の）あこがれではなく過度の敵意を抱いている学生のなかにも。[15] とはいえギャロップは、精神分析医が患者と恋愛的あるいは性的な関係をもつのは「絶対に許されない」というフロイトの主張を見すごしている。[16] ある研究者が書くように、フロイトの考えでは「精神分析医は応答するが、同種の応答はしない」[17]。つまり精神分析医は愛や敵意によって患者に応答してはならず、自分自身の感情や身体の欲求充足の手段として転移を利用してはならない（フロイトが精神分析医に次のように念を押しているのは有益だ。「患者の恋愛は、分析状況を通して、法則的に引き起こされるものであって、分析医の個人的な人格が優秀であるからというわけではない」[18]）。精神分析医は転移による関係を治療プロセスの道具として用いなければならないとフロイトは言う。腕のいい精神分析医は作用している転移に患者の目を向けさせ、転移の感情は抑圧された感情の投影にすぎないと患者に「納得させる」のだという――このことばのあいまいさについては、あとで立ちもどりたい。「かような変換によって」とフロイトは書く。「感情転移は抵抗のためのもっとも有力な武器であることから分析による治療にとっての最上の道具となる［…］分析的な技法におけるもっとも困難かつもっとも重要な部分である」[19]。

教員が学生の移転性恋愛に応答しつつも同種の応答はせず、教育のプロセスでそれをうまく活用するというのはどういうことだろう？　おそらくそこには、教員が学生を「納得」させ、自分に対する彼女の欲望は投影の一形態だと理解させることが含まれるだろう。つまり彼女がほんとうに欲望しているのはその教員ではなく、彼が体現しているものなのだと。フロイトのことばからプラトンのことばに切り換えて言うと、教師は学生のエロティックなエネルギーを自身から適切な対象へと向けなおさせなければならない。すなわち知識、真理、理解である（フロイトと同じようにプラトンも、教員・学生間のセックスを擁護するのによく用いられるが、実はソクラテスは教え子と寝なかった――なかにはそれをもどかしく感じていた教え子もいたようだ。実際、『国家』でソクラテスは、「正しく恋し恋されようと思ったら」哲学者＝守護者と教え子の若き青年の関係に「〔性的な〕快楽は近寄らせてはならない」と言う）。[20]学生のエロティックなエネルギーを吸収して自分自身のなかに取りこむのは悪い教師である。フロイトが言うように、「たとえ彼が恋愛をどんなに高く評価するにせよ」、よい教師は教え子を「手助けする機会を持った、ということのほうを重要視」しなければならない。[21]

セラピストは患者を「納得」させ、移転の感情は本人の真の感情ではなく単なる投影だと理解させなければならない、というフロイトの発言のあいまいさについてはどう考えればいいのだろう？　精神分析医は真実を明かさなければならないということだろうか？　それとも患者を説得して嘘を信じさせなければならないということか？　フロイトの答えはその中間にある。患者の転移は、実際、抑圧された感情の投影である。セラピストは象徴として愛されている。けれども、だからといって患者の愛がほんものでないわけではない。投影は「いかなる恋愛にも繰り返される本質的な性格」[22]だとフロイトは言う。転移性恋愛は「おそらく現実生活の中にあらわれる〔…〕恋愛よりは一段とその自由の程度が少ないようであるが、それは幼児期の原型への依存性をいっそうはっきりと示し、これを撓《たわ》めることは容易でなく、また修正することも難しい。しかし、これがそのすべて、その本質的なものである、というわけではない[23]」。教員への学生の愛もおそらく同じだろう。学生は教員自身ではなく彼が体現しているものを「ほんとうに」愛しているといえる。とはいえ、そうでないかたちで恋に落ちる人などいるだろうか（プルーストは言う。「人は、たったひとつの微笑みやまなざしや肩などに惹かれて、恋に陥る。それだけで充分なのだ。すると人は、長時間にわたって期待したり悲しんだりするうち、ひとりの人物をでっちあげ、ひとつの性格を組み立ててしまう[*1]」）。

学生が教員にのぼせあがることと、人がほかのだれかにのぼせあがることのちがいは、種類ではなく程度の問題である。教員と学生の関係の問題は、それがほんとうの恋愛になりえないことではない。多くの教員がかつての教え子と結婚している（教員と学生の関係を擁護する人が頻繁にもちだす事実がこれであり、まるでわたしたちはシェイクスピアの喜劇の登場人物で、最後に結婚すればすべてが丸く収まるとでもいうかのようだ）。しかしフロイトが示すように問題は、教育のコンテクストで〝ほんとうの〟恋愛が可能か否かではなく、ほんとうの教育が可能か否かである。

あるいは別の言いかたをすれば、問題は教師が教師としてどのような愛を学生に示すべきかである。一九九九年のエッセイ「自由を抱擁する——スピリチュアリティと解放」で、ベル・フックスは次のように自問するよう教師に命じる。「どうすれば教室にいるこの赤の他人、この他者を愛することができるだろう？[24]」フックスのいう愛は、独占的で嫉妬深い一対一の恋人の愛ではなく、より距離があり、抑制されていて、他者と世界にひらかれた愛である。だからといって、この愛がほんものでないわけではない。

教員と学生の力の差について語るときには、教員が学生の人生に与える影響のほうが学生が教員の運命に与える影響よりも大きい、という単純な話にはならない。実際、そのように語ると、男性教員を首にさせられるのだから女子学生にはあらゆる権力があるという反論を招く（デイヴィッド・マメットの戯曲『オレアナ』の前提がこれである）。そうではなく、教員・学生関係の本質的な特徴は、認識的な面での非対称性である。教員はあることをする方法を理解し知っていて、学生は同じことを理解し知りたがっている。この関係に暗に含まれるのは、この非対称性が小さくなるという約束である。教員は力の一部を学生に与え、学生が少なくともある面では自分のようになるよう手助けする。認識の力を求める学生の気持ちを教員が性的な鍵として利用し、自分自身を学生の欲望の対象にすることを許すと――さらに悪い場合には自分自身を学生の欲望の対象にすると――、その教員は教師としてその学生を見捨てたことになる。

これは学生時代に教員と付き合っていた女性の証言である。

長いあいだ、わたしは世間知らずでみじめで恥ずかしいと感じながら暮らしていました。彼の同僚の多くが、わたしがどれだけ彼のために使い走りをしているか知っていて［…］。彼の同僚の多くはわたしの先生でもあって、その人たちの目の前でとてもみじめな思いをしたのです。事情を知る学生たちからは笑いものにされましたし。彼に愛着をもつことで、わたしは「X教授のピットブル」と呼ばれるようになりました。まるで自分ではものを考えられず、命令によって主人を守ることしかできないとでもいうかのように。[25]

ここでは教員と学生の関係が逆転している。本来それは学生のニーズに応える関係のはずなのに、ボーイフレンドである教員の目から見ると、彼女が彼のニーズに応えている（使い走りをしたり、自尊心を満足させたりしている）。彼女は所属する学問コミュニティ全体の目から見ても別の存在に変わった——あるいは本人はそう考えているのだけれど、彼女がまちがっていると思う人がいるだろうか？　彼女はほかの教員に先生として接することができなくなった。いまやみんなボーイフレンドの（非難がましい）同僚である。大学に籍は置いたままではいられるかもしれないが、彼女はほんとうに学生といえるだろうか？　退学したら驚きだろうか？

『セクシュアル・ハラスメントで訴えられたフェミニスト』刊行後の『クリティカル・インクワイアリー』誌での論争で、南カリフォルニア大学で英文学を教えるジェイムズ・キンケイドは、セクシュアル・ハラスメントで訴えられたギャロップを擁護する。彼の考えでは、この告発には「楽しさ」の感覚が欠けているという。[26]議論の冒頭でキンケイドは、その前の学期に学生から受けとった手紙をそのまま引用する。

キンケイド教授へ
こんなことをするのは初めてなのですが、ルームメイトがそうすべきだとしきりに言って。

わたしが望むのなら思いきって伝えるべきだと彼女が言うので、そうすることにしました。わたしは先生の授業が大好きで、先生の説明のしかたが大好きです。ああいった詩は自分で読んでもなんの意味もなしませんが、先生が話しはじめると意味をもつのです。先生の話しかたは英文学部でわたしが授業を受けたほかの先生とはちがいます。みんな知識はもっとあるのかもしれませんけれど、それを伝えられないのです、わかってもらえるでしょうか。でも、ロマン主義詩人は一七世紀のポープのような詩人とはちがい、感情を書いたのだと先生が言うと、すぐにその意味がわかります。わたし自身いろいろな感情を抱えているので。自分は詩人とはいえませんけれども（笑）。とにかくありがとうと言いたかったのです。これからもつづけてくださいい、大好きなので。

キンケイドはこれを、自分の気をひこうとし、動きをしかけ、誘っている手紙として読む。

心のこもったこの無署名の手紙は、真の欲望を表現している［…］。わたしのファンは、これからもつづけてほしい、大好きだからと言い、彼あるいは彼女はわたしがそれに好意をもつことを望んでこの手紙を書いている。わたしはそれに好意をもち、彼あるいは彼女はそれに好意をもって、われわれはともにつづける。好き、好かれ、果てることなく好かれつづけることは、どちらにとっても楽しいからだ。だれもゴールにはたどり着かない。だれもエンパワーされず、だれも犠牲にならない。洞察力あるこの学生とわたしが、手紙の交換にとどまらずこれをすべて現実のものにするとしたら、それはわたしに与えるものがあって彼か彼女に受けとるものがあるからではなく、その逆でもなくて、われわれがそれを好きで、これからもつづけたいからだ。身体の関係は進展ではなく、単なる〔程度の〕ちがいである。

解釈することと解釈を人に教えることを職業とするキンケイドは、ここで扱っているのが若い女性からの彼いわく「心のこもった」手紙でなければ、ある種の「倒錯した」精神分析的解釈の諷刺とでもいえるようなことをやっている（キンケイドは学生のジェンダーがはっきりしないことを強調しているが――「彼あるいは彼女」――、若い女性であることは手紙の調子から、でなければ寮のルームメイトのジェンダーからわかる。キンケイドはなんのために、この手紙と自分の反応がジェンダーとは無関係であるかのように振る舞っているのだろう）。

キンケイドのこの手紙の解釈はある種の虐待であり、やさしく真摯に告白された感情をポルノ化している。学生は生まれて初めて詩の意味を理解し、これまでに教わったなかでただひとり詩の意味を自分に示してくれたこの教員に畏敬の念を抱いている。キンケイドはこれをすべて無視し、最終行の「これからもつづけてください、大好きなので」に焦点を絞って、それを低俗で性的なことば遊びに変える。自分はその学生にとって魅力的で、彼女はそれを楽しんでいて、果てることなくつづいてほしいと思っている。ただ楽しいから。

しかし学生はそんなことは言っていない。彼女は「これからもつづけて」ほしい――つまり教え、つづけてほしい――と言っていて、それは楽しいからではなく（楽しくもあるだろうが）、詩の意味を理解させてくれるからだ。「自分で読んでもなんの意味もなしませんが、先生が話しはじめると意味をもつのです」。彼女は詩を理解する能力を自分も身につけたいと思っていて、彼がその能力を使うのを見て楽しみたいだけではない。教え子の欲望の自己陶酔的な側面にこだわることで、キンケイドは自分と学生が「手紙の交換にとどまらずこれをすべて現実のものに」し、「だれもエンパワーされず、だれも犠牲にならない」想像上の未来を語ることができるのだ。

『子どもを愛する——エロティックな子どもとヴィクトリア朝文化』(*Child-Loving: The Erotic Child and Victorian Culture*) の著者であるキンケイドと学生のあいだには、力の差はないのだろうか? だれがだれに成績をつけ、だれがだれに推薦状を書くのかといった(楽しくない)制度上の権力の問題はひとまず置いておきたい。ほかの力の差もここにはある。第一に認識的な力がある。キンケイドは読書を有意義にする本の読みかたを知っていて、学生はこの力をもっていないけれども手に入れたいと望んでいる。キンケイドによる手紙の読みかたでとりわけ気がかりなのは、ひとつには学生が知的に洗練されていないと考えていることである。キンケイドが彼女を「洞察力ある」としているのは操作的で残酷であり、学生がほしがっているもの、つまり教師自身の専門的技能の虚像だけを彼女に与えている。それどころか、キンケイドがおそらく学生の許可を得ずに手紙をそのまま掲載したのは、彼女が『クリティカル・インクワイアリー』を読むタイプではないと自信があったからだ。でも、もし彼女が読んだら? 若者らしい真摯さが性的なトロフィーとして見せ物にされているのを目にして、どう感じるだろう?

第二に、詩だけでなく学生自身のことも解釈する力がキンケイドにはある。これはある種の形而上学的な権力であり、真実を明かすだけでなく真実をつくる権力である。彼女の手紙は暗に性的であり、それをそのまま実現させるとセックスにつながるとキンケイドは語る――セックスは「これをすべて現実のものにする」のにすぎない。キンケイドがこの解釈を学生自身に示したらどうなるだろう？　学生は、書かれたものに含まれる真実を明らかにする人物としてキンケイドのことを信頼している。彼女の手紙はある意味ではじめから性的だった、という考えを真実にする力がキンケイドにはあるのではないか？

キンケイドはおそらく、彼女の手紙は暗にとはいえ実際に性的だと反論するだろう。そこに欲望の表現がまったくないわけではない。手紙は愛の告白であるかのようにはじまる。「こんなことをするのは初めてなのですが［…］」。学生は「いろいろな感情を抱えて」いると打ち明け、すぐにそんなことを言った自分を茶化している（"笑"）。キンケイドは特別で「ほかの先生とはちがいます」。自分が望めばこの学生と寝られるとキンケイドが示唆するのは、ひょっとしたら正しいのかもしれない――強制、脅し、見返りの提供の必要もなく。ワーズワースを読んで聞かせ、きみには「洞察力がある」と言って、ベッドルームへ連れていくだけでいいのかもしれない。だからといってどうだというのか？　キンケイドはこのやりとりをわざと性的にしているわけではなく、彼は受け身で学生の意思に従っているだけだと、ほんとうに思えるだろうか？

もちろん一通の手紙をもとに人の心を読むのはむずかしい。ひょっとしたら学生は単にキンケイドにあこがれていて、彼のようになりたいだけかもしれない。あるいは自分が何を望んでいるかわかっていないのかもしれない。キンケイドのようになりたいのか、それともキンケイドを自分のものにしたいのか。ひょっとしたら両方望んでいて、キンケイドを手に入れることが彼のようになる手段や証拠だと思っているのかもしれない。あるいは自分はキンケイドのようにはなれないと思っていて、次善の策として彼を手に入れたいと望んでいるのかもしれない。ひょっとしたら彼女はそもそもキンケイドとセックスしたいだけで、詩の話はすべてただの誘惑の試みなのかもしれない。これらのどの可能性が正しくても、キンケイドはやはりこの学生を同意させて自分とセックスさせられるだろう。学生の欲望があいまいなら――〝わたしは彼のようになりたいの？　それとも彼を手に入れたいの？〟――教員はやすやすとそれを第二の方向へすすませることができる。教師と寝るのが彼のようになる手段である、あるいはすでに彼のようになっている証であると学生が（誤って）考えている場合（〝彼に望まれているということは、わたしは優秀にちがいない〟）も同じだ。教師のようになりたいというのが学生の望みだとはっきりしている場合でも、教師が学生を説得して、その欲望は実は彼に対するものである、あるいは彼と寝るのが彼のようになる手段であると思いこませるのはむずかしくない。（ロマン主義詩人の「感情」を理解するには、自分でその感情を経験するのがいちばんではないか？）

学生の考えがどうあれ、当然ながらキンケイドが教師として集中すべきは、学生の欲望を彼自身から引き離し、本来の対象である認識的なエンパワメントへと向かわせることである。学生がすでに望んでいるのがこれならば、キンケイドはただ自制心を働かせ、学びたいという欲求の真摯な表現を性的なものにしないようにするだけでいい。学生が自分の欲望について相反する気持ちをもっていたり混乱したりしていたら、キンケイドはさらに一歩下がって線を引き、学生の欲望を正しいほうへ向けさせなければならない。精神分析ではこれは、転移を経験しているのだと患者に告げることで明示的に実行すべきだとフロイトは考える。教育のコンテクストでは、この方法をとるのはとてもきまりが悪いだろう（教員と学生の関係は親密だが、教員はたとえそれができるとしても、学生の心を読んでいるとは想定されていない）。しかしもっと婉曲なやりかたで学生のエネルギーをほかへ向けさせることもできる。そっと身をひき、自分から注意をそらせて、アイデア、テキスト、ものの見かたへと目を向けさせることもできる。これを試みようとすらしないキンケイドは、学生が彼を褒めたたえているもの、つまりよい教師になれていない。

教員は学生の欲望の受け皿になるのを自分自身に許したい、あるいは自分自身を学生の欲望の受け皿にしたいという気持ちに抗わなければならない。教えることはナルシシスティックな満足感と完全に切り離すことができる、あるいは切り離すべきだと言いたいのではない。とはいえ、学生のなかに呼び起こした欲望を自分自身からそらしつつ楽しむのは、自分自身をその対象にするのとは異なる。この種のナルシシズムはよい教育の敵である。関係を性的にするのはその最もあからさまな現れだが、ほかのかたちをとることもある。ニューヨーク大学でドイツ語と比較文学を教え、二〇一八年に大学院生へのセクシュアル・ハラスメントを理由に停職処分を受けたアヴィタル・ロネルの例が印象的なのは、ひとつには彼女がおこなったとされる虐待のうち、性的な性質のものがきわめて少ないことだ。ロネルは学生に無数の時間を費やしてともに過ごしたり電話で話したりすることを求め、彼が「彼女の望みとニーズを中心に生活の予定を立て」、「友人と家族から距離をとり」、ニューヨークの外へ出ないよう要求した。ロネルが彼に触れ、性的に露骨なメッセージを送ってもいなければ、おそらくニューヨーク大学は彼女がタイトル・ナインに違反しているとは認めなかっただろう。とはいえ、学生を使って自分自身のナルシスティックなニーズを満たしていたという点で、ロネルはやはり教員としての義務を怠っていたといえる。ここには教室でのセクシュアル・ハラスメント規程の限界のひとつが見られる。そうした規程はせいぜい、よき教育に背くはなはだしい怠慢を一部禁じるだけである。よく教える方法を教えてはくれない。

先にわたしは、キンケイドはなんのために学生のジェンダーがわからないかのように語るのだろうと問いかけた。彼が向きあいたくないのは何だろう？　何より明らかなのは、彼が実際に描いている状況——年長の男性教員と年下の女子学生——が教員と学生の関係で最もありふれた形態だということである。キンケイドは型《クリーシェ》にはまっていると見なされるのをいやがっている。それにおそらく、このクリーシェを支えているジェンダーの力学についてわたしたちが考えるのをいやがっている——あるいは彼自身それに気づいていない。わたしが言いたいのは、単に少年と男性は支配をセクシーと思い、少女と女性は従属をセクシーと思うように社会化されているということではなく、一部の男性教員が性的な権利意識と知的なナルシシズムを混ぜあわせ、女子学生とのセックスは、頭のよさよりも腕力やクールさのほうが重んじられた思春期のつらさを遅まきながら埋めあわせるものだと見なしているということでもない。何より重要だとわたしが思うのは、女性がどのように社会化され、あこがれを抱く男性への感情を解釈しているかである。

アドリエンヌ・リッチの説明によると「強制的異性愛」の制度は、異性愛者であれ同性愛者であれすべての女性に、ほかの女性との関係を家父長制に適したかたちに調整するよう強いる政治構造である。[27] その仕掛けのひとつが、あこがれの女性についてどう感じるべきか、あるいはそうした女性への感情をどう解釈すべきかを暗黙のうちに女性に指示することだ。適切な反応は嫉妬であり、欲望ではない。その女性のようになりたがらねばならず、その女性を単純に欲してはならない。しかし魅力を感じる男性の場合には、それが逆になる。彼のことを欲しなければならず、彼のようになりたがってはいけない。

レジーナ・バレッカは、大学教員になった女性について本人たちにこう問いかける。「どの時点で［…］わたしたち一人ひとりは、教師になりたいのであって教師と寝たいのではないと気づいたのでしょう?」[28] ほとんどの女性は通常、（男性の）教師によって掻き立てられた欲望を、その教師への欲望と解釈するとバレッカは言う。自分が教師になるには、この解釈を乗りこえなければならない。一方、男子学生は彼らが社会化されているとおりに男性教員とかかわる。つまり彼らのようになりたがることで（またせいぜい彼らを倒して自分が取って代わろうとすることで。それ自体が心理ドラマの源である）。魅力ではなく模倣の対象として教師を見る傾向がどれだけ強いか、その男女差は自然で根本的な気質のちがいから生じているのではない。これはジェンダーにもとづく社会化の結果である。

誤解のないように言っておくと、女性教員が男子学生や女子学生と寝るのも、男性教員が男子学生と寝るもの、同じく教育上の怠慢である。[29] けれども、同意にもとづいた教員・学生間のセックスという現象を倫理面で評価する際には、それが通常、男性教員が女子学生と寝るかたちをとることを心にとめておかなければ、きわめて重要なことを見逃すことになる。そうした例——つまり実際に教員と学生のあいだで同意にもとづいておこなわれるセックスのほとんど――における教員の怠慢は、学生のエロティックなエネルギーを適切な対象へ向けさせるのを怠っていることだけではない。家父長制のもとで女性が特定のかたちで――つまり家父長制に資するかたちで――社会化されている事実を利用しないよう抗うことも怠っている。そして同じく重要なことに、教育の恩恵を男女に平等に与えないことで、そうした関係がよりどころにするまさにその力学を再生産している。

一九七八年、アドリエンヌ・リッチは女子学生を受けもつ教員に向けて講演し、「男女共学」という「誤解をまねく概念」と彼女が呼ぶものについて語った。それは「女と男がおなじ教室にすわり、おなじ講義を聴き、おなじ本を読み、おなじ実験をやっているのだから、平等な教育をうけている、とする考え[30]」である。これが誤解を招くのは、女性は男性と同じ条件で教室にいるわけではないからだ。女性は知的に能力が劣ると思われていて、あまりリスクを冒したり大きな望みを抱いたりしないよう促され、あまり指導されず、自信をもたず自分をたいした存在ではないと考えるように社会化されていて、心に現れる徴候は性的な傾向であり、自尊心は男性から性的な注目を集める能力にかかっていると言い聞かせられる。学者や知識人ではなく、ケアテイカー、母親、愛情あふれる妻になるよう仕込まれる。「もし私が夜おそく図書館から歩いて家に帰るのが、女でありレイプされうるがゆえに危険であるとすれば」とリッチは問いかける。「どうして図書館で勉強しているあいだ落着いて、気力にあふれていると感じることができましょうか[31]」。同じく次のように問いかけることもできるかもしれない。指導する学生として（だけ）でなく、ヤれる身体として（も）教師がわたしを見ているとわかっていたら、どうして彼の授業で落着いて、気力にあふれていると感じられるだろう?

職場でのセクシュアル・ハラスメントについて論じた初期のフェミニスト理論家たちは、それが女性の生活に害を与えるのは単なる偶然ではないと主張していた——つまり、男性による特定パターンの振る舞いに女性が否定的な心理的反応を示すだけの問題ではない。そのように女性に危害を加えることが、つまり女性および労働者として従属的な役割を押しつけ取り締まることが、セクシュアル・ハラスメントの機能である。[32] 男性教員が女子学生に性的な誘いをかけるというよくある行為の機能は、たとえ無意識にであっても、大学で女性が占めるのにふさわしい場所を女子学生に押しつけることにある、そう考えるのは大げさだろうか? 女性が大学にはいるのを許されるのは、学生や未来の教員としての役割ではなく、性的誘惑の対象、こびへつらう恋人、感情面でのケアテイカー、妻、秘書としての役割を果たすためだと考えるのは? この行為は教育の怠慢であるだけでなく、家父長制のジェンダー規範を強化してもいると考えるのは大げさだろうか?

わたしの友人の並はずれて優秀な女性研究者が、男性の同僚にこう説明したことがある。大学や大学院で男性指導者のだれかが自分のひざに手を置いただけでも、自分は「打ち砕かれて」いただろうと。同僚は面くらった。そうした行為がいやらしく、まちがっていて、セクシュアル・ハラスメントの事案になるであろうことは彼にもわかった——けれども、そのようなささいな振る舞いのために、どうして人が壊されるのか。彼女はこう説明した。自分自身の知的価値についての感覚が男性からの承認にとてもあやうく寄りかかっているのがどんな感じか、あなたはわかっていないと。

「教育過程とエロス、エロティシズム」でベル・フックスは、新任教員としての自分の経験について書く。「だれも授業とのかかわりにおいて、肉体のことを語らなかった。教室の中のからだの問題に、それぞれの教師はどう対処していたのだろうか？」[33]自分の身体と学生の身体について何をすべきで何をすべきでないか、大学教員は基本的に語らない。語るときには話しあいの場は、たいてい不安に駆られた執行部によって強制参加のセクシュアル・ハラスメント研修というかたちで設けられる。その研修では、教育上の人間関係に特有なことや個別に配慮すべきことはほとんど扱われない。職場での教訓がそのまま教室に持ちこまれ、教育には特殊なリスクと責任がともなう可能性が考慮されない。

そうした会話はときに仲間内で交わされる。最近、わたしの友人で法学を教える若い教員が、教え子の学部生と同じジムを使う気まずさをわたしに語った。みんな彼の身体を自由に見ることができて、一方で彼は「もちろん、学生たちには身体がまったくないかのように振る舞う」。「もちろん」と彼が言うのがわたしは好きだ。少しでも学生を性的なパートナー候補として見ていたら、よい教師ではいられない。彼にとってそれは自明である。[34]

けれども多くの人には自明でなく、ときに痛恨の結果を招く。別の友人は大学院生のとき、ショートパンツやスカートを穿いていたら脚を見てくると教え子の女子学生たちが不満を述べていることを知って、きまりの悪い思いをした。男性として家父長制のもとで教えることが何を意味しかねないのか、だれもこの大学院生に教えていなかったのだ。視線を「自然に」向かうほうへそのまま向かわせていたら、学生との会話ややりとりを「自然に」すすむようにすすめていたら、女子学生を男子学生と平等に扱えないであろうことも、だれも教えていなかった。自分にとって「自然な」ことをしないようにしなければ、女子学生を学生として十全に扱うことはできず、消費する身体、勝ちとる獲物、感情面での支えの供給源としても扱うことになるであろうことも、だれも教えていなかった。さらにいうなら、その女子学生たちはスタート地点から不平等な条件のもとで育っていて、それに従いつづけるであろうことも、だれも教えていなかった。その結果、彼が教える若い女性たちは期待を裏切られた。けれども、自分の教師から教えかたを教えてもらえなかったこの大学院生もまた、同じく期待を裏切られていた。

二〇一九年、イギリスの平等法（Equality Act）のもと、ダニエル・ブラッドフォードが卒業したばかりのケンブリッジ大学を訴えた。大学院生の講師から受けた執拗なセクシュアル・ハラスメントへの苦情を大学がきわめて不適切に処理したというのがその理由である。大学はブラッドフォードの苦情を認めたが、講じた措置は、ひとつがブラッドフォードへ謝罪の手紙を書くよう講師に要求すること、もうひとつが彼女にそれ以上接触しないよう彼に求めることだけであり、この条件は一部には、キャンパス内の特定の建物への立ち入りを（加害者にではなく）ブラッドフォードに禁じることで満たされるようになっていた。一方で講師は引きつづき学部生を教えていた。ブラッドフォードはTwitterで、大学は加害者に教えかたについての研修をまったく受けさせていなかったと訴える。ブラッドフォードの訴訟を担当する法律事務所の所長アン・オリヴァリウスは、イェール大学の学部生だった一九七七年に、セクシュアル・ハラスメントの苦情への対応を怠っているとして大学を訴えた女性のひとりである。その訴訟によってアメリカの大学にはセクシュアル・ハラスメント規則の新時代が訪れた。とはいえ教育の性倫理をめぐる当時の議論は、ひいき目に見ても不完全だった。ブラッドフォードの訴訟によって状況は変わるのだろうか？

この点で大学教育と職業としての精神療法のちがいは印象的である。転移の力学を予期して対処法を学ぶのはセラピストの訓練のかなめであり、そこでは患者の欲望に同じように反応しないことが重要だと強調される。大学教員の訓練にはこうしたことは一切含まれない。少なくともアメリカでは、大学院生と若手教員はいかなるものであれ教授法の訓練はほとんど受けない。しかしこのように訓練のありかたがちがうからといって、セラピーと教育の根本的な性質が異なるわけではないとわたしには思える。どちらの場合も、関係はニーズと信頼の面で非対称的である。どちらの場合も、激しい感情が生じることが予期される。どちらの場合も、セックスによってその行為の目的が損なわれる。大学教育には明らかに特殊な何かがあって、そのために教員と学生のセックスは許されるけれど、セラピストと患者のセックスは許されないというわけでもない。ちがいは歴史の偶然によるものなのだろうか？　フロイトは二〇世紀はじめに精神分析の性倫理について思慮深く、しかしはっきりと書き、彼が設定した原則と規範はそれ以降の精神療法のほぼすべての学派に採用されている。この点で教授法にはフロイトがいなかった。おそらく最もそれに近かったプラトンは、あまりにも誤解されがちである。

おそらくいまからでも遅くはない。大学でセックスの規制が強化される傾向にあるなか、教員たちは集団として教育の実践の目的について考え、それを達成するのにふさわしい行動規範を模索する機会を与えられている。教員にはこうしたことを真剣に受けとめる強い動機がある。みずから規制しなければ——すでにそうした例が見られるように——上から規制され、それにともなうあらゆる影響を受けるからだ。トップダウンの規制は、おそらく教育の倫理的、心理的な複雑さを考慮に入れたものにはならない。保身に努める執行部の意向と、職場をモデルに教室を考える法律の傾向を反映したものになる。印象的なのは、セラピストと患者の関係が法律で規制されるときには、ほとんどいつもセラピスト自身に受け入れられる条件でそれがなされることである。つまりセラピストがセラピストとして、患者としての患者に負う義務に見あった条件になる。単に同意、強制、利益相反というおなじみの条件で考えるのではなく、教員が執行部と法律をリードし、大学教員が教師として、学生としての学生に負う義務の視点から考えるよう促したらどうなるだろう？　わたしたちが教授法の性倫理をつくったら？

こんな学生を想像してほしい。教員にのぼせあがって近づき、関心に応えてもらって大よろこびし、セックスして付き合い、やがて自分はこれまでたくさんいた学生の最新の存在にすぎないと気づいて、この関係は自分が特別であることではなく彼のうぬぼれを示しているのだと知る。するとどうなるだろう？　裏切られたと感じて気まずくなり、彼の授業を履修できなくなったり、彼の学部（自分の学部）で時間を過ごせなくなったりする。彼の同僚（自分の教師）のだれがふたりの関係を知っているのか、そのことで悪く思われないかと不安になる。学業の成功が彼との関係に左右されるのではないかと（正しく）想像する。思いだしてもらいたい。多くの女性がこれを経験しているのに、男性はほとんど経験していない。さらにいうなら、これはなんらかの自然な性別分業のせいではなく、男性と女性が組みこまれている心理的・性的秩序のせいであり、そこから男性は圧倒的にたくさん恩恵を受けていて、女性は圧倒的にたくさん被害を受けている。ここで例として挙げた架空の女子学生が教員からセクシュアル・ハラスメントを受けていないのは明らかだと思う。けれども彼女は「性別にもとづいて」教育の恩恵を奪われていないないだろうか？

同意にもとづく教員と学生の関係はセクシュアル・ハラスメントの定義には当てはまらないが、それでもやはり性差別と見なされるかもしれない。そうした関係は多くの場合——予想どおり、また深刻に——女性の教育に害を及ぼす。[35] そしてそれは、性別にもとづいて害を及ぼす。性差別の通常の法的理解では、「性別にもとづく」差別とは女性と男性を異なるかたちで扱うことである。女子学生とだけ性的関係をもつ男性教員は、明らかに女子学生と男子学生を異なるかたちで扱っている。男子学生とだけ性的関係をもつ男性教員も、男子学生とだけ性的関係をもつ女性教員も同じである。バイセクシュアリティはこの性差別理解に問題を突きつける。（上司が女性と男性の部下をどちらも口説いていたら、性差別にはならないのか？）「性別にもとづく」差別についてのほかの理解を支持すべきひとつの理由がそれだ。キャサリン・マッキノンやリン・ファーリー〔一九四二—。セクシュアル・ハラスメントということばをつくったことで知られるジャーナリスト〕ら、セクシュアル・ハラスメント理論を開拓したフェミニストにとって性差別の本質は、異なる扱いではなく不平等を再生産する扱いにある。秘書の女性に言い寄る上司の例を考えてみるとい。問題はその上司が男性の部下にも言い寄らないことではなく、望まれていないその性的な誘いが、マッキノンが言うように「女性と男性の社会的不平等を表現し強化」[36] していることである。

同意にもとづく教員と学生の関係にも同じことが言えるのだろうか？　ひょっとしたら男性教員

のなかには、学生と寝るけれども、学生としての身分にはまったく興奮しない人もいるかもしれない。ひょっとしたら。だとしても、日常的な異性愛の欲望が教員と学生の力学によってエロティックに強調されないほうが普通の状況だと、ほんとうに思えるだろうか？　わたしの知り合いの女性は、学部生のときに教員と付き合いはじめて、卒業後も何年かつづいた。ようやく別れたとき、彼女はわたしにこう説明した。「新入生と付き合いたがる大人の男には、やっぱり何かあるんだよ」。その「何か」とは、ジェンダー化された支配へのエロティックな傾倒だとわたしは理解している。

　教員と学生の関係が何を表現しているかという問いはひとまず置いておくとしても、それが何をもたらすかを語るのは簡単だ。すべてでないにせよ多くの場合、それは女性に害を与えて教育から脱線させる。授業に出なくなったり、学問の世界に向いていないと思いこんだり、大学や大学院を中退したりする女性には、明らかにそれが当てはまる。けれども、知的能力に自信を失った状態で大学に残ったり、ほかの男性教員が自分の研究に関心を示してきたらあらためて疑いを抱いたり、仮によい成績を収めても〔自分の実力ではなく〕ほかのだれか、あるいは何かのためだと思われるのではと不安を覚えたりする女性にも、それは当てはまる。そうした関係はときに、いや多くの場合、望まれたものである。だからといって、差別的でないと言えるだろうか？

　わたしは説教じみたことを言っているのだろうか？　文化のなかで教員と学生のセックスへと向けられる関心には煽情的なところがあり、それを規制しようとする動きに疑いの目を向けさせる。[37] 道徳上の逸脱は、とりわけセックスにかんしては規制の根拠にはならない。しかし差別はそうした根拠になるかもしれない。問題は、教員・学生間の関係が当事者の学生——通常は女性——の人生に与える影響と、階級（class）としての女性の人生と運命に与える影響である。だが実のところシステムとしての家父長制のもとでは、女性は大学を含めどこでも「性別にもとづく」差別の対象になる。そうでないことなどありえるだろうか？　フェミニストにとっての問いは、どの形態の不平等に法律を使って対処するのか、またどの形態は社会改革の諸力によってしか変わらないのかである。

タイトル・ナインとそこから生まれたセクシュアル・ハラスメント規程は、少なくとも表向きは、大学キャンパスを女性にとってより平等、公平、公正にすることを目指す規制手段である。けれども一部ではそれは、ほかの面において大学をより不公平かつ不公正にすることでおこなわれている——フェミニストの多くはこの事実を認めたがらない。女性がこの不公正の犠牲になることもある。アメリカ各地の大学で同意にもとづいた関係を禁じる最初の規程が登場しだした翌年の一九八四年、ルイジアナ州立大学の大学院生クリスティーン・ナラゴンへの処罰を法廷が支持した。彼女は自分の教え子ではない大学一年生の女子と恋愛関係をもったことで大学から罰せられていた[38]。当時、ルイジアナ州立大学はそのような関係を正式に禁じてはいなかったが、このレズビアン関係について学生の両親が執拗に抗議したのちにナラゴンは処罰を受けた。成績をつける立場にあった女子学生と関係をもった同じ学部の男性教員は処罰を受けていない。

タイトル・ナインを管轄する公民権局は、タイトル・ナイン違反の申し立ての人種別統計を出していない。各大学のタイトル・ナイン担当者は、性別にもとづく差別から学生を守る責任は負うが、人種、セクシュアリティ、在留資格、階級にもとづく差別については責任がない。したがってタイトル・ナインの法律の問題としては、コルゲート大学で少数派の黒人学生が性的暴行の申し立てをほかより不釣りあいにたくさん受けていることには関心が向けられない。それに法律の問題としては、同じことが起こっている可能性のあるほかの場所のことも記録されない。[39] ハーヴァード大学で法学を教えるジャネット・ハリーは長年、大学のセクシュアル・ハラスメント規程の目に見えない代償を記録してきた。有色の男性、滞在許可のない移民、トランスの学生を不当に標的とする告発などだ。「大量投獄、移民、トランス・ポジティヴィティ〔トランスジェンダーを肯定的に受けとめる姿勢〕のフレームのなか、左派はどうしてそうした人たちのことを気にかけながら、その人たちの公正を守る取り組みをタイトル・ナインのもとで積極的に斥けることができるのか？」とハリーは問いかける。[40]

したがってわたしたちは、次のように問わなければならない。教員と学生の関係を性差別的だと――それゆえタイトル・ナインに違反していると――法律で認めることで、大学はすべての女性、クィア、移民、不安定な職に就く人、有色の人たちにとってもっと公平な場所になるのだろうか？ あるいはそれは、適正手続きの欠如をさらに広げることになるのだろうか？ 適正手続きの欠如はそれ自体が公平でなく、すでに周縁化されている人がほかより不釣りあいにたくさん標的になっているために二重に公平性を欠く。またそれは、女性を守るという名目のもとに女性を支配しようとあまりにも熱心な文化的保守主義者の立場を意図せずして強めることになるのか？ 学問の自由を抑圧する手段として使われるのか？ それは大学のセクシュアル・ハラスメント規程が誤りであることを示す究極の背理法〔命題を否定したら不条理な結論が出ることを根拠に、その命題が正しいと証明する方法〕と（誤って）見なされ、フェミニストが完全に正気を失った明らかな証拠だと（それが必要なら）受けとめられるのだろうか？

セクシュアル・ハラスメントの法律の歴史は、ジェンダー公正のために法律を動員してきた歴史である。だがこれは、法律の限界を示す歴史でもある。その限界が正確にどこにあるかは――ここから先は法律が文化を導こうとするのをやめ、文化を辛抱強く待たなければならないという地点がどこかは――、ルールではなく政治の問題である。

わたしがこのエッセイの草稿のひとつを書きはじめたのは二〇一二年で、イェール大学の学部を卒業した五年後、イェールが教員と学生のセックスを全面的に禁止した二年後だった。当時わたしは大学院生として哲学を学んでいた。セクシュアル・ハラスメントも同意にもとづく教員と学生の関係も異様に多い学問分野である。教員が学生とセックスしたり付き合ったりすべきか否かという問いを哲学者があまり考えていないことにわたしは驚き、それはいまも変わらない。優生学や拷問の倫理（疑いの余地がより少ないと思われる問題）と格闘するのに慣れている人たちが、教員と学生のセックスについては、同意にもとづいていれば問題ないとしか言えないと考えるのはどうしてだろう？

哲学者の多くは自分に都合のいいところにしか複雑さを見ようとしない。哲学は男性が支配する学問分野で、その多くは女性を前にすると無力感を覚える――あるいはこれまで覚えてきた――男性であり、当然の報いと考えるものを得る手段として職業上の地位をセックスに利用している男性である。哲学の匿名ブログで、学生をセックスに誘う教員とテニスに誘う教員は何がちがうのかと問いかける哲学者——女性だとは思えない——のコメントを読んだことがある。実際、何がちがうのだろう？「あなたが女性で哲学者なら」とフランスの哲学者ミシェル・ル・ドゥフ〔一九四八―。ベーコンやモアの研究者でフェミニスト哲学者〕は書く。「フェミニストでいると自分に起こっていることを理解するのに役立つ[41]」。

大学院生としてわたしは、ここで説明しようとしてきたように同じ学問分野の男性たちにこう説明したかった。同意の不在だけが問題あるセックスの目印ではない。同意にもとづく行為もまた構造的に有害なことがある。教育上の関係では、個人として互いに負う以上の責任を負うのではないか。わたしはこう説明したかった。教育がエロティックな力をおびた経験であるからこそ、あるいはそうなる可能性があるからこそ、それを性的にするのは有害なのではないか。わたしはこう説明したかった。学生とセックスしないのは、学生を子どもとして扱うことと同じではない。

いまわたしは教員になり、こうした主張の一部には昔のように心をひかれなくなった。まちがっていると思うからではなく——いまでも正しいと思っている——、ある意味ではもう必要と感じないからだ。教師としてわたしは、教え子の学部生と場合によっては大学院生も、どれだけ成熟していて、知性があり、自律していても、重要な意味でまだ子どもだと感じる。学生の法律上、認知上、道徳上の身分や状態についてそう主張したいわけではない。みんな同意する能力が完全にあり、自分の生きかたを決める権利があって、それはわたしに自分の生きかたを決める権利があるのと同じだ。わたしが言いたいのは、単純に学生たちがとても若いということだ。わたしが学生のときには、自分の若さに気づいていなかった。一人前の知識人だと勘ちがいしていて、わたしを一人前の知識人であるかのように扱ってくれる親切な教員の目にも自分はとても若く映っていたはずなのに、それにも気づいていなかった。わたしの教え子と同年代の人のなかには、学生たちとはまったく異なるかたちで大人である人がたくさんいて、そのほとんどは大学に通っていないし今後も通うことがない。わたしの教え子の若さは、わたしが教えてきた大学の性質とおおいに関係していて、そこには階級や人種のおかげで若いままでいることを許されてきた若者がたくさんいる。一方でほかの同年代の若者の多くは、あまりにも早く大人になることを強いられている。

学部生でも大学院生でも、わたしの教え子の若さは、学生としてそのなかにいる独特の日常のなかの非日常空間（liminal space）ともおおいに関係している。学生の生活は熱烈で混沌としていてスリルに満ちている。人生はひらかれていて、大部分がまだかたちになっていない。ときにはうらやましく感じずにいられない。教員のなかには、学生に溶けこみたい気持ちに抗えない者もいる。けれども教員は身をひき、一歩下がって、学生に自由にやらせなければならなくて、それが当然だとわたしには思える――一般的な道徳上の教訓としてではなく、具体的な意味において、つまり教えるという行為の一部として過去の自分と向きあうときに求められるものという意味において。ジェイン・トムキンズは『学校での人生』（一九九六年）にこう書く。「人生は教室のわたしの目の前に、学生たちの顔と身体のなかにある。学生たちが人生であり、コースがつづくあいだはみんなで人生を分かちあい、ともに何かをつくる。それだけで十分だ[42]」。

新任教員として着任したばかりの週に、わたしは同じ学部の教員と大学院生の夕食会に出た。ほとんどの教員よりも自分と年が近い大学院生といるとくつろげて楽しかった。食後、みんながまだワインを飲みながら雑談しているときに、学部長が今夜はこれでおひらきにしようとわたしに言った。テーブルの向かいではしゃいでいる大学院生ふたりに目をやって、彼は笑った。「学生同士ではしゃぎだしたら、うちに帰る時間だ」。たしかにそのとおりだ。わたしは彼につづいて部屋を出て、学生に自由にやらせることにした。[43]

セックス、監獄主義、資本主義

Sex, Carceralism, Capitalism

知り合いの黒人大学教員はよく、黒人が勝ったら何をするか計画を立てておくべきだと学生に語っている。フェミニストは自分たちが勝ったら何をすべきだろう？　この問いかけはあまりにも突飛な仮説にもとづいていると感じる人が多いだろう。フェミニストには権力がないとその人たちは言うはずだ。その代わりに、比較的無力な者の立場から「権力に対して真実を語る」のだと。とはいえフェミニストのなかには、好むと好まざるとにかかわらずかなりの権力をもつ人もいる。たとえば大学や職場のセクシュアル・ハラスメント規則、国際NGOの優先事項、国内法と国際法での女性の扱いを決めるのに関与している人たちにはそれが当てはまる。政治家やCEOとして既存の権力体制にうまくはいりこんだ自称フェミニストにも当てはまる。意図せずしてとはいえ、自分たちの狙いが政治的右派の狙いと重なるフェミニストにも当てはまる。たとえば、一九七〇年代と八〇年代の反ポルノおよび反売買春のフェミニストや、現在のトランス排除的フェミニストなどだ。それに、性的虐待をする男たちの振る舞いにソーシャルメディアを通じて世間の注目を集められるフェミニストにもしだいに当てはまるようになっている。たしかに権力をもつこれらのフェミニストはほぼ全員が裕福で、たいてい白人で欧米諸国出身である。その意味ではフェミニズムは、世界の不平等を自分たちの内部で再生産してきた。だがほとんどの女性が――北の先進国の労働者階級や移民の女性、南の発展途上国の貧しい褐色肌や黒人の女性が――比較的無力なままだからといって、一部のフェミニストがかなりの権力をふるっているのを否定する理由にはならない。それについてどうすべきだろう?

二〇一九年九月、政府が支援する「ドライブスルー風俗店」がドイツのケルンに登場したのをガーディアン紙が報じた。

> 街のはずれに位置するその成果物は、ある種のセックス・ドライブスルーだ。客が一方通行の道を通っておよそ〇・八ヘクタールの屋外空間に出ると、そこでセックスワーカーがサービスを提供する。選ばれたセックスワーカーは客とともになかばプライベートな駐車スペースへ移動する。安全のために、各スペースはセックスワーカーが必要に応じてすぐに逃げられるようになっていて――運転席側のドアはひらけず、助手席側はあけられるようにスペースが設計されている――、助けを呼べる非常用ボタンがついている。現地にはソーシャルワーカーがいて、休憩し、暖をとり、サービスを利用できる空間を提供している。[1]

「女性と子どもへの暴力に終止符を打つ」ためにロンドンを拠点に設立されたチャリティ、ｎｉａのＣＥＯカレン・インガラ・スミスは、この記事をコメントつきでツイートしている。「わたしに言わせれば、このドライブ・イン風俗店の写真はまるで家畜小屋かガレージみたいで、売春する女性の非人間化を体現しているように見える」[2]。女性への暴力に終止符を打つために活動するイギリスの別のチャリティ、メイキング・ハーストーリー（Making Herstory）はこうツイートする。「虐待されて、貧困に追いやられて、売買された被害者をたやすく利用できる手段を守るためならなんでもする、そういうことでしょ？[3]」記事に添えられた写真——大きな木造の小屋で、色のついた金属の仕切りで自動車サイズの区画に分けられている——はフェミニストの感受性を刺激する。この建物の記号は、その機能をあからさまに示している。女性による男性への匿名でルーティン化した性的サービスである。非常用ボタンと避難ルートの存在は、暴力的な客が一定数いることを率直に認めている。この建物は、男性と女性の関係性のありようについてフェミニストが嫌悪するものをすべて表現している。男性の身体的、性的、経済的支配を建造物というかたちで証明しているのだ。

けれども、この写真を別の視点から読み解いたら——男性と女性の関係性のありようを象徴するものとしてではなく、それへの現実的な対応として理解したら——、特定の集団の女性にとって世界をもっと生きやすい場所にしようとする動機を見てとれる。いまの経済状態のもとでは多くの女性がセックスを売ることを強いられ、いまのイデオロギー的状態のもとでは多くの男性がそれを買う。これを前提として受け入れたら、最も重要な問題として残るのは、この売買で女性の立場を強めるにはどうすればいいかである。ケルンのセックスワーカー、ニコル・シュルツェはガーディアン紙にこう語る。「どの街にもセックスワーカーが働いて休める安全な場所があるべきだと思う。どの街にもあるべき。売買春はどの街にだってあるんだから」。

セックスワークをめぐるフェミニズムの論争では、非常に多くの場合、このふたつの分析レベルのあいだに緊張関係が見られる。セックスワークの象徴的な力とセックスワークの現実である。象徴的なもののレベルでは、売買春は家父長制のもとで女性が置かれた状態を凝縮したものと見なされる。売春者は女性の従属状態を示す完璧な象徴で、客は男性支配を示す完璧な象徴である。不平等を特徴とし、暴力をともなうことも多い両者の性的な取引は、より広く女性と男性の性的関係一般の現状を表している。このように見ると、売春者は助けを求め、客が罰せられるのを求めているのであって、取引としてのセックスはやめるべきということになる——すべての女性のために。

反売買春フェミニストは、セックスワークの犯罪化によってこの要求に応えるよう提案する。つまり買春を、また場合によっては売春も違法にすることによってである。しかしセックスワークを犯罪化しても、全体としてはセックスワーカーの助けにはならず、ましてや彼女たちを「救う」ことなどできない。それどころか、セックスワーカーがずっと前から語ってきて、そのおかげでわたしたちも知っているように、セックスワークを法律で取り締まると、彼女たちの生活はさらに困難で危険で暴力をともなった不安定なものになる。[4] アメリカのたいていの場所のように売買春が犯罪化されていると、セックスワーカーは客や警察官からレイプされ、加害者は罰を受けずにすまされる。イギリスのように売買春が一部合法化されている場合、安全のために仲間といっしょに働く女性たちは「売春場所の管理」の罪で逮捕され——移民だったら——強制送還される。ドイツやオランダのように売春は合法だが国が強く規制しているところでは、男性のマネージャーや売春場所の管理者が金持ちになり、免許の要件を満たせない女性は怪しい犯罪者集団に加わることとなり、人身売買や強制売春の対象になりやすい。「北欧モデル」〔買春の犯罪化を指す。一九九九年にスウェーデンで、二〇〇九年にノルウェーとアイスランドで買春の犯罪化が先行したことから、「ノルディック・モデル」「スウェーデン・モデル」とも呼ばれる〕のように売春ではなく買春を非合法化した場合、客は取引の際にさらなるプライバシーを求め、そのために女性は同じ金額でさらに高いリスクを負わされる。[5] これらの買春を犯罪化するどの制度のもとでも、集団（class）としてのセックスワーカーの生活はよくならない。

わたしが言いたいのは、反売買春フェミニスト――キャサリン・マッキノン、アンドレア・ドウォーキン、スーザン・ブラウンミラー、キャスリン・バリー〔一九四一―。アメリカの社会学者で女性抑圧や性的搾取について研究。邦訳書に『性の植民地』〕、ジュリー・ビンデル〔一九六二―。イギリスのラディカル・フェミニスト、著述家。女性への暴力に焦点を合わせて活動〕、シーラ・ジェフリーズ――が自分たちは象徴的な政治に取り組んでいると思っているということではない。それどころかほとんどの反売買春フェミニストは、セックスワークの厳しい現実をはっきり意識していて、それに動かされている（「ほとんどの」反売買春フェミニストとわたしが言うのは、なかにはみずから認めるようにセックスワーカーの幸福に無関心な人もいるからだ。たとえばジュリー・バーチルは、「セックス戦争に勝ったら、売春婦は全女性をひどく裏切った利敵協力者として射殺されるべきだ[6]」と言っている）。一方でセックスワーカーは、反売買春の取り組みによって自分たちの生活はよくなるどころか悪くなっていると主張する。これをどう考えればいいのだろう？

反売買春フェミニストはセックスワークの犯罪化にどのような感情面での思い入れがあり、そのせいでセックスワーカーへの心からの関心が逆説的にセックスワーカーの意見に耳を傾けるのを拒む結果につながっているのか。モーリー・スミスとジュノ・マック〔いずれもイギリスのセックスワーカー、活動家〕が『リボルティング・プロスティテュート』（二〇一八年）というセックスワーカーの権利を強力に擁護するすぐれた本を書きはじめたとき、ふたりはほかのセックスワーカーたちと反売買春にかんする文献の講読グループをつくった。そのほとんどがフェミニストによって書かれたものである。「フェミニスト女性にとっては」とふたりは書く。

売春者の姿は多くの場合、家父長制のなかで全女性に与えられるトラウマを体現するようになる――女性の苦しみ、女性がこうむる暴力の究極の象徴になる。したがって客は暴力的な男性すべての象徴になる。客は女性に対するまったき暴力の化身であり、典型的な略奪者だ。わたしたちは、この見かたに深く共感する。わたしたちの生活もジェンダー化された暴力によってかたちづくられているのであって、このトラウマを象徴するようになった男性を罰する政治的な衝動をわたしたちも理解する［…］。それにもちろん、売買春がきわめて不平等な取引であることを明らかにしている点で、北欧モデルの支持者は正しい――この取引は家父長制によって、また白人優越主義、貧困、植民地主義によって損なわれている。さまざまな意味で、実際にこうした巨大な力の差の生きた体現者である男たちを犯罪者として扱うのは直観的に正しいように思える。[7]

スミスとマックにいわせれば、買春する男性を――個人として、しかしすべての暴力的な男性の代理としても――罰したいという欲求が、セックスワーカーの生活を悪化させる一部のフェミニズムの矛盾を生んでいる。スミスとマックもその欲求を理解する。売買春の客が「さまざまな意味で」家父長制の象徴にふさわしいことをふたりは否定しない。しかし、男性を罰したいという欲求を満たすことと、生きるためにセックスを売る女性をエンパワーすること、そのどちらかを選ばなければならないとふたりは主張する。言い換えるなら、男性を罰することで得られる精神的な、それにおそらく道徳的な満足感は、女性を犠牲にすることでしか獲得できない――そして犠牲になるのは多くの場合、最も不安定な生活を送る女性である。反売買春フェミニストは基本的に自分がセックスワーカーであることはなく、選択しなければならないことなどここにはないという幻想を保っている。家父長制的な権利をほしいままに行使する男性への懲罰と、苦しい生活を送る女性の幸福は、満足いくかたちで重なりあうという幻想を保っている。そうすることで反売買春フェミニストは、政治をおこなう者は「すべての暴力の中に身を潜めている悪魔の力と関係を結ぶのである」[8]というマックス・ウェーバーの警告を忘れている。セックスワーカー自身が男性の処罰と自分たちの生き残りのどちらを選ぶかは、いうまでもなく明らかだ。

　もちろん象徴性は重要である。家父長制は身体だけでなくことばや記号の次元でも足もとを固めている。しかし象徴的なものにかんする要求は、生活費を払い、子どもに食べ物を与え、ときにはセックスを売る相手の男に暴行される現実の女性の要求と衝突することがある。そうした女性は、暴行を受けたときに頼れるものがあるのだろうか――それとも閉ざされた空間に暴力的な男とともに閉じこめられ、象徴をめぐる戦争のひそかな犠牲者になるのだろうか？

　ひょっとしたらわたしは単純化しすぎているのかもしれない。次のことは否定できないと思う。

反売買春フェミニストは性的な権利をもつ男性を罰することに象徴の次元で力を注いでいて、そのために、買春する男性を罰することと売春する女性の状態を向上させることのどちらかを選ばなければならないことを認められずにいる。だが、それらのフェミニストはこう反論するかもしれない。自分たちも同じく現実的な選択肢に対処しているのであって、セックスワーカーの権利を擁護する人たちは、その選択肢を無視しているのではないかと。つまり、いま売春している女性の生活をよくするのか、それともセックスがもはや売買されない世界を実現させるのか、という選択肢である。数年前、フランスの反売買春活動家たちがキャンペーンを成功させ、買春を罰する法律が施行された。客を犯罪者にすることで売春者がさらに弱い立場に追いやられないかと問われ、活動家のひとりはこう答えた。「もちろんそうなるでしょうね！　それを口にするのを恐れてはいません。奴隷制が廃止されたことで、暮らし向きが悪くなった元奴隷がいることも考えてみて。未来のことを考える必要があるの！」[9]

自分たちのことを「廃止論者《アボリショニスト》」と呼ぶことで、反売買春フェミニストは歴史上の奴隷制反対運動を意図的に援用している。セックスワーカーは、黒人を動産とする奴隷制とセックスワークを同じように扱うことに反対しているだけでなく、セックスワークの非合法化は奴隷制の非合法化のようにその根絶へと向かう真の一歩であるという考えにも反対している。部分的なものであれ完全なものであれ、セックスワークの犯罪化によって売買春が実際になくなったことはない。セックスワークはいかなる法制度のもとでもさかんになされていた。異なるのはセックスの売買を取り巻く状態であり、とりわけ客とセックスワーカーが国家の強制力のもとに置かれているか否かである。女性が生活費を払い子どもに食べ物を与えなければならず、セックスワークのほうがほかの選択肢よりも稼ぎがよくて、女性の従属がエロス化されているかぎり、売買春は存在する。この意味でセックスワークの犯罪化は象徴の次元での廃止である。つまり、売買春を法律上では消し去るけれども現実世界では消し去らない。二〇一八年、スペインの裁判所は、反売買春フェミニストからの強い圧力のもと、セックスワーカーの労働組合の規約を無効にした。セックスワークはワークではないというのがその理由である。この判決は「ジェントルメンズ・クラブ」——つまり、たいてい男性が経営している売春宿——で働く女性には適用されない。男性に雇われずに独立して働きたいスペインのセックスワーカーは労働者としての保護を享受できず、国の年金や社会保障を受けられずに、あいまいな治安関連の法律のもとで警察から頻繁に罰金を科されている。そして今度は労働組合をつくってはいけないという。このキャンペーンを率いたスペインの反売買春フェミニストたちのモットーは、#SoyAbolicionista〔わたしは廃止論者〕である。しかし彼女たちは正確に何を廃止したのだろう?

セックスワークを象徴の次元で廃止するのに力を注ぐ人たちと、セックスワーカーのいまの生活をよくしようと活動する人たちとの対立は、セックスワーカーとたいていの反売買春フェミニストの意見がはっきり一致する問題での論争と驚くほど似ている。人工妊娠中絶の問題である。フェミニストは長年、中絶を禁止してもその数は減らず、それが原因で死亡する女性の数が増えるだけだと反対派に説明しようとしてきた。[10] ほんとうに中絶をなくすために動くのなら、おそらく(純潔を前提としない)性教育、効果があり安全で自由に手にはいる避妊法、国が保障する育児休暇、だれもが利用できる保育と妊娠中のヘルスケアに巨額の投資が求められるだろう。もちろん反対派のなかには、中絶を望む女性に実際に死んでもらいたいと思っている人もいる。『アトランティック』誌の元ライター、ケヴィン・ウィリアムソンは、「死刑の適用を含め、それ〔中絶〕をほかの犯罪と同じように扱うのに完全に賛成する」[11]とコメントしている。しかし本人たちの言うことをそのまま信じるなら、たいていの中絶反対派は女性を罰したいわけではなく、胎児を守りたいと思っている。「胎児」が保護を必要とする集団であるという理解をどう考えるにせよ、中絶を禁止してもこの目的に役立たないのはかなりはっきりしている。だとしたら、反中絶派もまた象徴の政治に従事していて、たとえ無意識であれその目的は、中絶をなくすことよりも法律でそれを糾弾することだということになる。

セックスワークの非犯罪化は、これよりもっとうまくいくのだろうか？　現在のセックスワーカーの状態を改善することにおいてではなく――その点では非犯罪化を支持する理由は明らかだ――セックスワークを完全に廃止することにおいて？　そもそも売買春が非犯罪化された国では、セックスワーク産業で働く人の状態はよくなったが、業界の規模はさほど小さくなってはいない。[12]スミスとマックは、「廃止論者」の呼び名にふさわしいのは非犯罪化の支持者だと論じる。セックスワーカーを労働者として――非難や救済〔の対象〕ではなく法的保護を必要とする者として――政治的に承認することによってのみ、彼女たちは望まないセックスを拒む力を獲得できるからだ。[13]ここでスミスとマックは、マルクス主義フェミニストのシルヴィア・フェデリーチを引きあいに出す。一九七〇年代初頭にセルマ・ジェイムズとマリアローザ・ダラ・コスタがはじめた「家事労働に賃金を」運動のコンテクストでフェデリーチは、何かを「仕事」と呼ぶことは、それをするのを拒むほうへと向かう最初の一歩だと主張していた。[14] 女性がおこなう無賃金の再生産労働が資本主義的生産に必要な前提条件であると認めさせることによって、家事労働への賃金は女性に「わたしたちの自然な本性の表現としてのその仕事を拒む」ことを許し、「したがって〔…〕資本がわたしたちのために発明した女性の役割をまさに拒む」ことを許すのだとフェデリーチは論じる。[15] 賃金を要求することで、家事労働は女性の自然な仕事である――生まれたときから女性にそなわる女らしさの表現である――という幻想を打ち砕き、そうすることによって「わたしたちにより望ましいかたちで、それゆえ〔労働者〕階級の団結にもより望ましいかたちで、社会関係を再編成するよう資本に強いる」。[16]『女性、人種、階級』（一九八一年）でアンジェラ・デイヴィスは、フェデリーチやその他の「家事労働に賃金を」フェミニストに反論し、家事労働で賃金を得られれば労働者階級の女性の分け前はわずかに増えるかもしれないが、その代償として家事労働者としての彼女たちの役割がさらに固定されると主張する。[17] デイヴィスは次のように書く。「掃除婦、家庭内労働者、メイド、これらの女性は、家事労働をして賃金を受けとる意味をほかのだれよりもよく知っている」。[18] 家事労働への賃金によって労働者階級の女性の社会的地位が向上することはなく、「心理的な解放」が提供されることもないとデイヴィスは言う。[19] それどころか、「この家庭内の奴隷制をさらに正当化する」。[20] 家事労働への賃金は、ほんとうに「女性解放の具体的な戦略」なのかとデイヴィスは問いかける。[21]

フェデリーチとデイヴィスの論争は、より大きな政治的視点から見ると、どちらの要求が真に革命的でどちらが単に改良主義的かというものである——つまり、どちらの要求が支配体制を解体する足がかりをつくっていて、どちらがその最悪の症状を緩和することで体制による支配を安定させているだけかという論争だ。フェデリーチは家事労働に賃金を求めるのは革命的な要求だと考えている。それによって資本主義とセクシズムのどちらと闘うにあたっても女性の立場が強化され、さらには社会の生産と再生産の過程を女性が集団としてよりよくコントロールできるようになるからだ。これは「もの」(お金)だけでなく、それ以上に社会関係をつくりなおす権力の要求だとフェデリーチは言う。ここでフェデリーチはアンドレ・ゴルツに言及する。ゴルツはエッセイ「改良と革命」(一九六七年)でこう書く。改良主義者にとって、

改良に向けた行動で重要なのは、単に「もの」——賃金、公共施設、年金など——であり、それは国家が上から個人に施すものであって、諸個人は生産過程との関係で分散された無力な状態にとめおかれる。

一方、革命的社会主義者にとっては、「要求する一つひとつの部分的な改善、一つひとつの改良は、地球規模の変化を目指す包括的な計画に統合されるべきである」[22]。デイヴィスの考えでは「家事労働に賃金を」運動は、つまるところ単にゴルツのいう改良主義にすぎない。主婦の抑圧された生活をわずかにしのぎやすくすることで、主婦への賃金支払いはセクシズムと資本主義をどちらも強化するとデイヴィスは言う。真に革命的な要求は、デイヴィスの考えでは、「一人ひとりの女性

が個人の責任として負う家事労働の廃止」、すなわち育児、料理、掃除の社会化である。[23]

セックスワークをめぐる論争にもこれと似た対立がある。反売買春フェミニストも非犯罪化支持のフェミニストも、どちらも目標はセックスワークを生む体制を転覆することだと主張していて、それゆえどちらが「廃止論者」を名のる権利があるか言い争っている。スミスとマックのような非犯罪化の支持者は、セックスワーカーの労働者としての力を強化すれば、本人たちの暮らし向きがよくなるだけでなく、彼女たちがより大きな力を得て、生活のためにセックスを売らなくてすむような経済・社会関係の再構築を要求できるようにもなると論じる。このように考えると、非犯罪化支持者の政治は革命的ということになる。しかし反売買春フェミニストの考えでは、非犯罪化はせいぜい改良主義的な措置であり、セックスワーカーの生活をわずかに向上させはするものの、家父長制と新自由主義的な性の商品化を支えることになるのかもしれない。

どちらが正しいのだろう？ 正直なところ、判断するのはむずかしい。ゴルツが書くように、「いかなるものであれ改良は［…］その革命的な意義を取り除かれ、資本主義に再吸収されかねない」[24]。おそらくセックスワークの非犯罪化は、ラディカルな支持者の意図とはうらはらに、長期的には資本主義社会におけるセックスワークの位置を固定させるだろう。それにおそらく、セックスワーカーをほかと同じ労働者にすることによって、非犯罪化は反乱へと向かう彼女たちの潜勢力を強めるのではなく損ねるだろう。[25] おそらく。一方、セックスワーカーとその客を刑務所に放りこむことで、やがてセックスワークがなくなると考える理由もあまりない（まだそうなっていないのはたしかだ）。けれども、非犯罪化によってセックスを売る女性の生活がよくなると考える理由はたくさんある。このような視点から見ると犯罪化を選ぶのは、全女性の観念上での解放につながると目される手段として、現実の女性をある種の貧困へと追いやることにほかならない。この選択からもまた、反売買春フェミニストのロジックの奥深くにある、象徴の政治への傾倒がわかる。

しかし、議論をすすめるために仮にこう想定してみよう。いまセックスを売っている女性の状況をよくするか、あるいは売買春がなくなる未来が訪れるのを早めるか、というつらく厳しい選択をしなければならないと確実にわかっているとする。フェミニストたちのように、もしほんとうにこれがわかっていたら、そのうえでどうすべきだろう？　黒人レズビアン・フェミニストの集団、コンバヒーリバー・コレクティヴ〔黒人女性、なかでも黒人レズビアンに固有の問題に焦点を合わせてボストンを拠点に一九七四年から八〇年にかけて活動した団体〕は、一九七七年四月の声明書でその政治方法論を次のように説明している。

> わたしたちの政治の実践では、目的がつねに手段を正当化するとは考えない。〝正しい〟政治目標を達成するという名目のもと、数多くの反動的で破壊的な行為がおこなわれてきた。フェミニストとして、わたしたちは政治の名のもとに人びとをひどい目に遭わせたくはない。[26]

この基本方針——政治的な目的の手段として人びとを「ひどい目に遭わせ」ないこと——に含意されているのは、いま生きている人の生活をよくすることと、よりよい未来を目指すための主張を譲らないこと、そのどちらかを選ぶ際には、前者を選ばなければならないということだ。多くの、いや、おそらくほとんどの反売買春フェミニストは、こうした選択に直面していることを単純に否定し、犯罪化によって売買春の廃止を実現すると同時にセックスワーカーも救えるという現実離れした主張をする。しかし反売買春フェミニストのなかには、選択の必要があることを認めたうえで、男性を罰する精神的な満足感を得られ、売買春を法律で象徴的に抹消できて、（彼女たちが想像するように）家父長制のない世界を早く実現できるのなら、セックスワーカーの貧困化を受け入れるつもりの者もまちがいなくいる。そうしたフェミニストは、家父長制への協力者として「売春婦」を銃殺したいとまでは思わないかもしれない。しかし、売春者がひどい目に遭うのはかまわないとなんらかのかたちで思っている。

二〇〇七年、社会学者のエリザベス・バーンシュタイン〔バーナード・カレッジ女性学・社会学教授〕が「監獄フェミニズム(carceral feminism)」ということばを生みだした。[27] ジェンダー公正を実現するために警察、刑事裁判所、刑務所といった国家の強制力に頼る政治を言い表すことばである。この五〇年間で、売買春、ドメスティック・バイオレンス（DV）、レイプへの監獄主義的な反応が、ほとんどの国で常識として受け入れられるようになってきた。問題は、セックスワーカーの具体的な例を見てもわかるように、すでに最悪の状態に置かれている女性の状況が監獄主義的な〝解決策〟によってさらに悪化する傾向にあることだ。監獄フェミニズムは、ジェンダー化された暴力に最も苦しむ女性――貧しい女性、移民の女性、有色の女性、低カーストの女性――および彼女たちの生活と分かちがたく結びついた男性に対して国家の強制力を行使させるからである。また監獄主義的アプローチでは、ほとんどの犯罪の根源にあり、特定の女性集団がジェンダー化された暴力をとくに受けやすい状態をつくっている社会的現実――貧困、レイシズム、カースト――に対処することもできない。
二〇〇六年、ブラジルでマリア・ダ・ペーニャ法が通過した。くり返し夫に殴られ、二度殺害されそうになりながらも生きのびて、そのうちの一度のために下半身不随になった女性にちなんで名づけられた法律である。ダ・ペーニャがブラジルの法廷で夫を裁判にかけ、有罪判決を勝ちとるまでには二〇年もの月日がかかった。新しい法律が通過したのはおもにフェミニスト団体によるキャンペーンのおかげであり、新法ではDVの加害者に拘禁刑が強制的に科されることになって、DV事件の裁判を扱う特別法廷もつくられた。ブラジルの研究者のなかには、マリア・ダ・ペーニャ法によってDVの通報が減ったと指摘する人もいる。これは新しい法律のおかげでDVの発生件数が減ったからではない。DV被害を圧倒的に多く受けているブラジルの貧しい女性が、警察に助けを求められるとは思えなくなったからだ。パートナーが悲惨な状態のもとで刑務所生活を送ることになるのを恐れたり、国からの経済支援がないなか家庭をひとりで切り盛りできるか不安を覚えたりするからである。[28]
一九八〇年代以降、一部のアメリカのフェミニストがキャンペーンを成功させ、「義務的逮捕(mandatory arrest)」の方針を州に採用させた。これはDVの通報を受けて警察官が出向いたときには、いつも逮捕をすることを義務づける方針である。黒人とラテンアメリカ系のフェミニストの多くが予想していたように、こうした方針によって有色の女性たちに対するDVは増加した。[29] 逮捕後の報復的な暴力は、貧困、失業、薬物およびアルコール使用と結びついていることが数多くの研究で示されている――これらに苦しむ人は、黒人とラテンアメリカ系のコミュニティに圧倒的に多い。[30] 一九九二年にミルウォーキーでおこなわれたある研究では、義務的逮捕の方針によって仕事に就いている白人男性が犯す暴力は減ったが、無職の黒人男性が犯す暴力は増えたことがわかった。「ミルウォーキーのような都市で、黒人が白人の三倍逮捕されるとしたら（これは妥当な概算である）、義務的逮捕の一律的な方針によって、おもに白人女性に対する暴力行為を二五〇四件防げるが、その代償としておもに黒人女性に対する暴力行為が五四〇九件起こる」[31]。実際、世界のどこでも男性の失業状態は女性へのDVと結びついている[32]。けれども虐待された貧しい女性は通常、政府に頼って夫を雇ってもらったり、夫のもとを離れるのに必要なお金をもらったりはできない。できるのは夫を刑務所に閉じこめるよう頼むことだけで、多くの女性がそれをしぶるのも無理はない。そうした女性が監獄主義的な政府に助けを求めると、本人が直接罰せられることもある。アメリカの義務的かつ「両当事者を逮捕する（dual-arrest）」方針のもとでは、虐待者の代わりに、あるいは虐待者とともに有色の女性が逮捕されることも多い[33]。

一九八四年にベル・フックスが、女性が共有しているといえるものにもっぱら集中する女性解放運動の傾向について書いている。

女性たちは、共通の抑圧という概念によって生じた、共に結びつきたい、そして思いを共有したいという衝動によってつながった。しかし、「抑圧された者同士団結しよう」というようなスローガンは、多くの特権階級に属する女性が自分たちの社会的地位と多くの女性の地位との違いを黙殺するための言い訳を提供することになった。中産階級の白人女性が自分たちの利益関心をフェミニズム運動の第一の焦点にでき、共通性というレトリックを用いて自分たちの状況を「抑圧」と同義語にできたのは、人種と階級における特権の証にほかならない。[34]

表面だけ見れば、「共通の抑圧」という考えには、女性があまねく連帯する可能性が含まれている。豊かな女性と貧しい女性、市民と難民、白人女性と黒人および褐色肌の女性、カーストの高い女性とダリトの女性。すべての女性が性別にもとづいて抑圧されていて、これが女性たちの感情面と戦略面での連携の土台になる。けれども、すべての女性に共通しないそうした不利益の形態こそが――一部の女性が富、人種、市民権の状態、カーストのおかげで直面せずにすんでいる不利益の形態こそが――、それに苦しむ女性には最もつらいものにほかならない。性的抑圧だけにもっぱら取り組むフェミニズムが追求する戦略は、性別が自分たちの政治的窮状の一原因でしかない女性にはほとんど役に立たない。共通の抑圧をスローガンにすると、最も苦しい状況に置かれた女性の抑圧を無視するだけでなく、それを保証することにもなるとベル・フックスは指摘する。

ジェンダー公正への監獄主義的アプローチは、階級や人種といった要因が絡んでいない、女性の「共通の抑圧」の「純粋な」事例である主体を前提とする傾向にある。売買春の犯罪化によってセックスワーカーが救われるという考えは、その女性にほかの選択肢があるという想定のもとに成り立っている――つまりその女性の根本的な問題は、たとえば貧困や移民法ではなく売買春だと想定されている。同様に、DVへの対処法として投獄が有効だという考えは、暴力を働く男性と自分の運命が分かちがたく結びついている女性を考慮に入れていない。その女性たちは殴ってくる男性に経済的に依存していて、コミュニティでの警察、法廷、刑務所による男性の扱いから大きな影響を受ける。

監獄主義的アプローチは、世界で五〇万人よりも多い自身が投獄されている女性のことも無視している——刑務所で性的虐待、暴力、侮辱、強制的な不妊手術の対象になり、子どもを奪われている女性のことを顧みていない。世界で服役している女性の三〇%を抱えるアメリカでは（中国は一五%、ロシアは七・五%）、この数十年間、女性の収監率は男性の二倍のペースで増えてきた。[35] 貧困者に占める女性の割合はきわめて大きいため、女性は裁判前の拘留のときに保釈金を払えないことが多く、その結果、いちばんの保護者から引き離される子どもの数が増えている。なお、アメリカの刑務所にいる女性の八〇%には子どもがいる。[36] 女性の収監率がアメリカに匹敵する唯一の国、タイでは、八〇%の女性が非暴力的な薬物関連の犯罪で投獄されている。[37] イギリスでは、女性が無期限で収容されることもある移民拘留センター、ヤールズ・ウッドでハンガー・ストライキをしていた被拘禁者たちが、抗議すれば強制送還が早まるだけだと内務省から警告を受けた。[38] 世界各地で投獄されている女性の圧倒的多数は貧しく、教育をあまり受けていなくて、暴力絡みの過去がある。主流フェミニストの多くはこれらの女性についてほとんど語らないが、彼女たち自身が監獄主義体制に関与していることを考えると驚きではない。

フェミニストが監獄主義的な解決策——街頭に警官を、男を刑務所へ——を受け入れると、たいていの犯罪の最も根深い原因である貧困、人種による支配、国境、カーストといった問題に取り組むのを拒む支配階級を援護することになる。[39] これらは、女性の不平等の最も根深い原因でもある。こうした諸力とそれに付随するもの――住宅、ヘルスケア、教育、保育、まともな仕事の不足――が、女性の窮状の大部分をもたらしているからだ。地球全体でほとんどの女性は貧しく、貧しい人のほとんどは女性である。それゆえ「共通の抑圧」との闘いとして理解されたフェミニズムは、すべての女性の平等と尊厳のために闘うフェミニズムではなくなる。女性の共通の抑圧に焦点を合わせたフェミニズムは、ひときわ困窮した女性の大部分を放置し、ジェンダー平等によって既存の不平等の構造に参加しようとしているのである。

監獄主義への旋回は一九七〇年代以降にフェミニズムの内部で起こってきたより大きな変化の一部であり、そこでは社会経済生活の変革から離れて既存の資本主義構造のなかで女性の平等を確保するほうへと重点が移ってきた。二〇一八年にスーザン・ワトキンズ〔女性小説、フェミニズム理論の研究者。リーズ・ベケット大学で教える〕が『ニュー・レフト・レヴュー』誌で指摘するように、一九六〇年代終わりから七〇年代にかけての英語圏のラディカルな女性解放運動は、社会民主主義的なヨーロッパや脱植民地化しつつある第三世界の同時代人と同じように、ジェンダー不平等だけでなく人種と階級にもとづいた不平等も生む社会秩序の変革に関心を寄せていた。[40] 要求していたのは、だれもが利用できる保育、ヘルスケア、教育であり、異性愛規範的な核家族の終焉と生殖の自己決定権であり、富の再分配、団結権、無報酬の家事労働への賃金、生産手段の民主的所有である。一九七四年、ニューヨーク・ラディカル・フェミニスツ〔一九六九年に結成された大衆を基盤としたフェミニスト集団〕が『レイプ――女性のための最初の資料集』を刊行した。そこにはこう書かれている。「はっきりさせておかなければならないのは、レイプは法と秩序の問題ではないことだ。女性が求めているのは去勢でもなければ死刑でもない〔…〕わたしたちはレイプ関連の法律をさらに懲罰的にしたいわけではない」[41]。そして、レイプがなくなるのは「家族の変革、経済体制と男女の心理の変革」によって「性的搾取」が「想像できなく」なったときだけだと論じる。レイプは「改良主義的ではなく革命的な問題である」[42]。

しかしこうした変革を要求する声は、アメリカではやがて「反差別」パラダイムとワトキンズが呼ぶものに道をゆずる。それによると、女性にとっての真の問題は労働力として女性が男性と対等でないことであり、ベティ・フリーダン〔一九二一―二〇〇六。作家、ジャーナリストで第二波フェミニズムの牽引者。『新しい女性の創造』など邦訳多数〕の全米女性機構（National Organisation for Women）〔一九六六年に結成されたアメリカ最大のフェミニスト組織〕が論じるように、「女性をアメリカ社会の主流に完全に参加させること」である[43]。この種のフェミニズムはアメリカの資本主義からすでに利益を得ている女性に適したものであり、それはいまも変わらない。おおむね白人からなる豊かな女性、いまや家庭生活の退屈から解放されて、医師、弁護士、銀行家、研究者になった人たちである。これはまた、ワトキンズが論じるようにアメリカの右派にも適していた。右派はいわゆる「ニグロ問題」――貧しい人たちが人種と経済の平等を公の場で声高に求めていたことに対する世間一般の見かた――への解決策を反差別パラダイムに見いだしていた。右派の視点から見ると、〝問題〟はこの平等をどう実現するかではなく、共産主義と反植民地の反乱と戦っているさなかに世界に恥をさらすのをいかに避けるかだった[44]。専門職に就く中間層へのアクセスを一部の黒人男性と女性に確保することで、ニクソン政権は黒人をふたつに分断させにかかる。「黒人資本家」とニクソンが呼ぶ階級がひとつでき、それとは別に大多数の黒人からなる最下層階級ができて、その後数十年にわたってその最下層階級は一連の〝戦争〟――ドラッグに対する、犯罪に対する、〝福祉の女王《ウェルフェア・クイーン》〟に対する戦争――によって懲らしめられる（これらの〝戦争〟は――のちの〝対テロ戦争〟と同じように――、白人の貧困の責を負わされた移民にもしかけられる）。そこでの戦略はあからさまに監獄主義的であり、それも一因となって、アメリカは世界最多の囚人を抱えている。[45] 同時に、一九七〇年代なかば以降、「反差別」フェミニズムが追求されるなかで、ほぼ白人からなり、専門職に就く新たに力をつけた女性の階級と、ほぼ非白人と移民からなり、豊かな女性の子どもの世話をしたり家を掃除したりする仕事を引き継いだ貧しい女性の階級との分断があらわになった。[46]

　アメリカ女性解放運動初期のフェミニストは、ヨーロッパや第三世界のフェミニストと同じく、全体としては国家の強制的な装置に頼ってジェンダー化された暴力を解決しようとはしていなかった。国家の権力に懐疑的であり、草の根で独自のレイプ被害者支援センター、DVシェルター、人工妊娠中絶のネットワークをつくって運営していた。[47] しかし一九八〇年代までに主流のフェミニストは、DV、売買春、ポルノグラフィ、レイプへの対処法として「法と秩序」を完全に受け入れてしまった。なぜこのように変わったのだろう？　ひとつにはそれは、この時期のアメリカのより大きな変化を反映していた。暴力犯罪への懸念が高まるとともに、[48] 個人主義的なイデオロギーが定着し、そこでは犯罪は社会の病ではなく個人の欠陥だと暗に示されていた。一九八四年にロナルド・レーガンは、「個人の悪行は［…］いつでも物質的な財の不足や恵まれない生い立ち、貧しい社会・経済状況によって引き起こされる」という嘘をリベラル派がアメリカ人に吹きこんできたと不満を述べた。「新しい特権階級が登場したのは不思議なことではない」とレーガンは言う。「[…]」とがめられることなく同胞市民を犠牲にする権利があると考える常習犯と職業的犯罪者の特権階級である」[49]。一九八九年、当時はニューヨーク市のプレイボーイで不動産業界の有力者だったドナルド・トランプが、ニューヨーク・タイムズ紙を含む市内の四つの新聞に全面広告を出し、セントラルパークで女性をレイプしたというぬれぎぬを着せられた黒人四人とラテンアメリカ系一人、あわせて五人のティーンエイジャーの少年を死刑にするよう求めた（これらの広告は、大言壮語を吐き、国家の暴力を熱狂的に称えている点でいかにもトランプ的だが、トランプの政治がアメリカ監獄主義のより大きな歴史的文脈のなかで形成されたことも思いださせてくれる）。

つまりフェミニズムの監獄主義への旋回は、戦後アメリカの物質面とイデオロギー面の状況の変化を反映していた[50]。しかしこの時代のアメリカのフェミニストは、本人たちの意図にかかわらず監獄国家の発展を積極的に助長してもいた[51]。主流としての権威と資金へのアクセスを求めて、一部のフェミニストはプロの「反暴力」専門家――カウンセラー、被害者支援者、プロジェクト管理者――になり、ベス・リッチー〔イリノイ大学シカゴ校でアフリカ系アメリカ人研究の教授を務める〕が言うように、体制を変革させる主体としてではなくその擁護者としての役割を果たしはじめる[52]。それと同時にフェミニストの弁護士たちが先頭に立って、ジェンダー化された暴力を法律と法の執行の問題として定義しなおすようになった[53]。一九七六年の「ブルーノ対コッド」（Bruno v. Codd）の集団訴訟では、虐待された女性は警察の介入を受ける権利があると主張される。その二年後、「妻の虐待」をテーマとした連邦政府公民権委員会の聴聞会にフェミニストが参加した。それによって、義務的逮捕の要件など政府の虐待防止計画の土台が整えられた。一九八〇年代には、フェミニストは共和党と協力してポルノ制作者に対する民事法制を導入し[54]、無実の託児所職員を刑務所に送った児童虐待をめぐるモラルパニックに加わって[55]、未成年者を含む性犯罪者登録簿の作成を支持し[56]、犯罪化を強化することで売買春と性的搾取の人身取引を「廃止」する運動をはじめた[57]。一九九四年にはビル・クリントンが女性に対する暴力防止法案（Violence Against Women Act）に署名してそれを連邦法として成立させ（この法案の共同提案者にはジョー・バイデン上院議員〔当時〕も名を連ねている）、女性に対する暴力犯罪の捜査と訴追に一六億ドルが投じられる。この法律の起草と通過にきわめて重要な役割を果たしたアメリカのフェミニストは歓喜した。これは超党派の暴力犯罪取り締まりおよび法執行法案（Violent Crime Control and Law Enforcement Act）の一部で、そこでは死刑の対象となる犯罪が新たに六〇設けられ、刑務所での教育プログラムの連邦補助金が廃止された。その二年後、クリントンは「これまでのような福祉に終止符を打つ」とする選挙公約を実行に移し、貧しい女性とその子どもたちをさらに暴力を受けやすい状態に追いやる。DVに対する「逮捕擁護」の法律によって、刑務所では貧しい男女の数が増えた。

これはすべて、冷戦の終結と第三世界の債務悪化によってアメリカが覇権を握った時代を背景に起こった。〝グローバル〟フェミニズムは、はっきりとアメリカ的な特徴をもつようになる[58]。女性の解放と経済的公正が歩みをともにする新しい世界秩序をつくるという社会主義フェミニストと反植民地主義フェミニストの望みは、新たな優先事項に道をゆずった。アメリカが支配するグローバルな資本主義経済に世界の女性を参加させることである。欧米の政府、NGO、民間財団が女性の教育とヘルスケアに資金を投じたが、この同化主義的な事業で最も重要な役割を果たしたツールがマイクロファイナンス、つまり信用貸しを世界の貧しい女性にまで広げたことだ。自分たちに必要なのは公共サービスの供給——水、電気、下水設備——だという貧しい女性たちの声は聞き入れられなかった(一九八四年にインドのフェミニスト、デヴァキ・ジャン〔一九三三―。女性のエンパワメントなどの問題に取り組んだデリー大学の経済学者〕はこう警告している。「経済発展という魔法の処方箋が〔…〕女性の最悪の敵になった」)。その代わりに、外国の民間セクターの貸し主が二〇%の利率で小口融資を提供することで女性のエンパワメントは達成できると決められる。信用貸しへのアクセスに加えて、貧しい女性には監獄国家による〝保護〟も与えられた。一九九五年、国連の第四回世界女性会議で一八九か国によって採択された北京宣言は、懸念すべき一二の重要分野のひとつとして女性への暴力を挙げている。そこでは国家に、「その形態を問わず暴力を受けた女性及び少女に対する不正を処罰し是正するために〔…〕刑事、民事、労働及び行政上の制裁」を設けるよう呼びかけ、「暴力の予防及び加害者の訴追」のための法律をつくることを求めている。[59]

北京宣言ではほかにも、セクシスト的な慣行を撤廃する措置をとり、女性に生活手段を確保させるよう国家に促しているが、グローバルな女性の権利活動家は引きつづきジェンダー化された暴力に対する監獄主義的な解決策におおむね焦点を合わせていた。[60] ジェンダー化された暴力を国際的な人権問題として提示することで、これらの活動家は欧米の軍事介入を援護してもきた。[61] 二〇〇一年一一月、夫がアフガニスタンへ侵攻して「対テロ戦争」をはじめた直後に、ローラ・ブッシュはラジオ演説でこう説明している。「テロとの戦いは、女性の権利と尊厳を求める戦いでもあります」。[62] 歴史上アメリカが果たした役割のせいで、アフガニスタンが女性にとって世界最悪の場所のひとつになったことには触れなかった[63]——アフガニスタンはいまもほかから抜きん出たその地位を保っている[64]。アメリカ史上最長の戦争を含め、外国による数十年にわたる軍事介入ののち、経済の荒廃によってアフガニスタン人は記録に残るどの国の人よりも絶望的な生活状態に置かれている[65]。女性は圧倒的に大きな犠牲を払っている。アフガニスタンでは女性の九〇%がDVを経験していて、自殺者の八〇%が女性である[66]。

フェミニズムにとってきまりが悪いのは、世界の一部の女性が置かれた状態をいくつかの面で向上させてきた数十年のあいだに——法律上の権利の拡大、高等教育、エリートの専門職、選挙政治、メディアへの進出、性と生殖《リプロダクティブ》にかんするヘルスケアへのアクセス向上、女性と男性は平等であるという中上流社会での合意の広がり、ジェンダーによる縛りを疑問視しようとする男性の意識の高まり、覇権的でないセクシュアリティの受容の拡大——、経済的不平等をはじめとするほかの不平等が全般に広がったことである。女性の生活が実際に向上していないと言いたいわけではなく、それが苦労して勝ちとられたものではないと言いたいわけでもない。そこから恩恵を受けるのは豊かな女性だけだと言いたいわけでもない。そんなことはない。インドの貧しい女性も、妻を殴る権利はないと夫に知ってもらう必要があるし、法廷に立つことができなければならない。学費を工面できるのなら娘を大学に通わせられるべきだし、娘は自分が望む相手を自由に愛することができるべきだ。けれどもこの女性には自分と家族が生きていく手段もなければならない。土地、水、食べ物、それに安全、連帯、コミュニティも必要だ。アメリカのフェミニズムは、しばらく前から世界で最も強力な形態のフェミニズムだが、その歴史は女性が——一部の女性が——国家の権力を、また最終的には超国家的な権力を最大限に活用してきた歴史である。しかしこれはまた、資本主義国家がみずからを維持しやすいかたちで女性の力を流用してきた歴史でもある――結局のところそれは、支配階級をほとんど脅かすことのないかたちにほかならない。

米国フェミニズムの最新の転換点、二〇一七年の #MeToo キャンペーンの原動力になっていたのは、働く女性のすべてが、あるいはほぼすべてがセクシュアル・ハラスメントを経験したことがあるという単純な事実である。ひわいな発言、侮辱、痴漢行為、性的な脅し、妨害行為。まずはアメリカで、その後ほかの場所でも、女性たちはソーシャルメディアでほかの女性の証言に自分自身の物語を見た。「自分自身の私的生活のもやもやした欲求不満から運動に入ってくる女性たちは」とジュリエット・ミッチェルは一九七一年に書いている。「自分では個人的なディレンマと思っていたことが社会的な状態であり、それゆえに政治的問題であることを発見する」[67]。多くの男性が傍らでそれを見て、自分たちが目にしたものに驚いた。けれどもそのほぼ直後から、普遍的なスローガンとしての「Me Too」の限界があらわになりはじめる。このスローガンは、その一〇年以上前から黒人の反暴力活動家タラナ・バーク〔一九七三―。性暴力の被害者支援活動などを経て二〇〇六年に Me Too 運動を立ちあげた〕が主唱していたものだった。黒人女性は、白人女性に連帯して立ちあがるよう求められて憤慨した。セクシュアル・ハラスメントに対する自分たちの抗議の声がずっと無視されてきたからだ。ハーヴェイ・ワインスタインから受けた扱いについて投稿したことで女優のローズ・マッゴーワンが Twitter アカウントを凍結されたとき、アリッサ・ミラノやその他の白人女性が #WomenBoycottTwitter というハッシュタグを使って女性たちにTwitterのボイコットを呼びかけた。エイヴァ・デュヴァーネイ〔一九七二—。アメリカの映画制作者、テレビ・プロデューサー〕やロクサーヌ・ゲイ〔一九七四—。アメリカの作家でイェール大学で教える。邦訳書に『バッド・フェミニスト』など〕ら多くの著名黒人女性が、関心を向ける先が偏っているとして白人女性を非難する。[68] メディア・コンサルタントでハッシュタグ#OscarsSoWhiteの仕掛け人エイプリル・レインは、ニューヨーク・タイムズ紙にこう語っている。「ローズ・マッゴーワンが支持されるのはすばらしいことだけど、全体で一貫性を保たなきゃ。すべての女性がすべての女性を支持するって」[69]。

　しかし大衆女性運動としてのMe Tooの問題は、単純に関心を向ける先に「一貫性」がなく、人種の境界線をこえた怒りが欠けていることではない。その根本的な問題は、このような運動はすべて女性があまねく共有しているものに根ざしていなければならないと想定している点にある。セクシュアル・ハラスメントは働く女性の現実だ。けれども多くの女性には、セクハラを受けるのは仕事のなかで最悪のことではない。ローズ・マッゴーワンのような豊かな白人女性やロクサーヌ・ゲイやエイヴァ・デュヴァーネイのような裕福な黒人女性と、ハリウッドのトイレを掃除する貧しい移民女性とのあいだには状況に大きなちがいがある。後者の女性たちがセクハラを受けても、低賃金で不安定な仕事のみじめさがいっそう際立つだけだ。ハリウッド女優のMe Tooのおかげで、いまはこうした女性もセクハラを受けたらタイムズ・アップ司法支援基金に頼って訴訟を起こせる。けれども、虐待的なパートナーから逃げるお金や病気の子どものヘルスケアが必要だったり、入国管理局が書類を求めてやってきたりしたときには、だれに頼ればいいのだろう?[70] ハラスメントを大目に見るべきだとか、雇用主を訴えるべきでないとか、セクシュアル・ハラスメントに対する法律は貧しい女性を含め働く女性の役に立っていないとか考えるフェミニストは、仮にいたとしてもごくわずかだ。[71] しかし、悪い男を罰することを第一の目的にするフェミニズムの政治は、すべての女性を解放するフェミニズムにはなりえない。ほとんどの女性を不自由にしているものを覆い隠すからである。

MeToo のフェミニストは、概して国家の強制力に大きな信を置いているようだ。ブロック・ターナー〔「男たちに対する陰謀」を参照〕が性的暴行で比較的軽い判決を受けたのに抗議し、ラリー・ナサール〔一九六三―。アメリカ体操連盟の元チーム医師で、多数の女子選手に性的暴行を加えていたとして二〇一七年に拘禁刑六〇年の判決を受けた〕の裁判では刑務所で彼がレイプされることを望むかのような裁判官の発言をほめたたえ、ハーヴェイ・ワインスタインの評決が出たときには歓声をあげた。法律と大学キャンパスで性的同意の考えをもっと厳しくするよう主張し、こうした流れに批判的な人たちをレイプ擁護者として公然と非難した。彼女たちを責めるのはむずかしい。何百年ものあいだ、男性は女性に暴行し、女性を貶めてきただけでなく、国家の強制装置を使ってそれをする権利を行使してきた。いまは女性が同じ権力の一部をふるい、怒りを表明して復讐をするときではないのか？

ただし監獄主義的な装置を一度始動させると、それがなぎ倒していく相手をこちらで選ぶことはできない。フェミニズムが監獄主義を受容すると、好むと好まざるとにかかわらず、進歩派として体制を援護することになる。その体制の機能は、物質面の不平等に政治的な目が向けられないようにすることにある。[72] むずかしい選択が存在しないと言いたいわけではない。虐待的なパートナーを刑務所に入れたい貧しい女性もいるし、暴力的な客の逮捕を強く望むセックスワーカーもいる。監獄主義への反対者のなかには、だれも罰せられるべきではなく、暴力にさらなる暴力で応えてはならないと考える人もいる。だが、フェミニストは聖人である必要はない。わたしが言いたいのは、フェミニストはただリアリストでなければならないということだ。おそらく罰を受けてしかるべき男性もいる。けれども、さらなる取り締まりとさらに多くの刑務所を要求するとき、フェミニストは何をだれに対して発動させようとしているのか問わなければならない。[73]

二〇二〇年五月にジョージ・フロイドがミネアポリスの警察官に殺害されたのを受け、あらためてメディアの注目を集めたブラック・ライヴズ・マター運動によって、警察およびそれが一部をなすより大きな監獄複合体を大幅に縮小あるいは廃止するという考えを多くの人が初めて知った。「警察予算を打ち切れ（defund the police）」という呼びかけに、フェミニストを含め、暴力をともなう国家権力に統制されない社会を想像できない人たちは戸惑った。警察でなければ、だれが法と秩序を守らせるのか？　ここで想定されているのは、おおまかにいえば警察と刑務所は実際に法と秩序の役に立っているということである。超法規的な死刑、不法監禁、強制的な不妊手術、性暴力といったことは例外であり、一部の人を扱う際の通例ではない。もちろんなかには、法と秩序はそもそも貧困者、有色の人、移民を不当に扱うものだといずれにせよ考える人もいる――貧困者、有色の人、移民はいまよりいい扱いを受けるに値しない、あるいはその人たちを不当に扱うのは社会の秩序を維持するために払う妥当な代償だと考える人たちである。「警察でなければ、だれが？」という問いも、廃止論《アボリショニスト》の伝統についての誤解をさらけ出している。

いうまでもなく、廃止論の思想家のほとんどにとって——この伝統に属するフェミニストのなかで最も有名なのがアンジェラ・デイヴィスとルース・ウィルソン・ギルモア〔一九五〇―。ニューヨーク市立大学の地理学者で刑務所の研究者〕である——この提起は、社会の隅で生きることを余儀なくされた人の怒りのエネルギーが単に解き放たれるべきということではない。監獄主義的なやりかたは供給の代わりに管理をするのだと廃止論者は考える。「犯罪化と監房」は「社会問題の万能の解決策」としての役割を果たすのだと。[74] 一九七一年六月、黒人活動家の武装を手助けしたとして起訴され、マリン郡の留置場で裁判を待っていたデイヴィスが書いているように、「そうした抑圧に訴える必要そのものが、深刻な社会的危機・体制の崩壊の反映[75]」にほかならない。社会的危機への対症療法として警察と刑務所に頼るのではなく、そうした危機に真正面から取り組んだらどうなるだろう？　法学者のジェイムズ・フォーマン・ジュニア〔一九六七―。イェール大学で人種や階級の側面に焦点を合わせ刑法などを教える〕が言うように、廃止論は「刑務所がない世界を想像して、それから［…］その世界をつくろうとして動く」ようわたしたちに求める。[76] それには何が必要だろう？　犯罪化することで暴力が減るのではなくむしろ悪化することが知られている、ドラッグの使用やセックスワークといった活動を非犯罪化することが求められる。[77] 経済関係を再構築し、生きのびるための犯罪——食べ物を盗むこと、国境をこえること、ホームレス状態で暮らすこと——を不要にすることも求められるはずだ（ジョージ・フロイドは失業したばかりで、偽札を使ってたばこを買おうとしたあとに殺害された）。社会と政治の制度を整え、満たされないと対人暴力につながるニーズを満たすことも求められる。公営住宅、ヘルスケア、教育、保育。民主的に組織された職場でのまともな仕事。ベーシックインカムの保障。コミュニティの支出と優先事項の地域での民主的な管理。余暇、遊び、社交的な集まりのための空間。きれいな空気と水。それに、可能なときはいつも賠償と和解を模索する司法制度をつくることも求められるだろう。ギルモアによると、廃止は「単なる不在ではない［…］廃止は、異なるかたちで生きられる社会生活の肉体的、物質的な存在のことである」[78]。

廃止論の伝統ではこう考えられている。監獄主義は人種資本主義（racial capitalism）による剝奪を覆い隠す役割を果たしていて、社会・経済関係が変革されたら監獄国家の根拠と必要性は少なくとも一部は覆される。つまり「警察予算を打ち切れ」という呼びかけに暗に含まれているのは、豊かな者から貧しい者への富と権力の大規模な再分配の要求である。女性解放運動初期のラディカル・フェミニストと同じように、ムーヴメント・フォー・ブラック・ライヴズ〔アメリカの黒人コミュニティを代表するグループの連合体。二〇一五年に結成〕の活動家とオルガナイザーは、ほかのだれかの条件にもとづいてつくられた体制に居場所を見つけることに関心はない（その「アライ（allies）」の多くにそれが当てはまらないのはたしかだが）。同ムーヴメントの二〇一六年のマニフェスト、「ブラック・ライヴズのためのヴィジョン」（'A Vision for Black Lives'）は六つの要求を掲げていて、そこには監獄主義的制度からの資金引き揚げと教育および保健医療への資金投入、また「すべての人のための経済的正義、われわれのコミューニティが単なるアクセスではなく共同所有権をもてるようにする経済の再編」が含まれている。この点でこのマニフェストは、一九六九年に警察とFBIに殺害されたブラック・パンサー、フレッド・ハンプトンを彷彿させる。「火をもって火と戦うのがいちばんだとは思わない。水をもって火と戦うのがいちばんだ［…］われわれは黒人の資本主義をもって資本主義と戦いはしない。社会主義をもってそれと戦うんだ」[79]。

したがってムーヴメント・フォー・ブラック・ライヴズは、左派の一部の批判者――なかでもマルクス主義政治理論家のアドルフ・リード〔一九四七―。人種と経済格差を論じる。ペンシルヴェニア大学名誉教授〕――が主張してきたように、ごく少数の幸運な勝者と大多数の敗者からなる支配的な資本主義秩序に黒人を単に参加させようとする運動ではない。[80] リードはレイシズムへの反差別アプローチに正しく異議を唱えている。反差別アプローチが追求するのは真の平等ではなく、リードとウォルター・ベン・マイケルズ〔一九四八―。アイデンティティの政治、ポストモダニズム批判などに取り組む文学理論家。イリノイ大学シカゴ校で教える。邦訳書に『シニフィアンのかたち』〕が「比例した不平等（proportional *inequality*）」[81]と呼ぶものである。これはつまり、不平等な経済体制のあらゆるレベルで有色の人びとを人口に比例して代表させようとするアプローチだ。フェミニズムと同じように反レイシズムも資本主義に適したかたちをとることがあり、実際、多くの場合そうしたかたちをとるという点についても、リードはまちがっていない。歴史上、資本主義はさまざまなかたちで人種、カースト、ジェンダーにもとづくヒエラルキーの創出に頼ってきた――ひとつだけ例を挙げるなら、搾取された白人男性労働者は、妻や黒人の同僚よりも優位であるという安心感によって抵抗を抑えこまれてきた。しかし資本主義は反差別のロジックからもおおいに恩恵を受ける。セクシスト、レイシスト、反移民といった差別は能力主義がスムーズに機能するのを妨げ、資本は最も有能な労働者を確保できなくなるおそれがある。反差別の措置によって労働市場の効率性が高まり、その根底にあるロジック――生きるためにみずからの労働力を売らなければならない人がいること――が温存される。ジョージ・フロイドが殺害されたあと、Google、Amazon、Twitter、Nike のCEOは、「ジューンティーンス（Juneteenth）」に敬意を払うよう従業員にこぞって呼びかけた。アメリカの奴隷制が廃止された六月一九日を記念する日である。Amazon のCEOジェフ・ベゾスは、その日の会議をすべてキャンセルするよう従業員に促した

――だからといって、トイレ休憩なしで働き、アルゴリズムにとがめたてられる脅威に絶えずさらされながら仕事をして反復運動過多損傷を負うAmazonの倉庫内労働者にはあまり恩恵はなかった。「アイデンティティの政治」を批判するリードをはじめとした左派は、反レイシストの政策に望めるのは、せいぜい比例した不平等だと考えがちである[82]。仮にそうだとしたら、アメリカは――また人種によって階層化されたほかの社会も――絶望するしかないのかもしれない。アメリカに労働者階級の大規模な運動が歴史上存在しないのは、白人のレイシズムと排外主義とおおいに関係していると考えるのがおそらく妥当であり、それらもまた階級対立の歴史上の産物だからである[83]。W・E・B・デュボイスが『黒人によるアメリカの再建』（一九三五年）で述べるように、白人の人種的優位性は、資本主義による白人労働者の貧困化の「埋めあわせ」としての役目を果たしてきたのであり、そのために労働者階級は人種境界線《カラーライン》をこえて連帯できずにいる[84]。貧しい白人を遠ざけていたら、ましてや軽蔑の対象として扱っていたら、アメリカの労働者階級運動は成功させられない。これはもちろん正しい。けれども、さらに正しいことがある。労働者階級に占める割合が大きくなっている非白人やアメリカ生まれでない人――資本主義、レイシズム、外国人嫌悪の絡みあいから生活に直接の打撃を受けているますます多くの人たち――に語りかけなければ――それどころか、その人たちのなかから生まれなければ――、そうした運動は成功させられない[85]。そうした人たちが労働者階級に実際に増えていて、それらの人にとって「階級」の力が「人種」の働きと経験上切り離せないからというだけではない[86]。これらの人たちの生活は、打撃がより大きいがゆえに、最も革命的な変化への要求をはらんでいるからである。

リードのような理論家は、多人種で移民を擁護する労働者階級の政治をつくることによってではなく、すべての貧しいアメリカ人の「共通の抑圧」――すなわち狭く理解された資本主義のもとでの搾取――に焦点を絞ることでこのジレンマを解消できると考える。しかしベル・フックスが白人フェミニズムについて言うように、このアプローチは最も恵まれない人たちの抑圧を覆い隠すだけでなく、それを永続させるおそれがある。さらにいうなら、白人であることと〝この国で生まれた人間（native）〟という身分への精神面でのこだわりが、移民労働者と有色の労働者に対する貧しい白人の反感において大きな役割を果たしているかぎり――アメリカとイギリスでの近年の出来事はそれを示唆している――、レイシズムと外国人嫌悪と向きあうのを先延ばしにすれば、貧しい白人の困窮状態も確実につづく。[87] 一九七〇年、留置場にいるアンジェラ・デイヴィスに宛てて書いた手紙で、ジェイムズ・ボールドウィンは次のように嘆いている。

この広大な国土に住む何千万という人びとの中で、ほんの一握りの人間だけが、それを知っている――［…］あなたに［…］もたらされるべき運命が、やがて自分自身をのみこもうとしている運命でもあることを［…］。この国を支配する勢力にとっては、白人の生命が黒人の生命より神聖だということはないのです［…］アメリカ人の迷妄は、彼らの兄弟がみな白人だと考えていることだけでなく、白人がすべて兄弟だと思っていることにあるのです。[88]

したがって問題は、「反レイシスト運動は、十分に反資本主義的になれるのか？」ではない。そうではなく、次のように問うべきである。「労働者階級運動は、はたして反レイシストにならずにいられるのか？」

フェミニズムと反資本主義の関係も同じである。一九七〇年代のマルクス主義フェミニストは、資本主義は家庭での女性の無償労働のうえに成り立っていると指摘した。その主張によると、労働者階級の女性は男性労働者を産み、身なりを整えさせて食事を与えるだけでなく、彼らの機嫌をとり、欲求不満を受けとめて、疎外された労働からの息抜きの場となる家庭もつくる。[89] 先進資本主義諸国では、女性の仕事、つまり社会的ケアの仕事（掃除、保育や看護、食事の準備、子育て、若者の教育、高齢者の介護）は現在、売り買いされるようになっている。低賃金の女性が新しい労働者階級の顔になり、その最も有望な抗議運動の中心にいる。[90] Covid-19のパンデミックによって浮き彫りになったのは、自己完結した核家族という家父長制イデオロギーのせいで、女性だけでなく男性も、ある生きかたのなかに閉じこめられていることである。それは、現代資本主義の矛盾のなかで「不可欠《エッセンシャル》」であると同時に使い捨て可能と見なされている生きかたである。[91] 一部のフェミニストがずっと主張してきたことが、ここから多くの人の目にも明らかになった。社会を再生産する仕事は、社会の仕事でなければならないということである。問題はフェミニズムが労働者階級運動になれるかではなく、労働者階級運動がはたしてフェミニズムにならずにいられるのか、である。

労働者階級運動がフェミニストで反レイシストでなければならないと論じても、資本がフェミニストと反レイシストのエネルギーを取りこむことができ、実際に取りこんできたのを否定することにはならない。資本の真髄を見くびってはいけない。資本には、文化の変化に合わせてみずからを別の目的に振り向けたり再編したりする力がある。同じことは結局、ユニバーサル・ベーシックインカムのような「純粋に」反資本主義的な要求にすら当てはまる。この提案は多くの社会主義者が推進してきたが、シリコンバレーの富豪にも人気がある。テック業界の働きかけによってまともな賃金を得られる中技能の仕事が失われてきたが、それに対する抵抗をやわらげる手段になると考えているからだ。[92] 一九七三年、ノッティングヒル女性解放ワークショップ・グループ（Notting Hill Women's Liberation Workshop Group）は、その前年にセルマ・ジェイムズが声明として示した要求——家事労働への賃金、同一賃金、コミュニティが管理する託児所など——は「わたしたちが最終的に獲得したいものについての声明ではない」と説明した。これらの要求は「理想的な社会に向けた計画」ではなく、こうした要求を満たした社会が「抑圧的でなくなる」わけではないという。それは単に「資本が望むものに抗い、わたしたちが望むものに従う勢力」として行動する要求だったのだと。「結局のところ取りこまれることのない唯一の要求は、武装した大衆による資本主義終焉の要求である」[93]からだ。資本に取りこまれない、あるいは改良主義にならず革命的になることが保証されている政治綱領を前もって決めることはできない。どうなるかやってみて、そのうえで次の計画を練るしかない。そのためには、たとえすっかりなじんでいるものであっても、考えかたや行動のしかたを——戦略面でも感情面でも——捨て去る覚悟が求められる。その意味でノスタルジアは、いかなる真の解放的政治にも妨げになる。ほかと同じくフェミニズムにもこれは当てはまる。

でもレイピストはどうするのか？

この異議申し立ては、監獄主義批判にとって決定的なつまずきのもとだと思われている。ほかはともあれレイピストの例は当然、廃止論がどうしようもなくユートピア的であることを示しているではないか。家父長制的な懲罰のありかたを批判しながら、同時にレイピストが裁判にかけられ、有罪判決を受け、収監されるよう求める、そんなことがフェミニストにできるのだろうか？

監獄主義への反対者のなかには、次のように主張することでこの異議申し立てに答える人もいる。性的暴行は社会問題の産物であり、それは監獄主義的でない国家権力を使うことで、最もわかりやすいところでは経済と政治の意思決定を根源的に民主化することで解決できると。しかしこの主張は、家父長制的な抑圧を経済的・政治的抑圧に還元する過ちを犯している。たしかに性暴力は、一部にはこうしたものの作用である。人種による支配、経済的不平等、民主主義の不備は、すべて性的暴行の高い発生率につながる。[94] とりわけ産業の空洞化と賃金の低下によって引き起こされる男らしさの危機によって、女性はことのほか性暴力の被害を受けやすくなる。けれども、能力に見合った仕事に就けず絶望した男性が女性に暴力をふるう理由は、経済的な諸力だけではない。いまの経済のありかたよりも前から存在するジェンダーの関係といった側面もある。資本主義批判が経済関係の批判にとどまっているかぎり、性暴力を完全に説明することも解決することもできない。資本の完全な批判は、ジェンダー化された従属をさらに大きな資本主義体制――たしかに経済的でもあるけれど、社会的、生態学的、精神的などでもある体制――に欠かせない一側面として理解しなければならず、この体制こそが適切な批判対象である。[95] そうしなければ、反資本主義の政治は女性を市民社会に置き去りにするおそれがある。キャサリン・マッキノンがいみじくも述べているように、市民社会は女性にとって「自然状態によりよく似ている」[96]。

でもレイピストはどうするのか？　この問いはときに切り札として使われる。しかし実は廃止論者のフェミニストには、この問いについて言うべきことがたくさんある。まず次のように尋ねることができる。どのレイピストのことを語っているのか？　アメリカでは警官に対する苦情のなかで、過剰な暴力の次に多いのが性的不正行為である。二〇〇五年から一三年のあいだに、四〇五人の警察官がレイプで、二一九人が強制的な肛門性交で逮捕された[97]。イングランドとウェールズでは、二〇一二年から一八年のあいだに警察官に対して一五〇〇件の性的不正行為の訴えがなされている[98]。二〇二一年三月、警察官がイギリス人の若い女性を誘拐し殺害した罪に問われたのを受け、イギリス政府は「警戒プロジェクト（Project Vigilance）」という取り組みの一環として、閉店時間のバーやクラブで私服警官によるパトロールをはじめると発表した。インドでは二〇一四年に女性が四人の警察官に集団レイプされた。その女性は夫の釈放を求めて警察署を訪れていた[99]。フェミニストによる廃止論の理論家と実践者は――その多くが有色の貧しい女性である――、さまざまな場所でコミュニティを基盤とした民主的な制度をつくり、国家の強制装置に頼ることなく性暴力を含む対人暴力を処理している。そして男性に責任をとらせる新しい方法を模索するとともに、国家から受けた扱いを自分がふるう暴力の言い訳にしないよう男性に強く求めている[100]。こうしたプロジェクトは、さまざまな成果を挙げているとはいえ、過酷であることも明らかになった。ジェンダー化された暴力を最も受けやすいまさにその女性たちに、それを終わらせるのに必要な制度をつくるよう求めているからである。もし別のかたちの――監獄主義的ではなく社会主義的な――国家権力によって支えられていたら、そうしたプロジェクトはずっと容易になるにちがいない。収入、住まい、保育が保障されていたら、世界の貧しい女性は自由になり、自分たちのコミュニティをもっと安全で公正にする方法を考えられるようになるはずだ――女性や少女と平等に暮らすのはどういうことか、息子や兄弟やパートナーに教える方法を考えられるようになる。けれどもこれもやはり過酷な仕事であり、法律がしてこなかったこと、またわたしの考えでは法律にはできないことを女性に求める。つまり、女性と男性の関係の最も基本的な条件を変えることである。

無力さには逆説がある。集団化され、はっきりとことばにされて、代表され表象された無力さは、ときに力をもつ。これ自体は悪いことではない。けれども、新しい権力には新しい困難と新しい責任がともなう。これはとりわけ、権力の獲得が倫理的な権威にもとづいている人たちに当てはまる。つまり、新しくよりよい何かを実現するという約束にもとづいている人たちである。フェミニストは権力を放棄すると誓う必要はないが――いずれにせよ、そうするには遅すぎる――、権力を握ったときにどうするか、計画を立てておかなければならない。あまりにも多くの場合、権力をもったフェミニストは自分たちが暴力と深くかかわりあっていることを否定し、困難な選択をする必要がないかのように振る舞ってきた。一部の人を助けることとほかの人を傷つけること、象徴性と実効性、懲罰と解放のあいだの選択である。

多くの場合、権力をもつ人は、それをいかに行使すべきかを最も理解しにくい立場にいる。しかしだからといって、少なくともフェミニストは絶望する必要はない。フェミニズムは運動である。

そこではつねに権力を手に入れられない人がいたし、これからもずっといる――まだ勝利を収めていない人、これまでただ生きのびることが勝利だった人。権力の影響を最も強く受けているこれらの女性たちにこそ、わたしたちは頼らなければならず、頼りながら従わなければならない。

謝辞

まずカロリーナ・サットンに心からお礼を言いたい。わたしより先に、これがわたしの書きたい本だとわかってくれていた。本書に息を吹きこんでくれた担当編集者のアレクシス・カーシュボームとミッチ・エンジェルにも深く感謝している。

次のかたがたに無限の感謝を。わたしが書いたものに最初のホームを与えてくれ、とりわけ「セックスする権利」にホームを与えてくれた（「LRB〔*London Review of Books*〕に載せる文章にはセックスがいくらあってもいい」）マリー＝ケイ・ウィルマーズ。大胆でかしこくて親切な友だちで、わたしが二六歳の誕生日を迎えた二日後に文章を書いてみるべきとすすめてくれたキャサリン・ランデル。ここに収めたエッセイのいくつかを家で書かせてくれたケイティ・ゲマインダー。同じく一部のエッセイを家で書かせてくれたロビン・ビアステッドとピーター・メイヤー。批評をしてくれる同志のテッド・ファーティック。緻密な事実確認をはじめ、いろいろとお世話になったデニス・ゾウ。原稿の準備を手伝ってくれた学生、シンプル・ラジラとロバート・チア。土壇場にとても気前よく、またていねいに原稿を読んでくれたスーザン・ブライソン。本書で語った話のいくつかを提供してくれたオックスフォードとユニヴーシティ・カレッジ・ロンドンのたくさんの教え子たち。オックスフォード大学の政治学・哲学の同僚たち、また第二のホーム以上の存在であるオール・ソウルズ・カレッジの学寮長、フェロー、スタッフには、とても返せないほどの恩を受けている。

次のみんなに愛と感謝を。驚かされてくれて、お返しにわたしを驚かせてくれる両親、チトラとアナンド。たいていわたしの味方をしてくれる姉のスヴェタ、それにサーナ、シムラン、ジョー。大きな期待をかけてくれる祖母のアムママとパトゥマ。頼りになるおばとおじ、ラディとラメシュ。連帯を示してくれるいとこのマドゥ。頑ななまでにやさしいシンディ。長年とんでもなく親切にしてくれているディック・ラッセルとマンディ・ラッセル。ほとんどいつもすばらしく陽気でいてくれる名づけ娘のクリオ。それにグース、わたしのすべて。

友情は途方に暮れるほどの奇跡だ。本書について語りあい執筆中に支えてくれたみんなに愛と感謝を。アレックス・コール、アリス・スポールズ、アンブロジオ・チェザーレ＝ビアンキ、アムロウ・アル＝カディ、カミラ・ドゥビニ、キャット・ノーミル、セシル・ファーブル、チャス・タイラー、クリスチャン・ナカラド、クレア・バーチャル、クレッシー・セント・オービン、ダニエル・ロスチャイルド、ダニー・グロスマン、ダニー・ルーベンス、エド・ホリングスワース、エリ・シャカール、エマ・ホーガン、ファビエンヌ・ヘス、ファジーラト・アスラム、フレッド・ウィルモット＝スミス、ヘンリク・イサクソン、ハーマイオニ・ホビー、ジェーン・フリードマン、ジョアンナ・ビッグス、ジョナサン・ギンガーリッチ、ジョニー・ヤーカー、ジャスティン・ザレンビー、ケイト・ソーンダーズ＝ヘイスティングス、リズ・チャタジー、マルセル・プルジムシンスキー、マリー・ウェルズリー、マシュー・キャンベル、マット・ノット、マーヴ・エムレ、ミラ・ヴェーン、ニック・メイヤー、オッシュ・ジョーンズ、ポール・ロッジ、フィリッパ・ヘザーリントン、ポリー・ラッセル、ロブ・シンプソン、サニヤ・ボゴジェヴィッチ、スティーヴ・ローズ、タビサ・ゴールドストーブ、トム・アダムズ、ヴィクロム・メイサー、ゼイネプ・パムク。

最後に、特別な——心臓が止まるほどの——愛と感謝を三人へ。みんな原稿をていねいに読んでもくれた。

ポール・マイヤーズコフは編集者崇拝を嫌っているけれど、崇拝に値する編集者で、それはこの本を編集してくれたためだけではない。わたしの大好きに耐えてくれてありがとう。

自由への道を旅する仲間ですばらしい友人、いちばんの友だちダニエラ・ドーヴァー。

わたしと同じぐらいこの本のなかにいるソフィー・スミス。〝この体験、私の前の壁‐の‐文‐字を［…］私の傍に雄々しくも立っている女性以外には共有できる者はないことを、私は知っていた。この女性は躊躇せずに「続けるのよ」と言ったのであった。デルフォイの巫女の超然とした態度と誠実さを備えていたのは実に彼女にほかならなかった。だが［…］ほかならぬ［…］私が、この絵文字を見、文字を読み、内部のヴィジョンを与えられていたのだ。あるいはたぶんある意味では、私たちはいっしょにこれを「見て」いたのだ。なぜなら彼女がいなければ、明らかに私は続けることはできなかったから〟（H・D）[*1]。

解説　セックスについて考え、語るということ。フェミニストとして。

清水晶子

私たちの多くは、セックスをするか、したことがあるか、することを想像したことがある。多分、そのうちの多くは、セックスが描写されているのを読んだり見たりしたこともある。それでは、セックスについてわたしたちはどのくらい考えたことがあるだろうか？　セックスについて考えるというのは、つまり何を考えることなのだろう？

性的な連想を誘うような、あるいは露骨に性的な描写を利用していると見えるような広告や宣伝にＳＮＳで批判が集まり、炎上が起きることがある。そのような炎上の最中に「この表現を性的だというフェミニストはなんでも性に結びつけ過ぎ」「普段からエロのことばかり考えているからエロに見えるのだろう」というような言い方を目にしたことはないだろうか。もちろんこういう発言を真に受ける必要は、基本的には、ない。これは、そもそもの批判——公共性の高い団体だの自治体だのの広報が特定層の男性の欲望に訴えることを意図したイメージを使い続ける偏りとか、欲望を喚起すべき存在として描写され続けることが未成年女性のセルフ・イメージに及ぼす影響とかに関わる批判——に応答することを避け、批判者を嘲笑しようとするレトリックに過ぎないのだから。

けれども同時に、こういう発言を見かけるたびに、私はちょっと思ってしまう——そりゃフェミニストはセックスのことを考えているし、なんなら物凄く考えてきたし、セックスをセックスだけで終わらせずにそれがどれだけの広がりと影響力を持つものなのかを論じてきたよ。なんでも性に結びつける？そりゃフェミニストだもの、それを言っても批判にも揶揄にもならないよ？

フェミニストはセックス嫌いなのだとか男嫌いなのだとか、誰かが性的な描写を批判する理由としてそれしか思いつけない人たちは、しばしばそういう言い方をしてきた。けれども、セックスが嫌いなのと男が嫌いなのとは明確に違うし、セックスが嫌いでも男が嫌いでもフェミニストとして問題がないし、セックスが好きか嫌いかは特定の性的描写の社会的・政治的・文化的な効果についての判断に直結しないし、そういうことのひとつひとつについて、そしてさらにその背後にある様々な事柄について、延々と話をする準備があるくらいには、フェミニストたちは——セックスが好きであろうとなかろうと——セックスについて考えてきたし、話をしてきた。そこにはとても豊かな想像力があり、丁寧な思考があり、鋭敏な政治がある。

それだけの蓄積があってもなお、フェミニストがセックスについて語ることは、ときに困難を伴う。セックスは、フェミニストたちが性差別的な社会や文化に抵抗する時にも重要なトピックだったが、それと同時に、思想や政治的立場、さらに個別の経験や心情、属性などの差異にも影響されつつ、しばしばフェミニストたちの間でも大きく見解の割れるトピックでもある。セックスは、政治の問題であり、経済の問題であり、文化的規範の問題であるのと同時に、きわめて個人的で強い感情を喚起する問題でもあるのだ。セックスやそれにまつわる諸々の事柄は、したがって、フェミニストたちの間にもっとも激しい論争と対立を巻き起こすトピックのひとつであり続けてきたと言っても、過言ではない。

フェミニストとして何が適切な見解であり行動なのか、「政治、社会、性、経済、真理、身体の面で女性の従属を終わらせる」(p.viii) ために何をすべきなのか。とりわけセックスをめぐって、フェミニストたちはそれを考えてきたし、そしてその議論と思考は今も何らかの結論に収まることなく続けられている。だからこそ、「この世界でのセックスの政治と倫理」を論じる本書の「まえがき」のしかも初っ端に、著者のアミア・スリニヴァサンはこう書きつけるのだ――「わからない。試してみよう」。

セックスを取り巻く様々な事柄について、あらためて考えるまでもなく経験なり直観なりに基づいて当然に判断が下せるだろう、という前提に立たないこと。様々な立場のフェミニストたちが様々な観点から提示してきた様々な議論のそれぞれが、「女性の従属を終わらせる」ために何をしようとしていたのか、どの「女性の従属」を念頭に置き、どの「女性の従属」を見落としたのか、意図的にあるいはそれと意図せずに、いかなる政治に寄与してきたのか、それを早急に決めつけることなく、複雑で時に混沌とした性の政治を複雑なままに提示し、「必要に応じて不快と葛藤のなかに」(p.xiii) とどまる議論を恐れないこと。本書が提示する、このようなある意味で収まりと居心地の悪いままのフェミニズムは、セックスについて考え語ってきたフェミニストたちの率直でラディカルな勇気、豊穣な議論と政治変革への意志を引き継ぐものに他ならない。

けれども、「完全な帰属」「牧歌的な調和」(p.xiii)の場であることを拒絶するのは、フェミニズムにとって容易なことではない。とりわけ、女性の権利や尊厳、安全が脅威に晒されている時、フェミニズムそれ自体がいわば外部から攻撃されている時、わかりやすい共通性と明快で単純化された解決とを前面に打ち出す誘惑は、いやでも高まらざるを得ない。

　本書の解説を書こうというときに、最初に私の念頭に浮かんだ解説タイトルが「セックス《Re-》を再考する《thinking sex》」だったことは――あまりにもベタ過ぎて気恥ずかしくはあるのだが――ここに記しておいても良いかもしれない。もちろんこれは、ゲイル・ルービンによる一九八四年の論文「性を考える《Thinking Sex》」の焼き直しである。ルービンはこの論文で、セクシュアリティの理論をフェミニズムとひとまず切り離して打ち立てる必要がある、と主張し、セクシュアリティ研究の領域を切り開いて、ゲイ／レズビアン・スタディーズやさらにクィア理論へと続く学術研究のいわば重要な礎のひとつを築いたのだった。「フェミニズムはジェンダーの抑圧についての理論である」とルービンは書いている――「それならフェミニズムは性的な抑圧の理論でもあるのだろう、と自動的に考えてしまうのは、ジェンダーとエロティックな欲望との区別がついていないということに他ならない」(p.307)。とはいえ、これは、セックスやセクシュアリティを考えるにあたってフェミニズムの観点は不要だ、ということではない。自身もフェミニストであるルービンは、「長期的には、ジェンダーのヒエラルキーに対するフェミニズムのクリティークは、セックスに関するラディカルな理論に組み込まれるべきだし、セックスの抑圧のクリティークはフェミニズムを豊かにするはずだ」（p.309）と述べてもいる。

しかし、いずれにせよ長期的にはセックスの考察にもフェミニスト的なジェンダー抑圧の視点を組み込むべきとするなら、なぜ、ルービンはこの両者を一端切り離すことを提案したのか。その背景には、「性を考える《Thinking Sex》」が書かれた時代の、フェミニストを二分する激しい論争があった。本書のとりわけ第2章「ポルノについて学生と話すこと」および本のタイトルにもなった第3章「セックスする権利」で詳しく触れられている、いわゆるフェミニスト・セックス・ウォーズ（あるいはポルノ戦争）である。

スリニヴァサンの丁寧な説明が非常によくまとまっているので詳細については本書を読んでいただくのが良いのだが、この論争はセックスをめぐっての二つの異なるフェミニスト的な立場を土台としている。

一方には、セックスとそれを取り巻く／それを介したジェンダー間の権力の非対称性についてのフェミニストたちの鋭敏な分析があった。すなわち、「いまのセックスは家父長制によって作られたもの――ジェンダー不平等をエロス化したもの――であり、男性と女性の関係に革命を起こさなければ、そこからほんとうの意味で解放されることはない」（p.49）という考え方である。異性間でのすべてのセックスと、それを前提とする婚姻制度や家族制度のすべてに疑いの目を向けるこの発想自体は、間違いなくフェミニスト的なものだ。フェミニズムがこれを全面的に否定することは今でも難しいし、そうすべきだとも思えない。

同時に、同じくセックスをめぐるフェミニストたちの闘争の歴史からは、これとは方向性の異なる別の主張も生まれていた。すなわち、性と身体についての女性自身の決定権と選択の自由を求める主張であり、女性たちが不名誉や恥といったスティグマを課されることなく――結局のところそのようなスティグマはしばしば家父長制に都合よく作られ、利用されてきたのだから――「好きなときに、好きなやりかたで、（同意があるという前提で）好きな相手とセックスする」（p.50）権利を求める主張である。この主張は現在でいう性と再生産に関す《セクシュアル／リプロダクティブ・》る健康と権利《ヘルス・アンド・ライツ》のひとつの下地となるものであり、こちらもまた間違いなくフェミニスト的なものであった。

一九七〇年代半ば頃には前者の主張を強く打ち出すフェミニストを中心に、ポルノこそが性を介在させた家父長制下での女性の隷属を作り出す文化的装置であるとして、反ポルノ的なフェミニズムの運動が盛り上がっていく。これに対して、後者のフェミニストを中心に強い抗議が上がったのが、ポルノ戦争であった。ここで間違えるべきではないのは、規制派フェミニストたちは単に性的なコンテンツを嫌っていたのではなく家父長制の根絶を念頭において闘っていたことであり、同様にポルノ規制に反対するフェミニストたちもまた、単に性的なコンテンツの生産や消費の自由を主張していたのではなく、セックスをめぐるより大きな政治的潮流を警戒していたことである。

スリニヴァサンが述べるように、一九七〇年代から八〇年代にかけて、アメリカ合衆国で人工妊娠中絶を合法化する「ロー対ウェイド」判決（一九七三）が出たことを契機として、右派による大規模なバックラッシュが組織化され始める。「新右翼のイデオロギー的綱領で中心的な位置を占めていたのが、フェミニストの成果を覆すこと」であり、覆すべき成果には「人工妊娠中絶の合法化だけではなく、避妊と産児制限へのアクセス、性教育、ゲイとレズビアンの権利、労働人口への女性の大規模参入」などが含まれていた（p.78）。

このような右派による攻勢の中、道徳的・宗教的保守派を中心として性に関するモラル・パニックが引き起こされることになる。その最大のものは、もちろん、八〇年代初頭から中盤にかけて欧米で巻き起こり九〇年代まで継続したHIV／AIDSにかかわるパニックである。このエピデミックがとりわけゲイ・バイセクシュアル男性を中心とする性的マイノリティへの激しいフォビアとバッシングを呼び起こしたこと、保守派の有力な政治家をはじめとする当時の政権与党がこれを後押しする議論や施策を展開したことは、よく知られている。「性を考える」にも、八四年当時はまだいわば新しかったこのパニックへの警戒が、はっきりと記されている。

けれども、HIV／AIDS危機に伴う同性愛嫌悪の高まりは、いきなりそれだけで生じたわけではない。とりわけよく知られているのは、一九七〇年代の末、米国フロリダ州デイド郡で、同性愛を理由とする差別を反差別法の対象に含める提案が成立したことに伴う、モラル・パニックである。この提案に反対したキリスト教保守層は、男性同性愛者は少年たちを同性との性行為へと誘惑する危険な存在であるとして、「同性愛者から子どもを守れ」とする大々的なキャンペーンを張って人々の危機感を煽り、これを撤回させることに成功する。（異性愛）家族、とりわけ子どもの安全に対する脅威として性的マイノリティへの攻撃を煽る手法は、その後アメリカ合衆国を中心に宗教的右派勢力が繰り返し利用する常套手段となるが、その代表的成功例のひとつがこの時のモラル・パニックだった。

そして、このような政治的潮流の中、「ラディカル・フェミニストのポルノグラフィ批判は、保守派のイデオロギーとうまくかみあ」うことになる（p.78）。実際、ポルノ規制が真っ先にターゲットとしたのは、家父長制を担う最大層であるはずの異性愛男性むけの「昔ながらのポルノ、つまりストレートの「脱いで、フェラして、ヤって、イく」ポルノ」、「女性はヤられるために存在して、そうされるのが大好きだ」とのメッセージを伝えるポルノ（p.81）ではなかった。代わりに真っ先に非難と取り締まりのターゲットになったのは、女性がトップを引き受けることも多いSMであり、男性による女性の隷属を作り出す直接的な効果という点では異性愛ポルノにかなり劣るはずのゲイ・ポルノである。反規制派のフェミニストから見れば、したがって、保守派と手を組んでポルノ規制を推進することは、「多数派セクシュアリティのヘゲモニーを強化することであり、多数派のミソジニーを強化することにほかならない」（p.81）ものと映ったのだ。

「性を考える《Thinking Sex》」は、まさにこのような状況を背景として、セックスをめぐる多数派の権力と国家や行政による規制に対して明確に批判的な立場から書かれた論文である。反規制派のこの立場は九〇年代の第三波フェミニズムにおいては主流のものであり、フェミニスト・セックス・ウォーズにはいったん決着がついたかと思われた。そこから三十年近くが経ったが、はっきりとフェミニストの立場からセックスを中心的なテーマとして議論している点で、本書に収録されたスリニヴァサンによる五本（表題作「セックスする権利」に付け加えられた「コーダ――欲望の政治」を一本と数えるなら六本）の論考は、いずれも、いわば「性を考える《Thinking Sex》」に連なる系譜にあると言って良い。

ただ、本書からルービンの論考が想起される理由はそれだけではないし、それが最大の理由でもない。最大の理由は、両者が書かれたその政治的・文化的背景の共通性にある。ルービンの論考がフェミニスト・セックス・ウォーズを――すなわち、フェミニズム自体への右派からの攻撃の高まりを背景として、フェミニストが性をめぐって真っ二つに割れ、そして意図せずして保守派が推進しようとしていた文化政治を後押しすることにもなった論争を――背景としていたとするなら、スリニヴァサンもまた、フェミニスト・セックス・ウォーズ以来の対立が三十年以上の時をはさんでフェミニスト間で再燃し、その対立が保守派の文化政治に力を与えつつある時代を背景として、『セックスする権利』を書いているのだ。

この対立は、米国の文脈では、二〇一〇年代の後半、トランプ大統領の登場と時を前後して再燃した「文化戦争《カルチャー・ウォー》」の重要な構成要素として現れる。「文化戦争《カルチャー・ウォー》」とは、一連のイシュー――妊娠中絶をはじめとする性と再生産に関する健康と権利《セクシュアル／リプロダクティブ・ヘルス・アンド・ライツ》、LGBTの人権、人種主義など――に関する価値観をめぐって社会が激しく二極化して政治的に対立する状況を指す。米国では、妊娠中絶、銃規制、同性愛、そしていわゆるポリティカル・コレクトネスなどをめぐって九〇年代に一度大きく盛り上がり、その後しばらく沈静化したのち、二〇一〇年代後半に再び火がついて二〇二二年現在に至っている。この現在の「文化戦争《カルチャー・ウォー》」において、人種主義批判やコロナ禍におけるマスク着用義務などと並んで右派の集中攻撃のターゲットとなっているのが、トランスジェンダーの人権である。

とはいえ、米国では、トランスジェンダーの人権をめぐる対立は「文化戦争《カルチャー・ウォー》」の一部ではあっても、フェミニズムを二分する論争には——少なくとも今のところは——なっていないと言えるだろう。これがフェミニスト・セックス・ウォーズに匹敵する分断をもたらしているのは、英国である。より正確にいえば、英国のこの構図はフェミニスト・セックス・ウォーズに単に匹敵するばかりでなく、まさにそこから続いているものに他ならない。七〇年代から八〇年代にかけて極めてトランス嫌悪的な主張を展開したのと同じ一部のラディカル・フェミニストたちが現在のトランス排除的なフェミニズム運動においても重要な役割を果たしており、より若い世代を中心とするトランス包摂的なフェミニストたちがこれと激しく対立するようになっているのだ。

そして、フェミニスト・セックス・ウォーズにおいてと同様に、このようなフェミニスト間での対立は右派の文化政治に利用されつつある。ラディカル・フェミニストたちのポルノ批判が保守派のイデオロギーとうまくかみあってしまったように、英国発のトランス排除的フェミニズムの一部は、米国に渡って「文化戦争《カルチャー・ウォー》」における右派の主張を——その右派がそれ以外のところで女性嫌悪的な主張をしていたり、人工妊娠中絶禁止派《プロ・ライフ》であったりする場合でさえ――支持し、あるいはカナダやオーストラリア、欧州各地に渡って、同じようにそれぞれの土地での宗教・道徳右派と合流しているのである。

フェミニズムに対する攻撃の高まり、そしてフェミニスト間での見解の対立の激化を背景としながら、極めて賭け金の高いトピックである「セックス」を正面から論じることで、その双方に介入しようとすること。その点においてこそ、『セックスする権利』はルービンの「性を考える《Thinking Sex》」を貫くフェミニスト的態度《アティチュード》を継承する著作だ、と言える。しかしこれは、八〇年代にルービンが成し遂げたことをスリニヴァサンが二〇二〇年代に単に繰り返したということでは、もちろん、ない。両者の最大の違いは、ルービンがおそらくは意図的に当時の規制派フェミニズムに明確に対立する立場を取り、「性を考える」仕事をいわばフェミニズムから一度切り離そうとしたのに対して、スリニヴァサンは様々に異なるフェミニストの見解のそれぞれの背景や効果を丁寧に考えつつ、あくまでもフェミニストとしてその仕事を引き受けようとする、という点だろう。

スリニヴァサン自身が書いているように、本書は「セックスワーカーの権利、監獄政治の破壊的な性質、現代のセクシュアリティの病など、一部の問題については〔……〕断固とした立場をとっている」が、問題によっては「入り組んでいてむずかしいことを単純化して簡単なものにしたくないので、どちらともつかない立場をとっている」(p.xii)。とはいえ、実際に読んでいただければ、これが、様々な問題を二種類に分けて、一方については直ちに「断固とした立場」を表明し、他方については曖昧に誤魔化してしまう、といった話でないことは、明らかだろう。むしろスリニヴァサンが本書で行っているのは、まずは入り組んでむずかしい事柄について、このように論じるとああいう問題が生じる、あのように考えるとこの点が見落とされてしまう、と進んでは後戻りし、少し向きを変えてまた進んでいくような、フェミニズムの思考の筋道を示すことであり、その中でどうしても妥協できない、譲るわけにはいかない点として残ったものについて「断固とした立場」をとることである。

したがって、たとえば第1章「男たちに対する陰謀」では、レイプのぬれぎぬを着せられて人生を破壊される危険を主張するいわゆる「男性の権利」の擁護者の議論に反駁したのち、けれども「女性（による告発）を信じよう」という主張が現状では「インターセクショナリティの要求と衝突する」（p.24）ことを批判する。しかしもちろんこれは「女性を信じるわけにはいかない」という議論に落ち着くわけではない。むしろそこから議論は、セックスをめぐる同意をとりまく複雑な文化規範、望まれたセックスと望まれないセックスの線引きの難しさにおよび、さらにそこからそもそもセックスをめぐる暴力の問題のすべて、望まれないセックスをとりまく問題のすべてを規制と法律とで解決することは可能なのだろうか、という反語的な問いと、だとすれば問題を避ける別の方法――単純に法に照らし合わせて誰かを処罰して終わりにするのとは異なる方法――をフェミニズムは見つけ出さなくてはいけないだろう、という提案に辿り着く。

第2章「ポルノについて学生と話すこと」でも、ポルノ戦争の振り返りから始まって、けれども反ポルノ派のフェミニストたちの議論を単に「家父長制のもとでのセックスに不安を抱」(p.55) いてポルノの効果を過大評価したものとして退けるのではなく、むしろ物心ついたときにはオンライン・ポルノに囲まれていた現在の学生の世代にとってこそ極めて切実な問題を提起する、いわば「先見の明」(p.55) のあるものだったのではないか、と考える。その上で、ポルノに権威を与えているのは誰/何かを問い、国家による取り締まりの弊害、多数派セクシュアリティの支配性の問題、さらにはポルノ産業で働く女性たちをいかに守るのかという問題へと進んで、最終的に「主流ポルノ」の批判的な分析とそれに対抗しうる性教育についての考察が示される。

セックスに関する困難でいわば「炎上」しやすいトピックを、それをとりまく議論をあちらからこちらへと丁寧に往還して解きほぐしつつ考えていくこの手つきは、第3章以降においてもまったく同じである。「セックスする権利」とそれに続く「コーダ——欲望の政治」は、「他人にセックスするよう要求する権利など誰にもない」という極めて真っ当な主張だけにとどまることなく、「欲望の政治化」という、はるかにややこしくてリスキーなテーマに踏み込み、欲望を変化させることの政治的な意味にまで議論を進める。「教え子と寝ないこと」は、セクシュアル・ハラスメントをめぐる議論を追いつつ、けれどもこれを法律や学内規則の問題ではなく、あくまでも教育の質の問題として捉え直そうとする。「セックス、監獄主義、資本主義」は、セックスワーク(そして女性の「労働」一般)をめぐる議論から、そもそも「政治の名のもとに人びとをひどい目に遭わせたくはない」(p.223) とするコンバヒーリバー・コレクティヴの原則を経て、監獄フェミニズム批判、すなわち国家権力と資本主義に対する批判へと話が進む。

セックスに関連して現代社会でしばしば話題に上がるこれらのトピックについてフェミニズムが何を言っているのか、それを簡潔に知りたいという読者には、本書のこのような議論の進め方はもどかしく感じられるかもしれない。しかし、しばしば話題となり、けれどそのたびに女性や性的マイノリティに対する攻撃に繋がったり、フェミニストたちの間に激しい対立を引き起こしたりするトピックであり、それゆえに「あちらか、こちらか」といった単純明快でわかりやすい議論に落とし込んでそれ以上余計なことを言わないよう求められやすいトピックであるからこそ、そのような単純化の要請を拒絶するスリニヴァサンの手つきは、きわめて貴重なものだ。それは、フェミニスト・セックス・ウォーズでの激しい対立を歴史として知っており、けれどもそこからある程度の距離を取ることのできる世代のフェミニストだからこそ、可能なアプローチでもあるのかもしれない。理由は何であれ、それぞれのトピックについての自らの立場は明らかにしつつ、それとは異なる(あるいはそれとはほぼ反対の)立場についてもフェミニスト的に説得力があり耳を傾けるべき部分があればそれを汲み上げて検討していくスリニヴァサンの議論は、セックスをめぐるフェミニストの議論の豊穣さ、その鋭い政治性を、あらためて私たちに示してくれる。

そう、フェミニストとしてセックスについて考えるとは、語るとは、こういうことではなかったか。救いがたいセクシストの身勝手なコメントに反論したり、「良いセックス」を峻別してあらゆる人に押し付けようとする保守派を批判したり、逆にセックスは人間の本能であり常に本質的に素晴らしいのだという楽観主義者に嘆息したりするのに忙殺されるのではなく、セックスとそれをとりまく政治についてゆっくり考える時間、セックスをとりまく世界を今とは違うものへといかに変容させられるか、現在の、そして過去のフェミニストたちと共に考え語りあう時間が、私たちにはもっと必要ではないのか。『セックスする権利』は、セックスについてもっときちんと考え、そして語ろうとする読者にとって、そのような時間を共にする非常に優れた伴侶になるだろう。その読者がフェミニストでなかったとしても、けれどもフェミニストであるならなお一層のこと。

文献

Rubin, Gayle., 1984, "Thinking Sex：Notes for a Radical Theory of the Politics of Sexuality," Carole Vance, ed., *Pleasure and Danger*, London: Routledge.〔ゲイル・ルービン（河口和也訳）「性を考える」『現代思想』25-6, 94-144、引用は原典より、清水訳。〕

〝セックスする権利〟はあるのか。エリオット・ロジャーのようなインセルが主張するセックスする権利は、もちろんない。著者アミア・スリニヴァサンの答えは明確である。「セックスする権利はない」(p. 132)。「ほかのだれかとセックスしなければならない義務など、だれにもない」のであって「これはあまりにも自明の理である」(p. 121)。

だが、そこで話は終わりではない。

ロジャーがセックスできなかったのは、ひとつには彼が殺人を犯すような人間であり、自分はセックスできてしかるべきすぐれた人間だという考えにこだわっていたせいでもある。しかし他方で、わたしたちの欲望が家父長制とレイシズムの規範にもとづいた性的魅力の基準に沿って形成されていることもまた事実ではないのか？「だれの身体がセックスする相手にステータスを与えるのか」(p. 118) を反映した〝ファッカビリティ〟によって、性的に求められる者と求められない者が決まっているのもたしかなのではないだろうか。エリオット・ロジャー事件へのフェミニストのコメントでは、そうした欲望のありかたについて、つまり「男性の欲望と女性の欲望、および両者のイデオロギー的な形成について」(p. 107) はほとんど語られなかったとスリニヴァサンは言う。

もちろん、「あなたの欲望はほんものの欲望ではなく、家父長制、レイシズム、資本主義によって形成されている」と説く欲望のイデオロギー批判は、説教じみたものになりかねない。実際、そうした主張を展開する一九六〇年代と七〇年代の第二波フェミニズムの一派に反発し、イデオロギー批判よりも女性個人の選択を優先させて「同意」を基準にセックスを考える〝プロ・セックス〟のフェミニズムがその後は優勢になる。

スリニヴァサンも一方でイデオロギー批判がモラリズムに陥りかねないことを認める。しかし他方でこうも論じる。「欲望の政治的批判を完全に放棄するフェミニズムは、おそらくフェミニズムを最も必要とする女性たちを苦しめる排除や誤承認の不正義についてほとんど何も語らないフェミニズムである」(p. 127)。欲望は実際に家父長制やレイシズムや資本主義によって歪められ、それらを通じて形成されているのであって、そこに目を向けないフェミニズムは、ほんとうに苦しい立場に置かれた女性の役には立たない。

「したがって問題は、この相反するふたつのあいだにいかにとどまるかだ。つまり、ほかの人を欲望の対象とする義務はだれにもなく、欲望の対象にされる権利もだれにもないと認める一方で、だれが欲望の対象になり、だれがならないのかは政治的な問題であって、この問題への答えは多くの場合、支配と排除のより一般的なパターンに見いだされることも認める、ということである」(p. 127)。

「相反するふたつのあいだ」にとどまろうとすること。それこそが、本書でスリニヴァサンが展開する議論の特徴にほかならない。つまり、説教じみたものになるのを避けながら構造的暴力の批判を継承しようとするのがスリニヴァサンであり、それに取り組むにあたっては、多様な立場のフェミニズム思想を幅広く援用し批判的に受容する。アンジェラ・デイヴィスやベル・フックスといった思想家だけでなく、キャサリン・マッキノンやシュラミス・ファイアストーンといった第二波のフェミニストやシルヴィア・フェデリーチら社会主義フェミニストなど、いまとなってはやや時代遅れと見なされがちな論者たちも真剣に受けとめる。それは彼女たちの（解決策にではないにせよ）問題提起に有益なものを認めるからだ。

スリニヴァサンは、いずれかのフェミニズムの立場を完全に斥けることもなければ、無批判に受け入れることもない。それはフェミニズム思想のこれまでの蓄積に豊かさを見いだし、さまざまな立場にフェアに向きあうことでフェミニズムの内部で生産的な対話をすべきだと確信しているからである。たとえば『ラディカル・フィロソフィー』誌でのインタビューでは次のように語っている。「フェミニストの意見の相違の輪郭を描きだすことは知的に生産的だし、スリリングですらあることを学生に示すこと。読み、解釈し、議論するという厳しく細かい作業を通じて個人が大きく変化することが可能になるのだと学生に示すこと。それがわたしの目標のひとつです[1]」。

「個人が大きく変化する」のをあと押しする——さまざまなフェミニスト思想家と向きあうことによって、スリニヴァサンが本書で試みているのもまさにそれだと言える。いま理解され感じられている欲望はあまりにも狭く限定され固定されていて、それが不平等で不自由な性関係および社会関係の根底にある。

欲望はいまのかたちである必要はまったくない。「性についての好みは変えられるし、実際に変わる」とスリニヴァサンは言う。「さらにいうなら、性的欲望はかならずしも自分自身の感覚ときれいに一致するわけではない。〔…〕欲望は政治によって選ばれたものに逆らい、欲望そのもののために選ぶことができる」(p. 128)。

その先にこそ、いまとは異なる、より自由な社会の可能性がある。

いうまでもなく、スリニヴァサンの議論は行為遂行的《パフォーマティヴ》だ。現在の欲望のありかたおよび欲望の捉えかたの狭さと限界をことばによって明らかにし、さらに広い可能性に道をひらく。実際これはフェミニストがずっと取り組んできたことにほかならない。

フェミニズム思想とセックスをめぐる諸問題を論じ、よりよい世界のありかたを追求するにあたって、スリニヴァサンは「入り組んでいてむずかしいことを単純化して簡単なものにしたくない」(p. xiii)と言う。しかし一部の問題では「断固とした」立場をとる。その価値判断を支えているのが、インターセクショナリティの視点である。これは「単なる差異への配慮」としてのインターセクショナリティではない。「どの解放運動であっても──フェミニズムでも、反レイシズムでも、労働運動でも──関係する集団(女性、有色の人びと、労働者階級)の全員が共有するものだけに焦点を合わせる運動は、その集団の最も恵まれた人たちにいちばんプラスになる運動だ」(p. 24)と考えるインターセクショナリティである。

「家父長制の抑圧の「純粋な」事例だけを――カースト、人種、階級の要因によって「複雑化されていない」事例だけを――扱うフェミニズムは、結局のところ豊かな白人やカーストの高い女性のニーズに資するものになる」(p. 24) という視点、それがスリニヴァサンの議論の根底にある。たとえば、「女性を信じよう」というすべての女性の側に立つように思われる主張は、黒人男性に対する不当な告発を増やし、黒人のとりわけ貧しい女性の生活に否定的な影響を与えることにつながりかねないとスリニヴァサンは警告する。

また同様のことはポルノやセックスワークの問題にも当てはまる。全女性の解放や家父長制の解体の名のもとにポルノを規制したりセックスワークを犯罪化したりすると、それらの産業で働く(多くの場合すでに弱い立場にいる)女性たちの生活がさらに厳しくなる。「フェミニストとして、わたしたちは政治の名のもとに人びとをひどい目に遭わせたくはない」――コンバヒーリバー・コレクティヴの声明書からこのくだりを引用したうえで、スリニヴァサンは次のように主張する。「いま生きている人の生活をよくすることと、よりよい未来を目指すための主張を譲らないこと、そのどちらかを選ぶ際には、前者を選ばなければならない」(p. 223)。この視点が、監獄主義および国家権力と法律の使用に反対する彼女の「断固とした」立場を支えている。

ジェンダー、人種、階級などにおいて最も弱い立場にいる人の現実の生活をつねに見すえつつ、フェミニズムの豊かな蓄積をふまえて、家父長制、レイシズム、資本主義がいかにセックスをめぐる現状をかたちづくっているのかを浮き彫りにする。説明と解釈、規範的な視点とひらかれた姿勢を組み合わせながら、論理的かつフェアに建設的な批判を展開する『セックスする権利』は、セックスをめぐるフェミニズムの思想と運動の歴史、およびセックスをめぐる現代の問題を概観するのにきわめて有用な一冊である。簡単でわかりやすい答えを示してくれるわけではない。しかし本書が言語化するものは、「世界をすっかり変える」ために「試してみる」(p. viii)にあたって、また「女性の格闘に潜在する彼女たちの生の可能性を明らかにし、その可能性をたぐり寄せる」(p. xiv)にあたって、信頼できる出発点を提供してくれる。

著者のアミア・スリニヴァサンは、二〇二〇年にオックスフォード大学オール・ソウルズ・カレッジ社会政治理論チチェリ講座教授に初めての女性、非白人として最年少(三十六歳)で就任した。アイザイア・バーリンやチャールズ・テイラーら著名な思想家が就いてきたポストである。

研究者としてのスリニヴァサンのバックグラウンドは分析哲学であり、それはかならずしも直接的にフェミニズム思想と結びついていたわけではない。しかしスリニヴァサンは大学院生のときに友人からすすめられて『第二の性』を読み、それをきっかけにみずから課外の読書会をつくって、ジュディス・バトラーなどフェミニストの文献に親しんだという。査読つきの学術誌に論文を発表するほかに、一般向けにもさまざまなテーマでエッセイや批評を書いていて、たとえば日本でも話題になったピーター・ゴドフリー゠スミス『タコの心身問題』（夏目大訳、みすず書房）の書評は二〇一七年のベストエッセイとしてニューヨーク・タイムズ紙のシドニー賞を受けた。『セックスする権利』は最初の著書であり、英米をはじめとする世界中の主要媒体の多くでインタビューや書評が掲載されてすでに高い評価を得ている。現在は認識論および批判的系譜学の歴史と政治についての単著を執筆中である。

きわめて緻密かつ誠実に書かれた本書を翻訳する機会を得られたのは幸運だったが、当然ながらこの作業をひとりで完成させることはとうていかなわなかった。刊行にこぎつけることができたのは、ひとえに勁草書房編集部の伊従文氏のおかげである。専門知識とセンスを動員し、熱意をもって本書の編集と制作にあたってくださった伊従氏には最大限のお礼をもうしあげたい。また、現在と過去のコンテクストをふまえ、本書の特徴と位置づけをこのうえなく明確に示す解説を寄せてくださった清水晶子氏にも深く感謝もうしあげる。清水氏からは用語や翻訳についても貴重な助言をいただいた。重ねてお礼をもうしあげたい。最後に、本書にすばらしい装いを与えてくださったデザイナーの佐々木暁氏に心からの感謝と拍手を。

二〇二二年一一月二九日

山田文

1 'What should feminist theory be? An interview with Amia Srinivasan', *Radical Philosophy*, No. 212, Spring 2022, p. 50.

2 'The Sucker, The Sucker! What's it like to be an Octopus', *London Review of Books*, Vol. 39, No. 17, 7 September 2017, pp 23–25.

［著者略歴］
アミア・スリニヴァサン（Amia Srinivasan）
1984年バーレーン生まれ。ロンドン、ニューヨーク、シンガポール、台湾で育つ。現在はオックスフォード大学オール・ソウルズ・カレッジ社会政治理論チチェリ講座教授。セックス、死、タコ、怒り、サーフィン、代名詞の政治など幅広いテーマについて、寄稿編集者を務める『ロンドン・レヴュー・オブ・ブックス』をはじめ『ニューヨーカー』『タイムズ・リテラリー・サプリメント』『ニューヨーク・タイムズ』などに文章を寄せている。オックスフォード在住。

［訳者略歴］
山田文
翻訳者。訳書にキエセ・レイモン『ヘヴィ――あるアメリカ人の回想録』（里山社）、ヴィエト・タン・ウェン『ザ・ディスプレイスト――難民作家18人の自分と家族の物語』（ポプラ社）、ダレン・マクガーヴェイ『ポバティー・サファリ――イギリス最下層の怒り』（集英社）、デイヴィド・ヴィンセント『孤独の歴史』（東京堂出版）などがある。

［解説者略歴］
清水晶子
東京大学大学院総合文化研究科教授。東京大学大学院人文科学研究科英語英米文学博士課程修了、ウェールズ大学カーディフ校批評文化理論センターで博士号を取得。専門はフェミニズム／クィア理論。著書に『フェミニズムってなんですか？』（文藝春秋）、『ポリティカル・コレクトネスからどこへ』（共著、有斐閣）、*Lying Bodies: Survival and Subversion in the Field of Vision*（Peter Lang Publishing）など。

［カバー作品］
潘逸舟　無題　2006年
ラムダプリント　H102.8 × W205.5cm

「この写真は、祖母が幼少期に見た結婚式の様子を聞き、花嫁が赤い布を被るというその光景を想像しながら自らの身体に置き換えたセルフポートレートである。私は祖母が見たのが「誰」であるのかを知らない。身体のアイデンティティとしての顔は、隠されることによって記号化され、人々に歓迎される象徴となる。新たな身分へと移り変わるその身体は、布の内側でどのような表情をしているのだろうか。」

セックスする権利

2023年1月30日　第1版第1刷発行

著　者　アミア・スリニヴァサン

訳　者　山《やま》田《だ》文《ふみ》

発行者　井村寿人

発行所　株式会社勁《けい》草《そう》書房

112-0005　東京都文京区水道2-1-1
（編集）電話03-3815-5277／FAX03-3814-6968
（営業）電話03-3814-6861／FAX03-3814-6854

装幀・組版　佐々木暁

印刷・製本　三秀舎・松岳社

ISBN978-4-326-65439-0　Printed in Japan

＊落丁本・乱丁本はお取替いたします。
ご感想・お問い合わせは小社ホームページから
お願いいたします。
https://www.keisoshobo.co.jp

索引

【ま・や行】

【ら・わ行】

参考文献

法律文書

Alexander v. Yale University, 459 F. Supp. 1 (D. Conn. 1979), 631 F. 2d 178 (2d Cir. 1980).

Cal. Educ. Code §67386.

Complaint, *Bonsu v. University of Massachusetts – Amherst*, Civil Action No. 3:15-cv-30172-MGM (District of Massachusetts, Sept. 25, 2015).

Lanigan v. Bartlett & Co. Grain, 466 F. Supp. 1388 (W.D. Mo. 1979).

Mass. Gen. Law 265, §22.

Miller v. Bank of America, 418 F. Supp. 233 (N.D. Cal. 1976).

Munford v. James T. Barnes & Co., 441 F. Supp. 459 (E.D. Mich. 1977).

Naragon v. Wharton, 737 F.2d 1403 (5th Cir. 1984).

Okla. Stat. 21 §113.

R. v. Butler (1992) 1 S.C.R. 452.

R v. Cogan and Leak (1976) QB 217.

R. v. Scythes (1993) OJ 537.

R.A.V. v. City of St. Paul, Minnesota 505 U.S. 377 (1992).

St. Paul Bias-Motivated Crime Ordinance, St. Paul, Minnesota Legislative Code §292.02 (1990).

State v. Cuni, 733 A.2d 414, 159 N.J. 584 (1999).

Wis. Stat. §940.225(4).

原注・訳注

まえがき

1 次を参照のこと。Judith Butler, *Gender Trouble: Feminism and the Subversion of Identity* (Routledge, 2010 [1990]), p. 10.〔ジュディス・バトラー『ジェンダー・トラブル――フェミニズムとアイデンティティの攪乱』新装版、竹村和子訳、青土社、2018年、28–9頁〕

2 Simone de Beauvoir, *The Second Sex*, trans. Constance Borde and Sheila Malovany-Chevallier (Vintage, 2011 [1949]), pp. 765–6.〔ボーヴォワール『第二の性　決定版　II体験　下巻』『第二の性』を原文で読み直す会訳、新潮文庫、2001年、474–6頁〕

3 こうした近年の展開の一部について論じたものとして、次を参照のこと。Verónica Gago, *Feminist International: How to Change Everything*, trans. Liz Mason-Deese (Verso, 2020).

4 David R. Roediger, *The Wages of Whiteness: Race and the Making of the American Working Class* (Verso, 2007 [1991]), p. x.〔デイヴィッド・R・ローディガー『アメリカにおける白人意識の構築――労働者階級の形成と人種』小原豊志、竹中興慈、井川眞砂、落合明子訳、明石書店、2006年。引用部分は邦訳には含まれていないため新たに訳出した〕

5 Bernice Johnson Reagon, 'Coalition Politics: Turning the Century' [1981], in *Home Girls: A Black Feminist Anthology*, ed. Barbara Smith (Kitchen Table: Women of Color Press, 1983): 356–68, p. 359.

男たちに対する陰謀

1 Liz Kelly, Jo Lovett and Linda Regan, 'A gap or a chasm?: Attrition in reported rape cases', Home Office Research Study 293 (2005): http://webarchive.nationalarchives.gov.uk/20100418065544/homeoffice.gov.uk/rds/pdfs05/hors293.pdf, p. 50. この調査とのちに論じる全米冤罪事件記録（National Registry of Exonerations）のことは、サンドラ・ニューマンの次の論文で知った。Sandra Newman, 'What kind of person makes false rape accusations?', *Quartz* (11 May 2017): https://qz.com/980766/the-truth-about-false-rape-accusations/. 冤罪記録の使用について助言をくれたニューマンにお礼を言いたい。

2 Kelly et al., 'A gap or a chasm?', p. 47. この研究では、8%という高いほうの数字ですら「本研究で聴き取り調査をした警察官たちが推定する虚偽通報の規模よりもかなり小さい」と述べている（同上、p. xi）。

3 Federal Bureau of Investigations, *Crime in the United States 1996, Section II: Crime Index Offenses Reported* (1997): https://ucr.fbi.gov/crime-in-the-u.s/1996/96sec2.pdf, p. 24.

4 Bruce Gross, 'False Rape Allegations: An Assault on Justice', *The Forensic Examiner*, vol. 18, no. 1

(2009): 66–70, p. 66; and Kelly et al., 'A gap or a chasm?'. イギリス内務省の報告書では「被害者と加害者の関係が深いと、事件が虚偽とされる可能性が低くなる」と結論している (p. 48)。一方、インタビューを受けた数人の警察官は、加害者とされる人物と女性が知りあいの場合、その女性が言うことは個人的に信じない傾向にあると告白している。

5 Joanna Jolly, 'Does India have a problem with false rape claims?', *BBC News* (8 February 2017): https://www.bbc.co.uk/news/magazine-38796457

6 Indian Ministry of Health and Family Welfare, 'National Family Health Survey (NFHS-4)' (2015–2016): https://dhsprogram.com/pubs/pdf/FR339/FR339.pdf, p. 568.

7 Newman, 'What kind of person makes false rape accusations?'

8 イギリスでは、イングランドとウェールズだけで毎年、16歳から59歳までの男性1万2,000人がレイプ、レイプ未遂、挿入による性的暴行を経験している (Home Office and the Office for National Statistics, 'An Overview of Sexual Offending in England and Wales' (2013): https://www.gov.uk/government/statistics/an-overview-of-sexual-offending-in-england-and-wales)。大量投獄のせいでアメリカは男性のレイプ〔被害〕率が女性に匹敵するかもしれない唯一の国になっている (Christopher Glazek,'Raise the Crime Rate', *n+1* (Winter 2012): https://nplusonemag.com/issue-13/politics/raise-the-crime-rate/; and Jill Filipovic, 'Is the US the only country where more men are raped than women?', *Guardian* (21 February 2012): https://www.theguardian.com/commentisfree/cifamerica/2012/feb/21/us-more-men-raped-than-women)。

9 'The National Registry of Exonerations', *The National Registry of Exonerations*: https://www.law.umich.edu/special/exoneration/Pages/about.aspx. 不当な有罪判決について、信頼できる推定数を出すのはむずかしい。通常は無実の罪が晴らされた割合にもとづいてその数を推定するからであり、それはせいぜい不当な有罪判決の数を示す非常におおざっぱな代用データにすぎない。無実の罪が晴らされた人のデータから不当な有罪判決の割合を推定する複雑さについては、次を参照のこと。Jon B. Gould and Richard A. Leo, 'One Hundred Years Later: Wrongful Convictions After a Century of Research', *Journal of Criminal Law and Criminology*, vol. 100, no. 3 (2010): 825–68. ヴァージニア州で、性的暴行が関係する事件の不当な有罪判決が11.6%もあると推定する最近の研究として、次を参照のこと。Kelly Walsh, Jeanette Hussemann, Abigail Flynn, Jennifer Yahner and Laura Golian, 'Estimating the Prevalence of Wrongful Convictions', *Office of Justice Programs' National Criminal Justice Reference Service* (2017): https://www.ncjrs.gov/pdffiles1/nij/grants/251115.pdf

10 'The National Registry of Exonerations'.

11 'Perpetrators of Sexual Violence: Statistics', *RAINN*: https://www.rainn.org/statistics/perpetrators-sexual-violence

12 Samuel R. Gross, Maurice Possley and Klara Stephens, 'Race and Wrongful Convictions in the United States', *National Registry of Exonerations* (2017): http://www.law.umich.edu/special/exoneration/Documents/Race_and_Wrongful_Convictions.pdf, p. iii.

13 Bernadette Rabuy and Daniel Kopf, 'Prisons of Poverty: Uncovering the pre-incarceration incomes of the imprisoned', *Prison Policy Initiative* (9 July 2015): https://www.prisonpolicy.org/

reports/income.html

14 次に引用。Mia Bay, 'Introduction', in Ida B. Wells, *The Light of Truth*, ed. Mia Bay (Penguin Classics, 2014): xix–xxxi, p. xxv.

15 Ida B. Wells, 'A Red Record. Tabulated Statistics and Alleged Causes of Lynchings in the United States, 1892-1893-1894' [1895], in Wells, *The Light of Truth*: 220–312.

16 Sheila Weller, 'How Author Timothy Tyson Found the Woman at the Center of the Emmett Till Case', *Vanity Fair* (26 January 2017): https://www.vanityfair.com/news/2017/01/how-author-timothy-tyson-found-the-woman-at-the-center-of-the-emmett-till-case

17 植民地のコンテクストにおけるレイプの不当な告発を論じたものとして、次を参照のこと。Amirah Inglis, *The White Women's Protection Ordinance: Sexual Anxiety and Politics in Papua* (Chatto and Windus, 1975); Norman Etherington, 'Natal's Black Rape Scare of the 1870s', *Journal of Southern African Studies*, vol. 15, no. 1 (1988): 36–53; John Pape, 'Black and White: The "Perils of Sex" in Colonial Zimbabwe', *Journal of Southern African Studies*, vol. 16, no. 4 (1990): 699–720; Vron Ware, *Beyond the Pale: White Women, Racism and History* (Verso, 1992); Jenny Sharpe, *Allegories of Empire: The Figure of Woman in the Colonial Text* (University of Minnesota Press, 1993); Alison Blunt, 'Embodying war: British women and domestic defilement in the Indian "Mutiny", 1857–8', *Journal of Historical Geography*, vol. 26, no. 3 (2000): 403–28; David M. Anderson, 'Sexual Threat and Settler Society: "Black Perils" in Kenya, *c.* 1907–30', *The Journal of Imperial and Commonwealth History*, vol. 38, no. 1 (2010): 47–74; and David Sheen, 'Israel weaponizes rape culture against Palestinians', *The Electronic Intifada* (31 January 2017): https://electronicintifada.net/content/israel-weaponizes-rape-culture-against-palestinians/19386

18 アメリカの黒人男性は白人男性の7倍、殺人で誤った有罪判決を受けやすい（Gross et al., 'Race and Wrongful Convictions', p. 4）。平均すると、同じ犯罪で黒人男性は白人男性より20%長い刑を受けている（Joe Palazzolo, 'Racial Gap in Men's Sentencing', *The Wall Street Journal* (14 February 2013): https://www.wsj.com/articles/SB10001424127887324432004578304463789858002）。黒人少女は少年司法制度にはいるとき、ほかのどの人種の少女より厳しい罰を受ける（Kimberlé Williams Crenshaw, Priscilla Ocen and Jyoti Nanda,'Black Girls Matter: Pushed Out, Overpoliced and Underprotected', *African American Policy Forum* (2015): https://www.atlanticphilanthropies.org/wp-content/uploads/2015/09/BlackGirlsMatter_Report.pdf, p. 6）。黒人少年は白人少年の3倍、黒人少女は白人少女の6倍、停学処分を受けている（同上、p. 16）。人口の27%を黒人が占めるニューヨーク市では、警察に呼びとめられる全女性の53.4%、全男性の55.7%が黒人である（Kimberlé Williams Crenshaw, Andrea J. Ritchie, Rachel Anspach, Rachel Gilmer and Luke Harris, 'Say Her Name: Resisting Police Brutality Against Black Women', *African American Policy Forum* (2015): https://www.aapf.org/sayhername, p. 5）。生涯を通じて黒人男性は白人男性の2.5倍、黒人女性は白人女性の1.4倍、警察に殺害されやすい（Frank Edwards, Hedwig Lee and Michael Esposito, 'Risk of being killed by police use of force in the United States by age, race–ethnicity, and sex', *Proceedings of the National Academy of Sciences of the United States of America*, vol. 116, no. 34 (2019): 16, 793–8）。

19 ブレット・カヴァノーに黒人男性が同情する現象についての議論として、次を参照のこと。Jemele Hill, 'What the Black Men Who Identify With Brett Kavanaugh Are Missing', *The Atlantic* (12 October 2018): https://www.theatlantic.com/ideas/archive/2018/10/why-black-men-relate-brett-kavanaugh/572776/

20 Dan A. Turner, 'Letter from Brock Turner's Father' (2016), available at: https://www.stanforddaily.com/2016/06/08/the-full-letter-read-by-brock-turners-father-at-his-sentencing-hearing/

21 'Brett Kavanaugh's Opening Statement: Full Transcript', *New York Times* (26 September 2018): https://www.nytimes.com/2018/09/26/us/politics/read-brett-kavanaughs-complete-opening-statement.html

22 Kate Kelly and David Enrich, 'Kavanaugh's Yearbook Page Is "Horrible, Hurtful" to a Woman It Named', *New York Times* (24 September 2018): https://www.nytimes.com/2018/09/24/business/brett-kavanaugh-yearbook-renate.html

23 Mollie Hemingway and Carrie Severino, 'Christine Blasey Ford's Father Supported Brett Kavanaugh's Confirmation', *The Federalist* (12 September 2019): https://thefederalist.com/2019/09/12/christine-blasey-fords-father-supported-brett-kavanaughs-confirmation/

24 たとえば次を参照のこと。JoAnn Wypijewski, 'What We Don't Talk About When We Talk About #MeToo', *The Nation* (22 February 2018): https://www.thenation.com/article/archive/what-we-dont-talk-about-when-we-talk-about-metoo/

25 Emily Yoffe, 'The Uncomfortable Truth about Campus Rape Policy', *The Atlantic* (6 September 2017): https://www.theatlantic.com/education/archive/2017/09/the-uncomfortable-truth-about-campus-rape-policy/538974/

26 Shulamith Firestone, *The Dialectic of Sex* (Verso, 2015 [1970]).〔S. ファイアストーン『性の弁証法——女性解放革命の場合』林弘子訳、評論社、1972年〕

27 Angela Y. Davis, *Women, Race & Class* (Penguin Modern Classics, 2019 [1981]), p. 163.

28 Libby Purves, 'Indian women need a cultural earthquake', *The Times* (31 December 2012): https://www.thetimes.co.uk/article/indian-women-need-a-cultural-earthquake-mtgbgxd3mvd

29 ネイティブ・アメリカンとファースト・ネーション〔カナダ先住民〕の女性に当てはめられた「レイプ不可能性（unrapeability）」の神話については、次を参照のこと。Andrea Smith, *Conquest: Sexual Violence and American Indian Genocide* (South End Press, 2005); Jacki Thompson Rand, *Kiowa Humanity and the Invasion of the State* (University of Nebraska Press, 2008); and Maya Seshia, 'Naming Systemic Violence in Winnipeg's Street Sex Trade', *Canadian Journal of Urban Research*, vol. 19, no. 1 (2010): 1–17. 南アフリカでの同じ現象については次を参照のこと。Pumla Dineo Gqola, *Rape: A South African Nightmare* (MF Books Joburg, 2015); and Rebecca Helman, 'Mapping the unrapeability of white and black womxn', *Agenda: Empowering women for gender equality*, vol. 32, no. 4 (2018): 10–21. オーストラリアについては次を参照のこと。Ann McGrath, '"Black Velvet": Aboriginal women and their relations with white men in the Northern Territory 1910–40', in *So Much Hard Work: Women and Prostitution in Australian History*, ed. Kay Daniels

(Fontana Books, 1984): 233–97; Greta Bird and Pat O'Malley, 'Kooris, Internal Colonialism, and Social Justice', *Social Justice*, vol. 16, no. 3 (1989): 35–50; Larissa Behrendt, 'Consent in a (Neo) Colonial Society: Aboriginal Women as Sexual and Legal "Other"', *Australian Feminist Studies*, vol. 15, no. 33 (2000): 353–67; and Corrinne Tayce Sullivan, 'Indigenous Australian women's colonial sexual intimacies: positioning indigenous women's agency', *Culture, Health & Sexuality*, vol. 20, no. 4 (2018): 397–410. 歴史家のパメラ・スカリーはこう述べる。「歴史学方法論には奇妙な特徴がある。広く見られる白人男性による黒人女性のレイプが認められる条件を植民地主義がつくりだした経緯よりも、黒人レイピストの被害者としての白人女性というとらえどころのない神話のほうに著者たちが概して関心を寄せてきたことである」(Pamela Scully, 'Rape, Race, and Colonial Culture: The Sexual Politics of Identity in the Nineteenth-Century Cape Colony, South Africa', *The American Historical Review*, vol. 100, no. 2 (1995): 335–59, p. 337)。

30 Scully, 'Rape, Race, and Colonial Culture', pp. 335ff.

31 Carolyn M. West and Kalimah Johnson, 'Sexual Violence in the Lives of African American Women', *National Online Resource Center on Violence Against Women* (2013): https://vawnet.org/sites/default/files/materials/files/2016-09/AR_SVAAWomenRevised.pdf, p. 2.

32 Joanna Bourke, *Rape: A History from 1860 to the Present Day* (Virago, 2007), p. 77.

33 Rebecca Epstein, Jamilia J. Blake and Thalia González, 'Girlhood Interrupted: The Erasure of Black Girls' Childhood', *Georgetown Center on Poverty and Inequality* (2017): https://ssrn.com/abstract=3000695

34 Kimberlé Williams Crenshaw, 'I Believe I Can Lie', *The Baffler* (17 January 2019): https://thebaffler.com/latest/i-believe-i-can-lie-crenshaw

35 アメリカでは非ヒスパニック系黒人女性の推定41.2%が生涯のうちに近親者から身体的な暴力を受けるが、非ヒスパニック系白人女性ではこの数字は30.5%である。ネイティブ・アメリカン女性では51.7%で、ヒスパニック系女性では29.7%だ (Matthew J. Breiding, Sharon G. Smith, Kathleen C. Basile, Mikel L. Walters, Jieru Chen and Melissa T. Merrick, 'Prevalence and Characteristics of Sexual Violence, Stalking, and Intimate Partner Violence Victimization – National Intimate Partner and Sexual Violence Survey, United States, 2011', *Center for Disease Control and Prevention: Morbidity and Mortality Weekly Report*, vol. 63, no. 8 (2014): https://www.cdc.gov/mmwr/preview/mmwrhtml/ss6308a1.htm, table 7)。アメリカでは黒人女性は白人女性の3倍、殺害されている (Emiko Petrosky, Janet M. Blair, Carter J. Betz, Katherine A. Fowler, Shane P.D. Jack and Bridget H. Lyons, 'Racial and Ethnic Differences in Homicides of Adult Women and the Role of Intimate Partner Violence – United States, 2003–2014', *Morbidity and Mortality Weekly Report*, vol. 66, no. 28 (2017): 741–6, p. 742)。

36 Beth E. Richie, *Arrested Justice: Black Women, Violence, and America's Prison Nation* (NYU Press, 2012).

37 Shatema Threadcraft, 'North American Necropolitics and Gender: On #BlackLivesMatter and Black Femicide', *South Atlantic Quarterly*, vol. 116, no. 3 (2017): 553–79, p. 574.

38 同上、p. 566。

39 Joe Coscarelli, 'R. Kelly Faces a #MeToo Reckoning as Time's Up Backs a Protest', *New York Times* (1 May 2018): https://www.nytimes.com/2018/05/01/arts/music/r-kelly-timesup-metoo-muterkelly.html

40 ケリーの音楽上の共同制作者のひとり、チャンス・ザ・ラッパーは、被害者たちの話を信じなかったと『サバイビング・R. ケリー』のなかで認めている。「だって黒人の女だから」（'Chance the Rapper Apologizes for Working With R. Kelly', *NBC Chicago* (8 January 2019): https://www.nbcchicago.com/news/local/Chance-the-Rapper-Apologizes-for-Working-With-R-Kelly-504063131.html）。

41 Alan Blinder, 'Was That Ralph Northam in Blackface? An Inquiry Ends Without Answers', *New York Times* (22 May 2019): https://www.nytimes.com/2019/05/22/us/ralph-northam-blackface-photo.html

42 'Virginia's Justin Fairfax Compared Himself To Lynching Victims In An Impromptu Address', *YouTube* (25 February 2019): https://www.youtube.com/watch?v=ZTaTssa2d8E

43 Anubha Bhonsle, 'Indian Army, Rape Us', *Outlook* (10 February 2016): https://www.outlookindia.com/website/story/indian-army-rape-us/296634. この事件と驚きのその後について教えてくれたドゥルバ・マイトラに感謝している。

44 植民地と植民地独立後のインドの社会形成に低カーストの「性的に逸脱した」女性が果たした役割については、次を参照のこと。Durba Mitra, *Indian Sex Life: Sexuality and the Colonial Origins of Modern Social Thought* (Princeton University Press, 2020).

45 'Hathras case: A woman repeatedly reported rape. Why are police denying it?', *BBC News* (10 October 2020): https://www.bbc.co.uk/news/world-asia-india-54444939

46 Adrija Bose, ' "Why Should I be Punished?": Punita Devi, Wife of Nirbhaya Convict, Fears Future of "Shame"', *News 18* (19 March 2020): https://www.news18.com/news/buzz/why-should-i-be-punished-punita-devi-wife-of-nirbhaya-convict-fears-future-of-shame-delhi-gangrape-2543091.html

47 同上。シンの集団レイプへのインドのフェミニストによる（おおむね監獄主義的な）反応と、それに対するマルクス主義フェミニストからの批判については、次を参照のこと。Prabha Kotiswaran, 'Governance Feminism in the Postcolony: Reforming India's Rape Laws', in Janet Halley, Prabha Kotiswaran, Rachel Rebouché and Hila Shamir, *Governance Feminism: An Introduction* (University of Minnesota Press, 2018): 75–148. 性暴力への監獄主義的な反応への批判として、「セックス、監獄主義、資本主義」（本書に所収）を参照のこと。

48 Claudia Jones, 'An End to the Neglect of the Problems of the Negro Woman!' [1949], in *Claudia Jones: Beyond Containment*, ed. Carole Boyce Davies (Ayebia Clarke Publishing, 2011): 74–86; Frances M. Beal, 'Double Jeopardy: To Be Black and Female' [1969], *Meridians: feminism, race, transnationalism*, vol. 8, no. 2 (2008): 166–76; Enriqueta Longeaux y Vásquez, 'The Mexican-American Woman', in *Sisterhood is Powerful: An Anthology of Writings from the Women's Liberation Movement*, ed. Robin Morgan (Vintage, 1970): 379–84; Selma James, *Sex, Race and Class* (Falling Wall Press, 1975); The Combahee River Collective, 'A Black Feminist Statement' [1977], in *Home*

Girls: A Black Feminist Anthology, ed. Barbara Smith (Kitchen Table: Women of Color Press, 1983): 272–92; Lorraine Bethel and Barbara Smith, eds, *Conditions: Five: The Black Women's Issue* (1979); Davis, *Women, Race & Class*; Cherríe Moraga and Gloria E. Anzaldúa, eds, *This Bridge Called My Back: Writings by Radical Women of Color* (Persephone Press, 1981); bell hooks, *Ain't I a Woman? Black women and feminism* (South End Press, 1981)〔ベル・フックス『アメリカ黒人女性とフェミニズム――ベル・フックスの「私は女ではないの?」』大類久恵監訳、柳沢圭子訳、明石書店、2010年〕; bell hooks, *Feminist Theory: From Margin to Center* (Routledge, 1984)〔ベル・フックス『ベル・フックスのフェミニズム理論――周辺から中心へ』野崎佐和、毛塚翠訳、あけび書房、2017年〕; and Kimberlé Crenshaw, 'Demarginalizing the Intersection of Race and Sex: A Black Feminist Critique of Antidiscrimination Doctrine, Feminist Theory and Antiracist Politics', *University of Chicago Legal Forum*, vol. 1989, no. 1 (1989): 139–67.

49 この現象についての詳細は、本書に所収の「セックス、監獄主義、資本主義」を参照のこと。

50 Ida B. Wells, 'Southern Horrors: Lynch Laws in All Its Phases' [1892], in *Southern Horrors and Other Writings: The Anti-Lynching Campaign of Ida B. Wells, 1892–1900*, ed. Jacqueline Jones Royster (Bedford Books, 1997): 49–72, p. 59.

51 Jia Tolentino, 'Jian Ghomeshi, John Hockenberry, and the Laws of Patriarchal Physics', *New Yorker* (17 September 2018): https://www.newyorker.com/culture/cultural-comment/jian-ghomeshi-john-hockenberry-and-the-laws-of-patriarchal-physics

52 Patrick Smith and Amber Jamieson, 'Louis C.K. Mocks Parkland Shooting Survivors, Asian Men, And Nonbinary Teens In Leaked Audio', *BuzzFeed News* (31 December 2018): https://www.buzzfeednews.com/article/patricksmith/louis-ck-mocks-parkland-shooting-survivors-asian-men-and

53 一方、C.K. が制作責任者を務めていて、C.K. の振る舞いに直接の反応を示した唯一のテレビ番組、ティグ・ノタロとディアブロ・コーディの感動的ですばらしい *One Mississippi* は、2シーズンでAmazonによって打ち切られた。

54 Glenn Whipp, 'A year after #MeToo upended the status quo, the accused are attempting comebacks — but not offering apologies', *Los Angeles Times* (5 October 2018): https://www.latimes.com/entertainment/la-ca-mn-me-too-men-apology-20181005-story.html

55 John Hockenberry, 'Exile', *Harper's* (October 2018): https://harpers.org/archive/2018/10/exile-4/

56 Kevin Spacey (@KevinSpacey), *Twitter* (30 October 2017): https://twitter.com/KevinSpacey/status/924848412842971136

57 Kevin Spacey, 'Let Me Be Frank', *YouTube* (24 December 2018): www.youtube.com/watch?v=JZveA-NAIDI

58 Michelle Goldberg, 'The Shame of the MeToo Men', *New York Times* (14 September 2018): https://www.nytimes.com/2018/09/14/opinion/columnists/metoo-movement-franken-hockenberry-macdonald.html

59 Catharine A. MacKinnon, *Toward a Feminist Theory of the State* (Harvard University Press, 1991

[1989]), p. 180.

60 *R v. Cogan and Leak* (1976) QB 217.

61 リークはレイプの幇助と教唆で有罪判決を受けたが、法律の観点からは、レイプは試みられても遂行されてもいなかった。リークは妻に対するレイプでは起訴されなかった。「配偶者間レイプの例外」がイギリス上院でようやく覆されるのは1991年のことである。

62 Melena Ryzik, Cara Buckley and Jodi Kantor, 'Louis C.K. Is Accused by 5 Women of Sexual Misconduct', *New York Times* (9 November 2017): https://www.nytimes.com/2017/11/09/arts/television/louis-ck-sexual-misconduct.html

63 'The Reckoning: Women and Power in the Workplace', *New York Times Magazine* (13 December 2017): https://www.nytimes.com/interactive/2017/12/13/magazine/the-reckoning-women-and-power-in-the-workplace.html

64 2018年、『ニューヨーク・レヴュー・オブ・ブックス』誌の編集者に任命されたばかりのイアン・ブルマが、数人の女性から性的暴行で告発され2014年にCBCラジオを解雇されたジアン・ゴメシによる個人的エッセイを掲載した（Jian Ghomeshi, 'Reflections from a Hashtag', *New York Review of Books* (11 October 2018): https://www.nybooks.com/articles/2018/10/11/reflections-hashtag/）。このエッセイは要領を得ない自己弁解に終始していて、女性のひとりが告訴を取り下げたのはゴメシがその女性への謝罪に同意したあとだったことには触れていない。わたしを含むフェミニストは、ゴメシのエッセイを掲載したブルマの判断に不快感を示すツイートをした。その後すぐにブルマは仕事を辞めさせられる。この馘首を取りあげたニューヨーク・タイムズ紙の記事では、わたしのツイートのスクリーンショットが使われていた。わたしは気まずさを覚えた。一方で、ブルマが下した編集上の判断はお粗末だと思ったし、わたしも耳にし、のちに報じられたところによると、ブルマはスタッフの反対を押し切って自分の意思を通していて、そのなかには長年同誌で働くある古参の女性もいた。それが理由でブルマは辞めさせられたのだと思いたい。つまり無能な編集者で独裁的な上司であることを理由に、部下のスタッフによって辞めさせられたのだと。けれどもブルマ自身が主張するように、単に「ソーシャルメディアの野次馬」（わたしもその一員だ）が『ニューヨーク・レヴュー・オブ・ブックス』の役員会を動かしたことで彼が辞職を強いられたのだとしたら？　Twitterで人びとの怒りを呼んだからというのは、仮にその怒りが正当なものであったとしても、編集者を首にする理由としてふさわしくはない。ソーシャルメディアで人を怒らせないことは、よい編集者に求められる条件ではない。それがよい研究者に求められる条件でないのと同じだ。多くの人の怒りを買うフェミニストは、真実を追究する組織――文芸誌や大学――は大衆の賛同に依存すべきではないと真っ先に主張すべきである。

65 Complaint, *Bonsu v. University of Massachusetts – Amherst*, Civil Action No. 3:15-cv-30172-MGM (District of Massachusetts, Sept. 25, 2015), p. 9.

66 Yoffe, 'The Uncomfortable Truth'.

67 Complaint, *Bonsu v. Univ. of Mass.*, p. 10.

68 同上。

69 アメリカのなかでもマサチューセッツ州は、いまでもレイプを同意（「積極的（affirmative）」同意でもそうでなくても）ではなく暴力と脅しによって定義している州のひとつである。そこではレイ

プは、加害者が「暴力により相手の意思に反して強制的に服従させたり、身体的な傷害の脅しにより相手を強制的に服従させたりする」「人との性交あるいは不自然な性交」である。次を参照のこと。Mass. Gen. Law 265, §22.

70 Yoffe, 'The Uncomfortable Truth'.

71 Jacob Gersen and Jeannie Suk, 'The Sex Bureaucracy', *California Law Review*, vol. 104, no. 4 (2016): 881–948. 次も参照のこと。Janet Halley, 'Trading the Megaphone for the Gavel in Title IX Enforcement', *Harvard Law Review Forum*, vol. 128 (2015): 103–17; Janet Halley, 'The Move to Affirmative Consent', *Signs*, vol. 42, no. 1 (2016): 257–79; Laura Kipnis, *Unwanted Advances: Sexual Paranoia Comes to Campus* (HarperCollins, 2017); Elizabeth Bartholet, Nancy Gertner, Janet Halley and Jeannie Suk Gersen,'Fairness For All Students Under Title IX', *Digital Access to Scholarship at Harvard* (21 August 2017): http://nrs.harvard.edu/urn-3:HUL.InstRepos:33789434; and Wesley Yang, 'The Revolt of the Feminist Law Profs: Jeannie Suk Gersen and the fight to save Title IX from itself', *The Chronicle of Higher Education* (7 August 2019): https://www.chronicle.com/article/the-revolt-of-the-feminist-law-profs/

72 Gersen and Suk, 'The Sex Bureaucracy', p. 946, 強調引用者。

73 ルース・ベイダー・ギンズバーグは、「一部の大学の行動規範では、申し立てを受けた人に公平な聴取の機会が与えられていないという批判」は正しいと言い、「だれもが公平な聴取を受けてしかるべきだ」と論じる（Jeffrey Rosen, 'Ruth Bader Ginsburg Opens Up About #MeToo, Voting Rights, and Millennials', *The Atlantic* (15 February 2018): https://www.theatlantic.com/politics/archive/2018/02/ruth-bader-ginsburg-opens-up-about-metoo-voting-rights-and-millenials/553409/）。

74 Gersen and Suk, 'The Sex Bureaucracy', p. 946.

75 論文「レイプを再定義する」でマッキノンはこう書く。「性交渉において権力の一形態として利用され強制力の一形態として用いられるとき、ジェンダーはセックスをレイプにする不平等のリストに加わる」（Catharine A. MacKinnon, 'Rape Redefined', *Harvard Law & Policy Review*, vol. 10, no. 2 (2016): 431–77, p. 469）。

76 Cal. Educ. Code §67386. ジェリー・ブラウンがカリフォルニア州での大量投獄の発展に果たした役割については、次を参照のこと。Ruth Wilson Gilmore, *Golden Gulag: Prisons, Surplus, Crisis, and Opposition in Globalizing California* (University of California Press, 2007).

77 Ezra Klein, '"Yes Means Yes" is a terrible law, and I completely support it', *Vox* (13 October 2014): https://www.vox.com/2014/10/13/6966847/yes-means-yes-is-a-terrible-bill-and-i-completely-support-it

78 MacKinnon, 'Rape Redefined', p. 454. 同意パラダイムの限界についてのこれと関係する議論として、次を参照のこと。Martín Alcoff, *Rape and Resistance* (Polity, 2018); and Joseph J. Fischel, *Screw Consent: A Better Politics of Sexual Justice* (University of California Press, 2019).

79 ニュージャージー州：「性的暴行の推定上の被害者による有効な同意を立証するには、被告は「自由意志によって積極的に与えられた許可」の存在を証明しなければならない［…］」（*State v. Cuni*, 733 A.2d 414, 159 N.J. 584 (1999), p. 424）。オクラホマ州：「「同意」ということばは、性交

渉の最中の特定の性行為に従事する積極的、明確、自発的な合意のことであり、これはいつでも撤回できる」(Okla. Stat. 21 §113)。ウィスコンシン州:「「同意」とは、性行為あるいは性的接触に自由意志で合意することを示す、インフォームド・コンセントを与える能力を備えた者による、ことばあるいは明白な行動のことである」(Wis. Stat. §940.225(4))。

80 Complaint, *Bonsu v. Univ. of Mass.*, p. 10.

81 Tolentino, 'Jian Ghomeshi, John Hockenberry, and the Laws of Patriarchal Physics'.

82 Jian Ghomeshi, 'Reflections from a Hashtag'.

83 Goldberg, 'The Shame of the MeToo Men'.

ポルノについて学生と話すこと

1 それほど露骨ではない実際の名称は「学者とフェミニストIX——セクシュアリティの政治に向けて」('The Scholar and the Feminist IX: Towards a Politics of Sexuality')だった。

2 *Diary of a Conference on Sexuality* (1982), available at: http://www.darkmatterarchives.net/wp-content/uploads/2011/12/Diary-of-a-Conference-on-Sexuality.pdf, p. 38.

3 Lorna Norman Bracewell, 'Beyond Barnard: Liberalism, Antipornography Feminism, and the Sex Wars', *Signs*, vol. 42, no. 1 (2016): 23–48, p. 23.

4 *Diary of a Conference on Sexuality*, p. 72.

5 Alice Echols, 'Retrospective: Tangled Up in Pleasure and Danger', *Signs*, vol. 42, no. 1 (2016): 11–22, p. 12.

6 Rachel Corbman, 'The Scholars and the Feminists: The Barnard Sex Conference and the History of the Institutionalization of Feminism', *Feminist Formations*, vol. 27, no. 3 (2015): 49–80, p. 59.

7 Coalition for a Feminist Sexuality and against Sadomasochism, [The Barnard Leaflet], reproduced in *Feminist Studies*, vol. 9, no. 1 (1983): 180–2.

8 *Diary of a Conference on Sexuality*, p. 72.

9 Gayle Rubin, 'Blood Under the Bridge: Reflections on "Thinking Sex"', *GLQ: A Journal of Lesbian and Gay Studies*, vol. 17, no. 1 (2011): 15–48, pp. 26–7.

10 Elizabeth Wilson, 'The Context of "Between Pleasure and Danger": The Barnard Conference on Sexuality', *Feminist Review*, vol. 13, no. 1 (1983): 35–41, p. 40.

11 同上、p. 35。

12 Rubin, 'Blood Under the Bridge', p. 34.

13 たとえば次を参照のこと。Sheila Jeffreys, 'Let us be free to debate transgenderism without being accused of "hate speech"', *Guardian* (29 May 2012): https://www.theguardian.com/commentisfree/2012/may/29/transgenderism-hate-speech

14 Rubin, 'Blood Under the Bridge', p. 16.

15 どこでもすぐに、というのは世界の人口のおよそ半分にとってである。残りの半分はインターネットを利用できない。中国とインドには、絶対数では世界で最も多くのインターネット利用者がいるが、インターネットにつながっているのは、それぞれ人口の54%、30%にすぎない。アフガニスタンでは10%である。コンゴ民主共和国では6%だ (Max Roser, Hannah Ritchie and Esteban

Ortiz-Ospina, 'Internet', *Our World in Data* (2017): https://ourworldindata.org/internet)。

16 Alice Echols, *Daring to Be Bad: Radical Feminism in America 1967–1975* (University of Minnesota Press, 2011 [1989]), p. 361 fn. 7; Bracewell, 'Beyond Barnard', pp. 29–30 fn. 19; and Robin Morgan, 'Goodbye to All That' [1970], in *The Sixties Papers: Documents of a Rebellious Decade*, ed. Judith Clavir Albert and Stewart Edward Albert (Praeger, 1984): 509–16.

17 Andrea Dworkin, 'Suffering and Speech', in *In Harm's Way: The Pornography Civil Rights Hearings*, ed. Catharine A. MacKinnon and Andrea Dworkin (Harvard University Press, 1997): 25–36, p. 28; and Bracewell, 'Beyond Barnard', pp. 28–30.

18 Robin Morgan, 'Theory and Practice: Pornography and Rape' [1974], in *Take Back the Night: Women on Pornography*, ed. Laura Lederer (William Morrow and Company, 1980): 134–47, p. 139.〔ロビン・モーガン「理論と実践：ポルノグラフィとレイプ」MRT訳、ポルノ・売春問題研究会、http://old.app-jp.org/library/morgan.html〕

19 Rubin, 'Blood under the Bridge', pp. 29–30.

20 Georgia Dullea, 'In Feminists' Antipornography Drive, 42d Street Is the Target', *New York Times* (6 July 1979): https://www.nytimes.com/1979/07/06/archives/in-feminists-antipornography-drive-42d-street-is-the-target.html

21 同上。

22 Morgan, 'Theory and Practice', p. 139.〔ロビン・モーガン「理論と実践」。訳は変更した〕

23 Catharine A. MacKinnon, *Only Words* (Harvard University Press, 1996 [1993]), pp. 21–2.〔キャサリン・マッキノン『ポルノグラフィ――「平等権」と「表現の自由」の間で』柿木和代訳、明石書店、1995年、39頁。訳は一部変更した〕

24 次に引用。Patricia Hill Collins, *Black Feminist Thought* (Routledge, 1991 [1990]), p. 168.

25 同上、pp. 167–8。

26 Ann Snitow, Christine Stansell and Sharon Thompson, eds, *Powers of Desire: The Politics of Sexuality* (Monthly Review Press, 1983), p. 460. この個所は、エレン・ウィリスのエッセイ「フェミニズム、モラリズム、ポルノグラフィ」('Feminism, Moralism, and Pornography')の冒頭に置かれた編者の序文から引用した。

27 MacKinnon, *Only Words*, pp. 19–20.〔マッキノン『ポルノグラフィ』、36–7頁、訳は一部変更した〕

28 Michael Castleman, 'Surprising New Data from the World's Most Popular Porn Site', *Psychology Today* (15 March 2018): https://www.psychologytoday.com/us/blog/all-about-sex/201803/surprising-new-data-the-world-s-most-popular-porn-site

29 Gert Martin Hald, Neil M. Malamuth and Carlin Yuen, 'Pornography and Attitudes Supporting Violence Against Women: Revisiting the Relationship in Nonexperimental Studies', *Aggressive Behavior*, vol. 36, no. 1 (2010): 14–20, p. 18.

30 同上。

31 Paul J. Wright and Michelle Funk, 'Pornography Consumption and Opposition to Affirmative Action for Women: A Prospective Study', *Psychology of Women Quarterly*, vol. 38, no. 2 (2014): 208–21.

32 Elizabeth Oddone-Paolucci, Mark Genius and Claudio Violato, 'A Meta-Analysis of the Published Research on the Effects of Pornography', in *The Changing Family and Child Development* (Ashgate, 2000): 48–59.

33 Neil M. Malamuth, Tamara Addison and Mary Koss, 'Pornography and Sexual Aggression: Are There Reliable Effects and Can We Understand Them?', *Annual Review of Sex Research*, vol. 11, no. 1 (2000): 26–91.

34 Joetta L. Carr and Karen M. VanDeusen, 'Risk Factors for Male Sexual Aggression on College Campuses', *Journal of Family Violence*, vol. 19, no. 5 (2004): 279–89.

35 Matthew W. Brosi, John D. Foubert, R. Sean Bannon and Gabriel Yandell, 'Effects of Sorority Members' Pornography Use on Bystander Intervention in a Sexual Assault Situation and Rape Myth Acceptance', *Oracle: The Research Journal of the Association of Fraternity/ Sorority Advisors*, vol. 6, no. 2 (2011): 26–35.

36 'Study exposes secret world of porn addiction', *University of Sydney* (10 May 2012): http://sydney.edu.au/news/84.html?newscategoryid=1&newsstoryid=9176 [https://www.sydney.edu.au/news-opinion/news/2012/05/10/study-exposes-secret-world-of-porn-addiction.html]

37 Gustavo S. Mesch, 'Social Bonds and Internet Pornographic Exposure Among Adolescents', *Journal of Adolescence*, vol. 32, no. 3 (2009): 601–18.

38 Jon Ronson, 'The Butterfly Effect', *Audible* (2017): www.jonronson.com/butterfly.html, episode 4: 'Children'.

39 Maddy Coy, Liz Kelly, Fiona Elvines, Maria Garner and Ava Kanyeredzi,' "Sex without consent, I suppose that is rape": How Young People in England Understand Sexual Consent', *Office of the Children's Commissioner* (2013): https://www.childrenscommissioner.gov.uk/report/sex-without-consent-i-suppose-that-is-rape/. レイ・ラングトンがこの調査とフェミニスト・ポルノ論争へのその含意を論じている。Rae Langton, 'Is Pornography Like The Law?', in *Beyond Speech: Pornography and Analytic Feminist Philosophy*, ed. Mari Mikkola (Oxford University Press, 2017): 23–38.

40 Rae Langton, 'Speech Acts and Unspeakable Acts', *Philosophy and Public Affairs*, vol. 22, no. 4 (1993): 293–330, p. 311.

41 Stoya, 'Feminism and Me', *Vice* (15 August 2013): https://www.vice.com/en/article/bn5gmz/stoya-feminism-and-me

42 Stoya, 'Can There Be Good Porn?', *New York Times* (4 March 2018): https://www.nytimes.com/2018/03/04/opinion/stoya-good-porn.html

43 Peggy Orenstein, *Girls & Sex: Navigating the Complicated New Landscape* (OneWorld, 2016), pp. 7–8.

44 アメリカの大学に通うストレートの学部生を対象に2005年から2008年にかけて実施された大規模調査によると、初体験のときにオーラルセックスがおこなわれた場合、男性のみがそれを受けていたのが55%だったのに対して、女性のみが受けていたのは19%にすぎなかった。また初体験のときにオーガズムに達した男性は女性の3倍いたこともわかった。関係がつづいている恋人同士では差が縮まるが、完全になくなるわけではなく、女性の学部生がオーガズムを経験する頻

度は、男性パートナーの79%である (Elizabeth A. Armstrong, Paula England and Alison C. K. Fogarty, 'Orgasm in College Hookups and Relationships', in *Families as They Really Are*, 2nd edition, ed. Barbara J. Risman and Virginia E. Rutter (W.W. Norton, 2015), pp. 280–96)。

45 Nancy Bauer, 'Pornutopia', *n+1* (Winter 2007): https://nplusonemag.com/issue-5/essays/pornutopia/

46 このインタビューの一部は、ポリー・ラッセルのポッドキャスト・シリーズ 'Unfinished Business' (*British Library* (2020): https://www.bl.uk/podcasts, series 2, episode 2: 'The Politics of Pleasure') で取りあげられている。

47 Zoë Heller, ' "Hot" Sex & Young Girls', *New York Review of Books* (18 August 2016): https://www.nybooks.com/articles/2016/08/18/hot-sex-young-girls/

48 Vincent Canby, 'What Are We To Think of "Deep Throat"?', *New York Times* (21 January 1973): https://www.nytimes.com/1973/01/21/archives/what-are-we-to-think-of-deep-throat-what-to-think-of-deep-throat.html

49 Stuart Taylor Jr., 'Pornography Foes Lose New Weapon in Supreme Court', *New York Times* (25 February 1986): https://www.nytimes.com/1986/02/25/us/pornography-foes-lose-new-weapon-in-supreme-court.html, 強調引用者。

50 *R.A.V. v. City of St. Paul, Minnesota*, 505 U.S. 377 (1992).

51 St. Paul Bias-Motivated Crime Ordinance, St. Paul, Minn. Legis. Code § 292.02 (1990).

52 MacKinnon, *Only Words*, p. 12.〔マッキノン『ポルノグラフィ』、29頁。訳は一部変更した〕

53 *R. v. Butler* (1992) 1 S.C.R. 452.

54 MacKinnon, *Only Words*, p. 103.〔マッキノン『ポルノグラフィ』、130頁。訳は一部変更した〕

55 *R v. Scythes* (1993) OJ 537. 次を参照のこと。Becki L. Ross, '"It's Merely Designed for Sexual Arousal": Interrogating the Indefensibility of Lesbian Smut' [1997], in *Feminism and Pornography*, ed. Drucilla Cornell (Oxford University Press, 2007 [2000]): 264–317, pp. 264ff. バトラー事件の判決を条件つきで擁護するものとして、次を参照のこと。Ann Scales, 'Avoiding Constitutional Depression: Bad Attitudes and the Fate of *Butler*' [1994], in Feminism and Pornography, ed. Drucilla Cornell (Oxford University Press, 2007 [2000]): 318–44.

56 Jeffrey Toobin, 'X-Rated', *New Yorker* (3 October 1994): pp. 70–8.

57 Ellen Willis, 'Feminism, Moralism, and Pornography'[1979], in *Powers of Desire: The Politics of Sexuality*, ed. Ann Snitow, Christine Stansell and Sharon Thompson (Monthly Review Press, 1983): 460–7, p. 464.

58 Bracewell, 'Beyond Barnard', p. 35 fn. 29.

59 'Attorney General's Commission on Pornography: Final Report', *U.S. Department of Justice* (1986), vol. 1, p. 78.

60 Morgan, 'Theory and Practice', p.137.〔モーガン「理論と実践：ポルノグラフィとレイプ」、http://old.app-jp.org/library/morgan.html。訳は変更した〕

61 Christopher Hooton, 'A long list of sex acts just got banned in UK porn', *Independent* (2 December 2014): https://www.independent.co.uk/news/uk/a-long-list-of-sex-acts-just-got-banned-in-uk-

porn-9897174.html

62 Frankie Miren, 'British BDSM Enthusiasts Say Goodbye to Their Favorite Homegrown Porn', *Vice* (1 December 2014): https://www.vice.com/en_uk/article/nnqybz/the-end-of-uk-bdsm-282

63 Tracy McVeigh, 'Can Iceland lead the way towards a ban on violent online pornography?', *Observer* (16 February 2013): https://www.theguardian.com/world/2013/feb/16/iceland-online-pornography

64 Katrien Jacobs, 'Internationalizing Porn Studies', *Porn Studies*, vol. 1, no. 1–2 (2014): 114–19, p. 117.

65 'UK's controversial "porn blocker" plan dropped', *BBC News* (16 October 2019): https://www.bbc.co.uk/news/technology-50073102

66 Tom Crewe, 'The p-p-porn ban', *London Review of Books* (4 April 2019): https://www.lrb.co.uk/the-paper/v41/n07/tom-crewe/short-cuts

67 Ryan Thorneycroft, 'If not a fist, then what about a stump? Ableism and heteronormativity within Australia's porn regulations', *Porn Studies*, vol. 7, no. 2 (2020): 152–67.

68 Anirban K. Baishya and Darshana S. Mini, 'Translating Porn Studies: Lessons from the Vernacular', *Porn Studies*, vol. 7, no. 1 (2020): 2–12, p. 3.

69 Pornhub Insights, 'The 2019 Year in Review', *Pornhub* (11 December 2019): www.pornhub.com/insights/2019-year-in-review

70 Joe Pinsker, 'The Hidden Economics of Porn', *The Atlantic* (4 April 2016): https://www.theatlantic.com/business/archive/2016/04/pornography-industry-economics-tarrant/476580/

71 Jon Millward, 'Deep Inside: A Study of 10,000 Porn Stars and Their Careers', *Jon Millward: Data Journalist* (14 February 2013): https://jonmillward.com/blog/studies/deep-inside-a-study-of-10000-porn-stars/; Shira Tarrant, *The Pornography Industry: What Everyone Needs to Know* (Oxford University Press, 2016), p. 51.

72 Gabrielle Drolet, 'The Year Sex Work Came Home', *New York Times* (10 April 2020): https://www.nytimes.com/2020/04/10/style/camsoda-onlyfans-streaming-sex-coronavirus.html

73 Blake Montgomery (@blakersdozen), *Twitter* (31 March 2020): https://twitter.com/blakersdozen/status/1245072167689060353

74 Nana Baah, 'This Adult Site Is Offering Ex-McDonald's Employees Camming Work', *Vice* (24 March 2020): https://www.vice.com/en_uk/article/dygjvm/mcdonalds-workers-coronavirus-employment

75 'SRE – the evidence', *Sex Education Forum* (1 January 2015): http://www.sexeducationforum.org.uk/resources/evidence/sre-evidence

76 'Statutory RSE: Are teachers in England prepared?', *Sex Education Forum* (2018): https://www.sexeducationforum.org.uk/resources/evidence/statutory-rse-are-teachers-england-prepared

77 'Give parents the right to opt their child out of Relationship and Sex Education', *Petitions: UK Government and Parliament* (2019): https://petition.parliament.uk/petitions/235053

78 'Sex and HIV Education', *Guttmacher Institute* (1 January 2021): https://www.guttmacher.org/

state-policy/explore/sex-and-hiv-education

79 'Abstinence Education Programs: Definition, Funding, and Impact on Teen Sexual Behavior', *Kaiser Family Foundation* (1 June 2018): https://www.kff.org/womens-health-policy/fact-sheet/abstinence-education-programs-definition-funding-and-impact-on-teen-sexual-behavior/

80 Sex Education Forum, 'SRE – the evidence'.

81 'International technical guidance on sexuality education', *United National Educational, Scientific and Cultural Organization (UNESCO)*, rev. ed. (2018): https://www.unaids.org/sites/default/files/media_asset/ITGSE_en.pdf, p. 23.

82 Laura Mulvey, 'Visual Pleasure and Narrative Cinema', *Screen*, vol. 16, no. 3 (1975): 6–18, p. 12.〔ローラ・マルヴィ（斎藤綾子訳）「視覚的快楽と物語映画」、岩本憲児、武田潔、斎藤綾子編『「新」映画理論集成1　歴史／人種／ジェンダー』フィルムアート社、1998年、126–41、132–3頁。訳は一部変更した〕

83 次に引用。Linda Williams, *Hard Core: Power, Pleasure, and the 'Frenzy of the Visible'* (University of California Press, 1999 [1989]), p. 93.

84 同上、p. 291に引用。

85 Willis, 'Feminism, Moralism, and Pornography', p. 464.

86 次を参照のこと。Parveen Adams, 'Per Os (cillation)', *Camera Obscura*, vol. 6, no. 2 (1988): 7–29.

87 Jennifer C. Nash, 'Strange Bedfellows: Black Feminism and Antipornography Feminism', *Social Text*, vol. 26, no. 4 (2008): 51–76, p. 67. 次も参照のこと。Jennifer C. Nash, *The Black Body in Ecstasy: Reading Race, Reading Pornography* (Duke University Press, 2014).

88 Leslie Green, 'Pornographies', *Journal of Political Philosophy*, vol. 8, no. 1 (2000): 27–52, p. 47.

89 Pornhub Insights, '2017 Year in Review', *Pornhub* (9 January 2018): https://www.pornhub.com/insights/2017-year-in-review

90 Pinsker, 'The Hidden Economics of Porn'.

91 Candida Royalle, 'Porn in the USA' [1993], in *Feminism and Pornography*, ed. Drucilla Cornell (Oxford University Press, 2007 [2000]): 540–50, p. 547.

92 Marianna Manson and Erika Lust, 'Feminist Porn Pioneer Erika Lust on the Cultural Cornerstones of Her Career', *Phoenix* (31 May 2018): https://www.phoenixmag.co.uk/article/feminist-porn-pioneer-erika-lust-on-the-cultural-cornerstones-of-her-career/

93 日本の法律ではポルノですべての性器にモザイクをかけることが義務づけられていて、その意図せぬ影響として、ハードコアで強烈なポルノが大量につくられている。レイプ・ポルノやアニメの児童ポルノは合法である。

94 Alexandra Hambleton, 'When Women Watch: The Subversive Potential of Female-Friendly Pornography in Japan', *Porn Studies*, vol. 3, no. 4 (2016): 427–42.

95 Andrea Dworkin, *Intercourse* (Basic Books, 2007 [1987]), pp. 60–1.〔アンドレア・ドウォーキン『インターコース――性的行為の政治学』寺沢みづほ訳、青土社、1998年、88頁〕

セックスする権利

1 Catharine A. MacKinnon, 'Sexuality, Pornography, and Method: "Pleasure under Patriarchy"', *Ethics*, vol. 99, no. 2 (1989): 314–46, pp. 319–20.

2 同上、p. 324。

3 次に引用。Alice Echols, *Daring to Be Bad: Radical Feminism in America 1967–1975* (University of Minnesota Press, 2011 [1989]), p. 171. 強調引用者。

4 Valerie Solanas, *SCUM Manifesto* (Verso, 2015 [1967]), p. 61.

5 次に引用。Echols, *Daring to be Bad*, p. 164.

6 同上、第4章。

7 'Redstockings Manifesto' [1969], in *Sisterhood is Powerful: An Anthology of Writings from the Women's Liberation Movement*, ed. Robin Morgan (Vintage, 1970): 533–6, p. 534. 〔レッド・ストッキング宣言「宣言」、Shulamyth Firestone、Anne Koedt編『女から女たちへ――アメリカ女性解放運動レポート』ウルフの会訳、合同出版、1971年、212–6、214頁〕

8 Echols, *Daring to be Bad*, p. 146.

9 同上。

10 同上、p. 213。この女性は、有力なレズビアン・フェミニストでオルガナイザーのリタ・メイ・ブラウンである。

11 同上、p. 232。

12 Sheila Jeffreys, 'The Need for Revolutionary Feminism', *Scarlet Woman*, issue 5 (1977): 10–12.

13 同上、p. 11。

14 Jeska Rees, 'A Look Back at Anger: the Women's Liberation Movement in 1978', *Women's History Review*, vol. 19, no. 3 (2010): 337–56, p. 347.

15 全英女性解放運動会議の歴史については、次での議論を参照のこと。Beverley Bryan, Stella Dadzie and Suzanne Scafe, *The Heart of the Race: Black Women's Lives in Britain* (Virago, 1985); Anna Coote and Beatrix Campbell, *Sweet Freedom: The Struggle for Women's Liberation* (Picador, 1982); Michelene Wandor, *Once a Feminist: Stories of a Generation* (Virago, 1990); Jeska Rees, 'A Look Back at Anger'; Martin Pugh, *Women and the Women's Movement in Britain since 1914* (Palgrave, 2015 [1992]); Margaretta Jolly, *Sisterhood and After: An Oral History of the UK Women's Liberation Movement, 1968–present* (Oxford University Press, 2019).

16 Ellen Willis, 'Lust Horizons: Is the Women's Movement Pro-Sex?' [1981], in *No More Nice Girls: Countercultural Essays* (University of Minnesota Press, 2012 [1992]): 3–14, pp. 6–7.

17 ゲイ男性とバイセクシュアル男性のなかでのセクシュアル・レイシズムについては、次を参照のこと。Denton Callander, Martin Holt and Christy E. Newman, 'Just a Preference: Racialised Language in the Sex-Seeking Profiles of Gay and Bisexual men', *Culture, Health & Sexuality*, vol. 14, no. 9 (2012): 1,049–63; and Denton Callander, Christy E. Newman and Martin Holt, 'Is Sexual Racism *Really* Racism? Distinguishing Attitudes Towards Sexual Racism and Generic Racism Among Gay and Bisexual Men', *Archives of Sexual Behavior*, vol. 14, no.7 (2015): 1,991–2,000. ゲイ男性のなかでのセクシュアル・レイシズムと、(はるかに少ない) レズビアン女性のなかでのセクシ

ュアル・レイシズム現象とのちがいについては、次を参照のこと。Russell K. Robinson and David M. Frost, 'LGBT Equality and Sexual Racism', *Fordham Law Review*, vol. 86, issue 6 (2018): 2,739–54. ロビンソンとフロストは、セクシュアル・レイシズムが単なるパートナー選びの際の好みにとどまらない理由を指摘している。「有色の男性が求められる可能性があるのは、人種をめぐる性的なステレオタイプにその人が忠実であるときだけであり［…］さまざまな人種のゲイ男性は、「タチ」か「ウケ」かを示すレッテルの代わりとして人種を使っている。黒人男性は挿入する側、つまり「タチ」の役割（男性性と結びつけられる）を体現していることが期待され、アジア系の男性は受け入れる側、つまり「ウケ」の役割（どちらかというと女性的と見なされる）を担うことが期待されているわけだ。それとは対照的に、白人男性は人種のステレオタイプに縛られることなく、タチでもウケでもその両方でも、自分が選んだ役割を務めることを許されている」('LGBT Equality and Sexual Racism', p. 2,745)。

18 知人のトランスの哲学者はこの意見に反対し、自分たちにとってGrindrやその他のマッチングアプリを使うのは、性の面でも恋愛の面でも解放感を覚える経験であり、新しい魅力や愛情の可能性をひらいてくれるのだという。

19 Judith N. Shklar, 'The Liberalism of Fear', in *Liberalism and the Moral Life*, ed. Nancy L. Rosenblum (Harvard University Press, 1989): 21–38.〔ジュディス・シュクラー「恐怖とリベラリズム　恐怖のリベラリズム」『現代思想』29 (7)、大川正彦訳、青土社、2001年、120–39〕

20 Rebecca Solnit, 'Men Explain *Lolita* to Me', *Literary Hub* (17 December 2015): https://lithub.com/men-explain-lolita-to-me/〔レベッカ・ソルニット「『ロリータ』について説教したがる男たち」『わたしたちが沈黙させられるいくつかの問い』ハーン小路恭子訳、左右社、2020年、222–3頁。訳は一部変更した〕

21 次に引用。Jonathan Beecher, 'Parody and Liberation in *The New Amorous World* of Charles Fourier', *History Workshop Journal*, vol. 20, no. 1 (1985): 125–33, p. 127. 次も参照のこと。Jonathan Beecher, *Charles Fourier: The Visionary and His World* (University of California Press, 1986), chapter 15.〔ジョナサン・ビーチャー『シャルル・フーリエ伝——幻視者とその世界』福島知己訳、作品社、2001年、第15章〕

22 Andrea Long Chu, 'On Liking Women', *n+1* (Winter 2018): https://nplusonemag.com/issue-30/essays/on-liking-women/

23 同上。

24 Lindy West, *Shrill: Notes From a Loud Woman* (Quercus, 2016), pp. 76–7.〔リンディ・ウェスト『わたしの体に呪いをかけるな』金井真弓訳、双葉社、2022年、110–1頁〕

25 この点に関係する議論として、次を参照のこと。Ann J. Cahill, 'Sexual Desire, Inequality, and the Possibility of Transformation', in *Body Aesthetics*, ed. Sherri Irvin (Oxford University Press, 2016): 281–91; Sonu Bedi, 'Sexual Racism: Intimacy as a Matter of Justice', *The Journal of Politics*, vol. 77, no. 4 (2015): 998–1,011; Robin Zheng, 'Why Yellow Fever Isn't Flattering: A Case Against Racial Fetishes', *Journal of the American Philosophical Association*, vol. 2, no. 3 (2016): 400–19〔ロビン・ゼン「イエロー・フィーバーはなぜ称賛ではないのか」木下頌子訳、木下頌子・渡辺一暁・飯塚理恵・小草泰編訳『分析フェミニズム基本論文集』、慶應義塾大学出版会、153–185〕; and

Uku Tooming, 'Active Desire', *Philosophical Psychology*, vol. 32, no. 6 (2019): 945–68.

26 本稿の旧バージョンは、*London Review of Books*, vol. 40, no. 6 (22 March 2018) に最初に発表した。修正を加えてここに再録することを許可してくれた同誌の編集者たちに感謝する。

コーダ——欲望の政治

1 Kate Manne (@kate_manne), *Twitter* (25 August 2018): https://twitter.com/kate_manne/status/1033420304830349314

2 Adrienne Rich, 'Compulsory Heterosexuality and Lesbian Existence' [1980], in *Journal of Women's History*, vol. 15, no. 3 (2003): 11–48.〔アドリエンヌ・リッチ「強制的異性愛とレズビアン存在」『血、パン、詩。』大島かおり訳、晶文社、1989年、53–119〕

3 同上、pp. 26–7〔86頁。訳は一部変更した〕。

4 William S. Wilkerson, *Ambiguity and Sexuality: A Theory of Sexual Identity* (Palgrave Macmillan, 2007), p. 49.

5 Silvia Federici, 'Wages Against Housework' [1975], in *Revolution at Point Zero: Housework, Reproduction, and Feminist Struggle* (PM Press, 2012): 15–22, p. 22.

6 Andrea Long Chu and Anastasia Berg, 'Wanting Bad Things: Andrea Long Chu Responds to Amia Srinivasan', *The Point* (18 July 2018): https://thepointmag.com/2018/dialogue/wanting-bad-things-andrea-long-chu-responds-amia-srinivasan

7 Audre Lorde, 'Uses of the Erotic: The Erotic as Power' [1978], in *Sister Outsider* (Crossing Press, 1984): 53–9, pp. 57–8.

8 Sandra Lee Bartky, *Femininity and Domination: Studies in the Phenomenology of Oppression* (Routledge, 1990), p. 50. 次も参照のこと。Ann J. Cahill, 'Sexual Desire, Inequality, and the Possibility of Transformation', in *Body Aesthetics*, ed. Sherri Irvin (Oxford University Press, 2016): 281–91, p. 286.

9 これらの問題およびそれに関係するさまざまな問題について再考を促す現代のフェミニストの著作として、次を参照のこと。Sophie Lewis, *Full Surrogacy Now: Feminism Against Family* (Verso, 2019). ネオリベラリズム打倒に向けた戦略としての、フェミニストとクィアによる核家族への異議申し立てについては、次を参照のこと。Melinda Cooper, *Family Values: Between Neoliberalism and the New Social Conservatism* (Zone Books, 2017).

10 「生活の実験」の概念については、次を参照のこと。John Stuart Mill, 'On Liberty', in *On Liberty, Utilitarianism, and Other Essays*, ed. Mark Philp and Frederick Rosen (Oxford World Classics, 2015 [1859]): 1–112, pp. 56ff.〔J. S. ミル『自由論』塩尻公明、木村健康訳、岩波文庫、1971年、115頁以降〕次も参照のこと。Sara Ahmed, *Living a Feminist Life* (Duke University Press, 2017).〔サラ・アーメッド『フェミニスト・キルジョイ』飯田麻結訳、人文書院、2022年〕

11 Sekai Farai (@SekaiFarai), *Twitter* (17 March 2018): https://twitter.com/SekaiFarai/status/975026817550770177

12 Katherine Cross (@Quinnae_Moon), *Twitter* (3 May 2018): https://twitter.com/Quinnae_Moon/status/992216016708165632

13 Yowei Shaw (u/believetheunit),'NPR reporter looking to speak with asian women about internalized racism in dating', *Reddit* (6 June 2018): https://www.reddit.com/r/asiantwoX/comments/8p3p7t/npr_reporter_looking_to_speak_with_asian_women/

14 Heather J. Chin (@HeatherJChin), *Twitter* (8 June 2018): https://twitter.com/HeatherJChin/status/1005103359114784769. チンはのちに態度を軟化させてこう書く。「わたしはもう［ヨウェイ・ショーの］［…］番組に不安を抱いていない。［…］あの募集の告知は配慮とニュアンスを求めている+ハパ〔いわゆるハーフのこと〕［の女性たち］と［話した］あと、わたしはこれに影響されることはないと思うようになって、最初の一歩が必要だと気づいた。ヨウェイとNPRのレコード［の］人たち以上に、それに取り組むのにふさわしい人はいる？」（Heather J. Chin (@HeatherJChin), *Twitter* (9 June 2018): https://twitter.com/HeatherJChin/status/1005403920037015552).

15 Celeste Ng, 'When Asian Women Are Harassed for Marrying Non-Asian Men', *The Cut* (12 October 2018): https://www.thecut.com/2018/10/when-asian-women-are-harassed-for-marrying-non-asian-men.html

16 Anon. (u/aznidentity), 'Sub's Take on AF', *Reddit* (15 April 2016): https://www.reddit.com/r/aznidentity/comments/4eu80f/the_subs_take_on_af/

17 Wesley Yang, 'The Face of Seung-Hui Cho', *n+1* (Winter 2008): https://nplusonemag.com/issue-6/essays/face-seung-hui-cho/

18 Wesley Yang, 'The Passion of Jordan Peterson', *Esquire* (1 May 2018): https://www.esquire.com/news-politics/a19834137/jordan-peterson-interview/

19 Yowei Shaw and Kia Miakka Natisse, 'A Very Offensive Rom-Com' (2019), NPR's *Invisibilia*: https://www.npr.org/programs/invisibilia/710046991/a-very-offensive-rom-com

20 Celeste Ng (@pronounced_ing), *Twitter* (2 June 2015): https://twitter.com/pronounced_ing/status/605922260298264576

21 Celeste Ng (@pronounced_ing), *Twitter* (17 March 2018): https://twitter.com/pronounced_ing/status/975043293242421254

22 Audrea Lim, 'The Alt-Right's Asian Fetish', *New York Times* (6 January 2018): https://www.nytimes.com/2018/01/06/opinion/sunday/alt-right-asian-fetish.html

23 Cristan Williams and Catharine A. MacKinnon, 'Sex, Gender, and Sexuality: The Trans Advocate Interviews Catharine A. MacKinnon', *The TransAdvocate* (7 April 2015): https://www.transadvocate.com/sex-gender-and-sexuality-the-transadvocate-interviews-catharine-a-mackinnon_n_15037.htm

24 Jordan Peterson, 'Biblical Series IV: Adamand Eve: Self-Consciousness, Evil, and Death', *The Jordan B. Peterson Podcast* (2017): https://www.jordanbpeterson.com/transcripts/biblical-series-iv/

25 'Technology And Female Hypergamy, And The Inegalitarian Consequences', *Château Heartiste* (4 January 2018): https://heartiste.org/2018/01/04/technology-and-female-hypergamy-and-the-inegalitarian-consequences/

26 こうした問題について、いつものように抜け目のない議論を展開しているものとして、次を参照のこと。Mike Davis, 'Trench Warfare: Notes on the 2020 Election', *New Left Review*, no. 126 (Nov/Dec 2020): https://newleftreview.org/issues/ii126/articles/mike-davis-trench-warfare

27 Katherine Cross (@Quinnae_Moon), *Twitter* (3 May 2018): https://twitter.com/Quinnae_Moon/status/992216016708165632?s=20

28 Kate Julian, 'Why Are Young People Having So Little Sex?', *The Atlantic* (December 2018): https://www.theatlantic.com/magazine/archive/2018/12/the-sex-recession/573949/

29 Simon Dedeo, 'Hypergamy, Incels, and Reality', *Axiom of Chance* (15 November 2018): http://simondedeo.com/?p=221

30 ミソジニーと極右の関係については、次を参照のこと。Michael Kimmel, *Angry White Men: American Masculinity at the End of an Era* (Nation Books, 2013); Kyle Wagner, 'The Future Of The Culture Wars Is Here, And It's Gamergate', *Deadspin* (14 October 2014): https://deadspin.com/the-future-of-the-culture-wars-is-here-and-its-gamerga-1646145844; Cara Daggett, 'Petro-masculinity: Fossil Fuels and Authoritarian Desire', *Millennium*, vol. 47, no. 1 (2018): 25–44; Bonnie Honig, 'The Trump Doctrine and the Gender Politics of Power', *Boston Review* (17 July 2018): http://bostonreview.net/politics/bonnie-honig-trump-doctrine-and-gender-politics-power; Matthew N. Lyons, *Insurgent Supremacists: The U.S. Far Right's Challenge to State and Empire* (PM Press and Kersplebedeb, 2018); Aja Romano, 'How the alt-right's sexism lures men into white supremacy', *Vox* (26 April 2018): https://www.vox.com/culture/2016/12/14/13576192/alt-right-sexism-recruitment; Ashley Mattheis, 'Understanding Digital Hate Culture', *CARR: Centre for the Analysis of the Radical Right* (19 August 2019): https://www.radicalrightanalysis.com/2019/08/19/understanding-digital-hate-culture/; Alexandra Minna Stern, *Proud Boys and the White Ethnostate: How the Alt-Right is Warping the American Imagination* (Beacon Press, 2019); Agniezska Graff, Ratna Kapur and Suzanna Danuta Walters, eds, *Signs*, vol. 44, no. 3, 'Gender and the Rise of the Global Right' (2019) に所収のエッセイ; Kristin Kobes Du Mez, *Jesus and John Wayne: How White Evangelicals Corrupted a Faith and Fractured a Nation* (Liveright, 2020); and Talia Lavin, *Culture Warlords: My Journey Into the Dark Web of White Supremacy* (Hachette, 2020).

31 Patrick Stedman (@Pat_Stedman), *Twitter* (30 October 2020): https://twitter.com/Pat_Stedman/status/1322359911871819778

32 Ross Douthat, 'The Redistribution of Sex', *New York Times* (2 May 2018): https://www.nytimes.com/2018/05/02/opinion/incels-sex-robots-redistribution.html

33 Meghan Murphy, 'Ross Douthat revealed the hypocrisy in liberal feminist ideology, and they're pissed', *Feminist Currents* (4 May 2018): https://www.feministcurrent.com/2018/05/04/ross-douthat-revealed-hypocrisy-liberal-feminist-ideology-theyre-pissed/

34 Rebecca Solnit, 'A broken idea of sex is flourishing. Blame capitalism', *Guardian* (12 May 2018): www.theguardian.com/commentisfree/2018/may/12/sex-capitalism-incel-movement-misogyny-feminism. 1911年にアレクサンドラ・コロンタイは次のように警告している。「何よりもまず競争を基礎とする社会、残酷極まる生存競争、あるいはみじめな一片のパンを、あるいは富を、あるい

は栄達を求めるための不断の狂奔においては、気むずかしく鋭感な「エロス」の文化に必要な時間が残されていない」（Alexandra Kollontai, 'Love and the New Morality', in *Sexual Relations and the Class Struggle / Love and the New Morality*, trans. Alix Holt (Falling Wall Press, 1972), p. 20〔ア・コロンタイ「戀愛と新道徳」『戀愛と新道徳』林房雄訳、世界社、1928年、122頁。訳は一部変更した〕）。

35 Mariarosa Dalla Costa and Selma James, 'Women and the Subversion of the Community' [1971], in *The Power of Women and the Subversion of the Community* (Falling Wall Press, 1975 [1972]): 21–56; Mariarosa Dalla Costa, 'A General Strike' [1974], in *All Work and No Pay: Women, Housework, and the Wages Due*, ed. Wendy Edmond and Suzie Fleming (Power of Women Collective and the Falling Wall Press, 1975): 125–7; Federici, 'Wages Against Housework'; Nancy Fraser, 'Behind Marx's Hidden Abode', *New Left Review*, issue 86 (March–April 2014): 55–72〔ナンシー・フレイザー（竹田杏子訳）「マルクスの隠れ家の背後へ――資本主義の概念の拡張のために」『大原社会問題研究所雑誌』No. 683・684、2015年、7–20〕; and Nancy Fraser, 'Contradictions of Capital and Care', *New Left Review*, issue 100 (July–August 2016): 99–117. ネオリベラル資本主義と核家族の関係については、次を参照のこと。Melinda Cooper, *Family Values*.

教え子と寝ないこと

1 Jane Gallop, *Feminist Accused of Sexual Harassment* (Duke University Press, 1997), p. 57.

2 *Lanigan v. Bartlett & Co. Grain*, 466 F. Supp. 1388 (W.D. Mo. 1979), p. 1,391.

3 この訴訟を担当した3名の判事のひとりがジョージ・マッキノン、保守的な共和党員でキャサリン・マッキノンの父である。自身の意見のなかで彼は次のように書いている。「性的な誘いはその本質からして無礼とはいえないであろうし、それを思いとどまらせる政策を雇用機会均等の法律から導きだすことはできない。ここで問題なっているのは、だれの利益にもかなわない人種にかかわる侮蔑表現や混乱を招く労働組合の授権カード（authorization card）〔雇用条件などについて労働組合が雇用者と協議することを認めるために、被雇用者が署名して労働組合に提出するカード〕ではなく、あるていど普通で予期できる社会的パターンである。警告を呼ぶのは習慣そのものではなく習慣の悪用である」。自分の父親でもここまでしか説得できない。

4 たとえば、黒人の女性銀行員が白人の男性上司を訴えた*Miller v. Bank of America*, 418 F. Supp. 233 (N.D. Cal. 1976) や、黒人の女性係長が白人の男性雇用主を訴えた*Munford v. James T. Barnes & Co.*, 441 F. Supp. 459 (E.D. Mich. 1977) を参照のこと。*Alexander v. Yale*, 459 F. Supp. 1 (D.Conn. 1979), 631 F.2d 178 (2nd Cir. 1980) の原告の中心人物、パメラ・プライスも黒人だった。

5 Eileen Sullivan, 'Perceptions of Consensual Amorous Relationship Polices (CARPs)', *Journal of College and Character*, vol. 5, no. 8 (2004).

6 Tara N. Richards, Courtney Crittenden, Tammy S. Garland and Karen McGuffee, 'An Exploration of Policies Governing Faculty-to-Student Consensual Sexual Relationships on University Campuses: Current Strategies and Future Directions', *Journal of College Student Development*, vol. 55, no. 4 (2014): 337–52, p. 342.

7 Margaret H. Mack, 'Regulating Sexual Relationships Between Faculty and Students', *Michigan*

Journal of Gender & Law, vol. 6, no. 1 (1999): 79–112, p. 91.

8 Jeffrey Toobin, 'The Trouble with Sex', *New Yorker* (9 February 1998): 48–55, p. 54. 数学教員のジェイ・ジョルゲンソンや彼のようなほかの人たちは「キャリアを破壊される［…］可能性がある」とトービンは嘆く。ジョルゲンソンは現在、ニューヨーク市立大学シティカレッジで終身在職権のある常勤教員として勤務している。

9 David Batty and Rachel Hall, 'UCL to ban intimate relationships between staff and their students', *Guardian* (20 February 2020): https://www.theguardian.com/education/2020/feb/20/ucl-to-ban-intimate-relationships-between-staff-and-students-univesities. この規程変更のわずか数週間前にわたしは、UCL哲学科のハリエット＆ヘレン記念講演でこのエッセイの草稿のひとつをもとに話をした。

10 教員・学生関係の規制を擁護するにあたって、この論拠がもつ訴求力については次を参照のこと。Phyllis Coleman, 'Sex in Power Dependency Relationships: Taking Unfair Advantage of the "Fair" Sex', *Albany Law Review*, vol. 53, no. 1 (1988): 95–142, pp. 95–6; Peter DeChiara, 'The need for universities to have rules on consensual sexual relationships between faculty members and students', *Columbia Journal of Law and Social Problems*, vol. 21, no. 2 (1988): 137–62, p. 142; and Billie Wright Dziech and Linda Weiner, *The Lecherous Professor: Sexual Harassment On Campus* (University of Illinois Press, 1990 [1984]).

11 Adrienne Rich, 'Compulsory Heterosexuality and Lesbian Existence' [1980], in *Journal of Women's History*, vol. 15, no. 3 (2003): 11–48, p. 38.〔アドリエンヌ・リッチ「強制的異性愛とレズビアン存在」『血、パン、詩。』大島かおり訳、晶文社、1989年、53–119、110頁〕

12 Jack Hitt, Joan Blythe, John Boswell, Leon Botstein and William Kerrigan, 'New Rules About Sex on Campus', *Harper's* (September 1993): 33–42, pp. 35–6.

13 特筆すべき例外が、Laura Kipnis, *Unwanted Advances: Sexual Paranoia Comes to Campus* (HarperCollins, 2017) である。

14 Gallop, *Feminist Accused of Sexual Harassment*, p. 56.

15 『クロニクル・オブ・ハイヤーエデュケーション』のえぐるように鋭いエッセイでコーリー・ロビンが指摘するように、教育の性愛的な面について熱弁をふるうのは、ほぼつねにわたしのようなエリート大学の人文学系教員である——つまり美化された自己像をもち、その像を維持できるたぐいの機関（エリート大学）で働く人間（人文学系教員）で、そこには深い教育上の関係が築ける空間と時間があり、「お金がある人たちの気楽な関係（ラポール）」に参加する方法を知る学生がいる。したがってロビンは「エロティックな教員の話題に潜んでいるのは、実のところセックスではなく階級である」と言う（Corey Robin, 'The Erotic Professor', *The Chronicle of Higher Education* (13 May 2018): https://www.chronicle.com/article/the-erotic-professor/）。ロビンの批判にわたしは痛みを覚える。わたしがここで前提としている教育像は、たしかにエリート主義的だ。わたしが想定している状況では、教員は大量の事務作業や教育負担のせいで完全に消耗してはいないし、学生もお金や入国管理の心配ごとのせいで完全に消耗してはいない。ロビンと同じように、自分自身の政治的な立場から、わたしもそうした教育がエリート主義的である必要はないと思うし、「目標とすべきはハーヴァードを解体することではなくブルックリン・カレッジを向

上させること」（同上）だと思う。一方で彼が指摘するとおり、これを口にするのはたやすいが、「大衆化された強度〔をもつ教育〕に必要な物質的条件および教員・学生比率」を確保するには、あらゆるレベルの教育で経済的、社会的なリソースを抜本的に再分配することが求められるだろう。

16 Sigmund Freud, 'Further Recommendations in the Technique of Psycho-Analysis: Observations on Transference-Love' [1915], in *Freud's Technique Papers*, trans. Joan Riviere and ed. Stephen Ellman (Other Press, 2002): 65–80, p. 79.〔フロイト（小此木啓吾訳）「転移性恋愛について」『フロイト著作集第9巻　技法・症例篇』人文書院、1983年、115–126、125頁〕

17 Chris Higgins, 'Transference Love from the Couch to the Classroom: A Psychoanalytic Perspective on the Ethics of Teacher-Student Romance', in *Philosophy of Education* (Philosophy of Education Society, 1998): 357–65, p. 363.

18 Freud, 'Further Recommendations in the Technique of Psycho-Analysis', p. 67.〔フロイト「転移性恋愛について」、117頁〕

19 Sigmund Freud, *An Autobiographical Study*, trans. James Strachey (Hogarth Press and The Institute of Psycho-Analysis, 1950 [1925]), p. 77.〔フロイト（懸田克躬訳）「自己を語る」『フロイト著作集第4巻　日常生活の精神病理学他』人文書院、1970年、422–476、452頁。訳は一部変更した〕

20 Plato, *Republic*, trans. G. M. A. Grube and ed. C. D. C. Reeve (Hackett, 1991), 403b.〔プラトン『国家（上）』藤沢令夫訳、岩波文庫、1979年、222頁。訳は一部変更した〕

21 Freud, 'Further Recommendations in the Technique of Psycho-Analysis', p. 79.〔フロイト「転移性恋愛について」、125頁。訳は一部変更した〕

22 同上、p. 76〔123頁〕。

23 同上、pp. 76–7〔123–4頁〕。

24 bell hooks, 'Embracing Freedom: Spirituality and Liberation', in *The Heart of Learning: Spirituality in Education*, ed. Steven Glazer (Tarcher/Putnam, 1999), p. 125.

25 Leslie Irvine, 'A "Consensual" Relationship' [1997], quoted in Carol Sanger, 'The Erotics of Torts', *Michigan Law Review*, vol. 96, no. 6 (1998): 1,852–83, p. 1,875.

26 James R. Kincaid, '*Pouvoir, Félicité, Jane, et Moi* (Power, Bliss, Jane, and Me)', *Critical Inquiry*, vol. 25, no.3 (1999): 610–16, p. 613.

27 Rich, 'Compulsory Heterosexuality and Lesbian Existence'.〔リッチ「強制的異性愛とレズビアン存在」〕

28 Regina Barreca, 'Contraband Appetites: Wit, Rage, and Romance in the Classroom', in *The Erotics of Instruction*, ed. Regina Barreca and Deborah Denenholz Morse (University Press of New England, 1997), p. 2. 次に引用。Sanger, 'The Erotics of Torts', p. 1,874.

29 同性愛者の教員・学生間で転移に対処する際の特別な困難については、次を参照のこと。Michèle Aina Barale, 'The Romance of Class and Queers: Academic Erotic Zones', in *Tilting the Tower*, ed. Linda Garber (Routledge, 1994): 16–24. また次も参照のこと。bell hooks, 'Eros, Eroticism and the Pedagogical Process', *Cultural Studies*, vol. 7, no. 1 (1993): 58–64.〔ベル・フック

ス「教育過程とエロス、エロティシズム」『とびこえよ、その囲いを――自由の実践としてのフェミニズム教育』里見実監訳、里見実、朴和美、堀田碧、吉原令子訳、新水社、2006年、221–232〕

30 Adrienne Rich, 'Taking Women Students Seriously' [1978], in *On Lies, Secrets, and Silence: Selected Prose, 1966–1978* (Virago, 1984 [1980]): 237–45, p. 241.〔アドリエンヌ・リッチ「女の学生と真剣に向きあう」『嘘、秘密、沈黙。　アドリエンヌ・リッチ女性論　1966–1978』大島かおり訳、晶文社、1989年、400–14、407頁。訳は一部変更した〕

31 同上、p. 242〔409頁〕。

32 Lin Farley, *Sexual Shakedown: The Sexual Harassment Of Women On The Job* (McGraw-Hill, 1978); and Reva B. Siegel, 'Introduction: A Short History of Sexual Harassment', in *Directions in Sexual Harassment Law*, ed. Catharine A. MacKinnon and Reva B. Siegel (Yale University Press, 2004): 1–39.

33 bell hooks, 'Eros, Eroticism and the Pedagogical Process', p. 58.〔ベル・フックス「教育過程とエロス、エロティシズム」、221頁〕

34 こう言うとき友人が――それにわたしも――意味していたのは、学生がたとえば異なる心身能力をもち、異なるかたちで人種化され、生殖サイクルで異なる役割を果たす身体をもっていることを無視すべきということではない。彼の（またわたしの）論点は、性的に利用可能な身体をもつ存在として学生を扱うことについてのものである。

35 そうした害を論じたものとして、次を参照のこと。Caroline Forell, 'What's Wrong with Faculty-Student Sex? The Law School Context', *Journal of Legal Education*, vol. 47, no. 1 (1997): 47–72; Sanger, 'The Erotics of Torts'; and Mack, 'Regulating Sexual Relationships Between Faculty and Students', section II.

36 Catharine A. MacKinnon, *Sexual Harassment of Working Women: A Case of Sex Discrimination* (Yale University Press, 1979), p. 174.〔キャサリン・A. マッキノン『セクシャル・ハラスメント・オブ・ワーキング・ウィメン』村山淳彦監訳、志田昇ほか訳、こうち書房、1999年、270頁〕。Farley, *Sexual Shakedown*も参照のこと。

37 教員・学生関係についての近年の文化的表象をサーベイしたものとして、次を参照のこと。William Deresiewicz, 'Love on Campus', *The American Scholar* (1 June 2007): https://theamericanscholar.org/love-on-campus/

38 *Naragon v. Wharton*, 737 F.2d 1403 (5th Cir. 1984).

39 Lara Bazelon, 'I'm a Democrat and a Feminist. And I Support Betsy DeVos's Title IX Reforms.', *New York Times* (4 December 2018): https://www.nytimes.com/2018/12/04/opinion/-title-ix-devos-democrat-feminist.html

40 同上。次も参照のこと。Janet Halley, 'Trading the Megaphone for the Gavel in Title IX Enforcement', *Harvard Law Review Forum*, vol. 128 (2015): 103–17.

41 Michèle Le Dœuff, *Hipparchia's Choice: An Essay Concerning Women, Philosophy, etc.*, trans. Trista Selous (Columbia University Press, 2007 [1989]), p. 28.

42 Jane Tompkins, *A Life in School: What the Teacher Learned* (Addison-Wesley, 1996), p. 143.

43 このエッセイは次の論文をもとにしている。Amia Srinivasan, 'Sex as a Pedagogical Failure', *Yale*

Law Journal, vol. 129, no. 4 (2020): 1,100–46.『イェール・ロー・ジャーナル』の編集者にお礼を言いたい。関係する議論として次を参照のこと。Sanger, 'The Erotics of Torts'; Mack, 'Regulating Sexual Relationships Between Faculty and Students'; Higgins, 'Transference Love from the Couch to the Classroom'; and Forell, 'What's Wrong with Faculty–Student Sex?'.

訳注

*1 プルースト『失われた時を求めて 12 消え去ったアルベルチーヌ』吉川一義訳、岩波文庫、2018年、254頁。

セックス、監獄主義、資本主義

1 Nate Berg, 'Drive-thru brothels: why cities are building "sexual infrastructure"', *Guardian* (2 September 2019): https://www.theguardian.com/cities/2019/sep/02/drive-thru-brothels-why-cities-are-building-sexual-infrastructure

2 Karen Ingala Smith (@K_IngalaSmith), *Twitter* (2 September 2019): https://twitter.com/K_IngalaSmith/status/1168471738604228608

3 Making Herstory (@MakeHerstory1), *Twitter* (2 September 2019): https://twitter.com/MakeHerstory1/status/1168527528186785794

4 たとえば次を参照のこと。Claude Jaget, ed., *Prostitutes: Our Life* (Falling Wall Press, 1980); International Committee for Prostitutes' Rights, 'World Charter for Prostitutes Rights: February 1985, Amsterdam', *Social Text*, no. 37 (1993): 183–5; Gail Pheterson, ed., *A Vindication of The Rights of Whores* (Seal Press, 1989); Durbar Mahila Samanwaya Committee, 'Sex Workers' Manifesto: First National Conference of Sex Workers in India' [1997], *Global Network of Sex Work Projects* (2011): https://www.nswp.org/resource/sex-workers-manifesto-first-national-conference-sex-workers-india〔https://www.nswp.org/es/node/522〕; European Conference on Sex Work, Human Rights, Labour and Migration, 'Sex Workers in Europe Manifesto', *International Committee on the Rights of Sex Workers in Europe* (2005): https://www.sexworkeurope.org/resources/sex-workers-europe-manifesto; Melinda Chateauvert, *Sex Workers Unite: A History of the Movement from Stonewall to SlutWalk* (Beacon Press, 2014); Melissa Gira Grant, *Playing the Whore: The Work of Sex Work* (Verso, 2014).〔メリッサ・ジラ・グラント『職業は売春婦』桃井緑美子訳、青土社、2015年〕; Chi Adanna Mgbako, *To Live Freely in This World: Sex Worker Activism in Africa* (NYU Press, 2016); Juno Mac and Molly Smith, *Revolting Prostitutes* (Verso 2018); Kay Kassirer, ed., *A Whore's Manifesto: An Anthology of Writing and Artwork by Sex Workers* (Thorntree Press 2019); and Cassandra Troyan, *Freedom & Prostitution* (The Elephants, 2020). 次も参照のこと。Lucy Platt, Pippa Grenfell, Rebecca Meiksin, Jocelyn Elmes, Susan G. Sherman, Teela Sanders, Peninah Mwangi and Anna-Louise Crago, 'Associations between sex work laws and sex workers' health: A systematic review and meta-analysis of quantitative and qualitative studies', *PLoS Medicine*, vol. 15, no. 12 (2018): 1–54.

5 これらさまざまな法制度がセックスワーカーに与える影響を詳しく論じたものとして、次を参照の

こと。Mac and Smith, *Revolting Prostitutes*.

6 Julie Burchill, *Damaged Gods: Cults and Heroes Reappraised* (Century, 1986), p. 9. バーチルはこうつづける。「80年代の売買春ロビーのなかでレズビアンがとても多作で声高だったのは不思議ではない。レズビアンは異性愛を嫌悪していて、悪い異性愛関係を助長するものがあるとしたら、売買春こそがそれだからだ」(p. 9)。

7 Mac and Smith, *Revolting Prostitutes*, p. 141.

8 Max Weber, 'Politics as a Vocation' [1919], in *Max Weber: The Vocation Lectures*, trans. Rodney Livingstone and ed. David Owen and Tracy B. Strong (Hackett, 2004): 32–94, p. 90.〔マックス・ヴェーバー『職業としての政治』脇圭平訳、岩波文庫、1980年、99–100頁〕

9 Valeria Costa-Kostritsky, 'The Dominique Strauss-Kahn courtroom drama has put prostitution on trial', *New Statesman* (20 February 2015): https://www.newstatesman.com/world-affairs/2015/02/dominique-strauss-kahn-courtroom-drama-has-put-prostitution-trial

10 Gilda Sedgh, Jonathan Bearak, Susheela Singh, Akinrinola Bankole, Anna Popinchalk, Bela Ganatra, Clémentine Rossier, Caitlin Gerdts, Özge Tunçalp, Brooke Ronald Johnson Jr., Heidi Bart Johnston and Leontine Alkema, 'Abortion incidence between 1990 and 2014: global, regional, and subregional levels and trends', *The Lancet*, vol. 388, no. 10041 (2016): 258–67, p. 265.

11 Anna North, 'Plenty of conservatives really do believe women should be executed for having abortions', *Vox* (5 April 2018): https://www.vox.com/2018/4/5/17202182/the-atlantic-kevin-williamson-twitter-abortion-death-penalty

12 セックスワークを完全に非犯罪化するのに最も近づいた法域の例として、オーストラリアのニューサウスウェールズ州(1995年)とニュージーランド(2003年)を挙げることができる。2008年、ニュージーランドの法律の正式な調査でわかったのは、セックスワーク産業の規模は大きくなっていないこと(また縮小の徴候が見られること)、「管理された」セックスワークから女性が独立したり他の女性と共同したりするセックスワークへと移行していること、セックスワーカーが自分たちへの犯罪を以前よりすすんで通報するようになっていること、性的搾取を目的とした人身取引は増えていないこと、ほぼすべてのセックスワーカーが自分たちの労働と法的権利が強化されたと感じていることである('Report of the Prostitution Law Review Committee on the Operation of the Prostitution Reform Act 2003', *New Zealand Ministry of Justice* (2008)、次で閲覧可能。https://prostitutescollective.net/wp-content/uploads/2016/10/report-of-the-nz-prostitution-law-committee-2008.pdf)。セックスワークが合法化されながらも完全に非犯罪化されたわけではない――つまりセックスワーク産業の一部が国家による官僚的な管理のもとに置かれ、残りが犯罪化された産業として動いている――ドイツやオランダのような国では、合法化の恩恵を受けるのはおもに売春宿の管理者と客であり、多くの(とりわけ「不法な」)セックスワーカーの状況は悪化する。人身取引の割合も上がる。この点についての議論は次を参照のこと。Mac and Smith, *Revolting Prostitutes*, chapter 7.

13 ニュージーランドでセックスワークが非犯罪化されてから、同国のセックスワーカーは以前より客を拒むことができるようになったと感じているという。次を参照のこと。'Report of the

Prostitution Law Review Committee', p. 195.

14 Silvia Federici, 'Wages Against Housework' [1975], in *Revolution at Point Zero: Housework, Reproduction, and Feminist Struggle* (PM Press, 2012): 15–22, p. 19. 「家事労働に賃金を」運動については次を参照のこと。Wendy Edmond and Suzie Fleming, eds, *All Work and No Pay: Women, Housework, and the Wages Due* (Power of Women Collective and the Falling Wall Press, 1975); Silvia Federici and Arlen Austin, eds, *The New York Wages for Housework Committee, 1972–1977: History, Theory, and Documents* (Autonomedia, 2017); Beth Capper and Arlen Austin, '"Wages for housework means wages against heterosexuality": On the Archives of Black Women for Wages for Housework, and the Wages Due Lesbians', *GLQ: A Journal of Lesbian and Gay Studies*, vol. 24, no. 4 (2018): 445–66; Louise Toupin, *Wages for Housework: A History of an International Feminist Movement, 1972–77* (Pluto Press, 2018); and Kirsten Swinth, *Feminism's Forgotten Fight* (Harvard University Press, 2018), chapter 4.

15 Federici, 'Wages Against Housework', p. 18.

16 同上、p. 19。「家事労働に賃金を」運動の「要求」については次を参照のこと。Kathi Weeks, *The Problem with Work: Feminism, Marxism, Antiwork Politics, and Postwork Imaginaries* (Duke University Press, 2011), chapter 3.

17 Angela Y. Davis, *Women, Race & Class* (Penguin Modern Classics, 2019 [1981]), chapter 13.

18 同上、p. 213。

19 同上、p. 218。

20 同上、p. 213。

21 同上、p. 216。

22 André Gorz, 'Reform and Revolution' [1967], trans. Ben Brewster, *Socialist Register*, vol. 5 (1968): 111–43, p. 124. 次も参照のこと。André Gorz, *A Strategy for Labor: A Radical Proposal*, trans. Martin Nicolaus and Victoria Ortiz (Beacon Press, 1967).〔アンドレ・ゴルツ『労働者戦略と新資本主義』小林正明、堀口牧子訳、合同出版、1970年〕

23 Davis, *Women, Race & Class*, p. 219, 強調引用者。

24 Gorz, 'Reform and Revolution', p. 125.

25 この懸念を強力に表明しているのが、アメリカのアナキスト・セックスワーカー、ソニヤ・アラゴンである。「セックスワーカーの権利運動の主流内で非犯罪化が重視されることで、この仕事をほかの仕事のように位置づける必要が生じている——立法機関から与えられた労働者の権利を求めて闘う必要が生じている。この国の労働者はクソのように扱われていて、日々失業率が高まり、家賃が容赦なく取り立てられるなかで、この現実はいっそう際立ってきている。わたしは労働者階級を支持しないわけではない——もちろん支持する。けれども、国に認められた専門職と一体化することがわたしたちの最終目標だとは思わない。M. E. オブライエンはこう書く。「押しつけられた使い捨ての立場と孤立を革命的な活動によって拒んだとき、ジャンキーとその友人たちは、仕事の尊厳にもとづいた共産主義ではなく、生命の無条件の価値にもとづいた共産主義へと向かう」。売春者とその友人たちにとっても同じであってほしい。セックスワークも仕事として認めるよう要求する計画から離れて先にすすんだらどうなるだろう？　犯罪の政治へと向かってい

ったら？　わたしたちの犯罪的な潜勢力をわたしは捨て去りたくない。裏社会の絆と共謀者がほしいし、国家の敵に再分配される靴箱に隠したお金がほしい——そもそも資格がなく給付金を受けとることがない人たちに再分配されるお金が」。(Sonya Aragon, 'Whores at the End of the World', *n+1* (30 April 2020): https://nplusonemag.com/online-only/online-only/whores-at-the-end-of-the-world/).

26 The Combahee River Collective, 'A Black Feminist Statement' [1977], in *Home Girls: A Black Feminist Anthology*, ed. Barbara Smith (Kitchen Table: Women of Color Press, 1983): 272–92, p. 281.

27 Elizabeth Bernstein, 'The Sexual Politics of the "New Abolitionism"', *differences*, vol. 18, no. 3 (2007): 128–51.

28 Silvia de Aquino, 'Organizing to Monitor Implementation of the Maria da Penha Law in Brazil', in *Feminist Activism, Women's Rights, and Legal Reform*, ed. Mulki Al Sharmani (Zed, 2013), pp. 177–203. 次も参照のこと。Susan Watkins, 'Which Feminisms?', *New Left Review*, issue 109 (January–February 2018): 5–76, p. 51.

29 Michelle S. Jacobs, 'The Violent State: Black Women's Invisible Struggle Against Police Violence', *William & Mary Journal of Race, Gender, and Social Justice*, vol. 24, no. 1 (2017): 39–100, pp. 84–7.

30 同上、p. 87。

31 Aya Gruber, *The Feminist War on Crime: The Unexpected Role of Women's Liberation in Mass Incarceration* (University of California Press, 2020), p. 58.

32 Sonia Bhalotra, Uma Kambhampati, Samantha Rawlings and Zahra Siddique, 'Intimate Partner Violence: The Influence of Job Opportunities for Men and Women', *The World Bank Economic Review* (2019): 1–19.

33 Jacobs, 'The Violent State', pp. 88–90.

34 bell hooks, *Feminist Theory: From Margin to Center* (Routledge, 1984), p. 6.〔ベル・フックス『ベル・フックスのフェミニズム理論——周辺から中心へ』野崎佐和、毛塚翠訳、あけび書房、2017年、25頁。訳は変更した〕

35 Roy Walmsley, 'World Female Imprisonment', 3rd edition. *World Prison Brief*: https://www.prisonstudies.org/sites/default/files/resources/downloads/world_female_imprisonment_list_third_edition_0.pdf; and Wendy Sawyer, 'The Gender Divide: Tracking Women's State Prison Growth', *Prison Policy Initiative* (2018): https://www.prisonpolicy.org/reports/women_overtime.html

36 Aleks Kajstura, 'Women's Mass Incarceration: The Whole Pie 2019', *Prison Policy Initiative* (29 October 2019): https://www.prisonpolicy.org/reports/pie2019women.html

37 Carla Boonkong and Pranee O'Connor, 'Thailand jails more women than any other country in the world over pink yaba pills and ongoing drug arrests', *Thai Examiner* (4 January 2019): https://www.thaiexaminer.com/thai-news-foreigners/2019/01/04/thai-women-prison-in-thailand-world-no1-country-drug-users-war-on-drugs/

38 'Yarl's Wood Centre: Home Office letter to protesters attacked', *BBC News* (6 March 2018): https://www.bbc.co.uk/news/uk-england-beds-bucks-herts-43306966

39 貧困と犯罪の関係については次を参照のこと。John Clegg and Adaner Usmani, 'The Economic Origins of Mass Incarceration', *Catalyst*, vol. 3, no. 3 (2019): https://catalyst-journal.com/vol3/no3/the-economic-origins-of-mass-incarceration. 新自由主義の戦略としての監獄主義については次を参照のこと。Loïc Wacquant, *Punishing the Poor: The Neoliberal Government of Social Insecurity* (Duke University Press, 2009). ヨーロッパでの緊縮政策と女性への暴力の関係については次を参照のこと。Anna Elomäki, 'The Price of Austerity: The Impact on Women's Rights and Gender Equality in Europe', *European Women's Lobby* (2012): https://www.womenlobby.org/IMG/pdf/the_price_of_austerity_-_web_edition.pdf, p. 10.

40 Watkins, 'Which Feminisms?'. 第三世界のフェミニズムの起源と発展を論じた定番書として次を参照のこと。Kumari Jayawardena, *Feminism and Nationalism in the Third World* (Verso, 2016 [1986]).〔クマーリ・ジャヤワルダネ『近代アジアのフェミニズムとナショナリズム』中村平治訳、新水社、2006年〕

41 NewYork Radical Feminists, *Rape: The First Sourcebook for Women*, ed. Noreen Connell and Cassandra Wilson (New American Library, 1974), p. 125.

42 同上、p. 250。

43 Watkins, 'Which Feminisms?', p. 12.

44 同上、pp. 16ff。

45 1982年から2000年のあいだに囚人数が500%増加したカリフォルニア州の大量投獄の発展を扱い、基本文献となっている強力な事例研究として次を参照のこと。Ruth Wilson Gilmore, *Golden Gulag: Prisons, Surplus, Crisis, and Opposition in Globalizing California* (University of California Press, 2007). 重要なことに――ギルモアの研究がはっきり示しているように――囚人数と収監率の増加の大部分は、連邦政府によってもたらされたわけではなく、人種化された懲罰だけに動機づけられていたわけでもない。また同じく重要なことに、アメリカの刑務所には黒人が圧倒的に多いが、囚人のほとんどが黒人だというのは正しくない。囚人の40%が黒人であり(それに対して全人口に黒人が占める割合は13%)、39%が白人(全人口の64%)、19%がラテンアメリカ系(全人口の16%)である(Wendy Sawyer and Peter Wagner, 'Mass Incarceration: The Whole Pie 2020', *Prison Policy Initiative* (24 March 2020): https://www.prisonpolicy.org/reports/pie2020.html)。アメリカでの大量投獄の時代には、囚人に占める白人対黒人の(非対称的に高い)比率は変わらなかったが、中間層に対する貧困層の比率は大幅に上昇した。

46 アメリカでの家庭内労働者の政治的・経済的権利を求める闘いについては、次を参照のこと。*National Domestic Workers Alliance* (2020): https://www.domesticworkers.org/

47 たとえばフェデリーチは、イタリアのアウトノミスト・マルクス主義の伝統から次のように語っている。「わたしたちが望むかたちで託児所をつくり、その費用を払うよう国家に要求することと、子どもを国家のもとへ届け、1日5時間ではなく15時間面倒を見るよう求めることとは別物である。わたしたちが望むかたちで食事をするように共同で(自分たちで、グループで)準備し、その費用を払うよう国家に求めることと、わたしたちの食事を準備するよう国家に求めることとは正反

対である。一方では自分たちの暮らしのコントロールを一部取りもどすことができ、もう一方ではわたしたちに対する国家のコントロールを拡大することになる」(Federici, 'Wages Against Housework', p. 21)。託児所の「コミュニティによるコントロール」について、セルマ・ジェイムズが次の著書で論じていることも参照のこと。Selma James, *Women, the Unions and Work, Or . . .What Is Not To Be Done* (Notting Hill Women's Liberation Workshop, 1972). これをケアワークの国家による社会化を支持するアンジェラ・デイヴィスの主張と比較のこと。*Women, Race & Class*, chapter 13.

48 これは、1960年代の大規模な(また人種化された)経済変化によって生じた暴力犯罪の増加を一部反映していた。次を参照のこと。Gilmore, *Golden Gulag*, and Clegg and Usmani, 'The Economic Origins of Mass Incarceration'.

49 Gruber, *The Feminist War on Crime*, p. 65.

50 アメリカ以外のナショナリストの文脈でのフェミニズム内における監獄主義への旋回については、たとえば次を参照のこと。Don Kulick, 'Sex in the New Europe: the criminalization of clients and Swedish fear of penetration', *Anthropological Theory*, vol. 3, no. 2 (2003): 199–218; Kamala Kempadoo,'Victims and Agents of Crime: The New Crusade Against Trafficking', in *Global lockdown: Race, Gender and the Prison-Industrial Complex*, ed. Julia Sudbury (Routledge, 2005): 35–55; Christine Delphy, *Separate and Dominate: Feminism and Racism After the War on Terror*, trans. David Broder (Verso, 2015 [2008]); and Miriam Ticktin, 'SexualViolence as the Language of Border Control: Where French Feminist and Anti-Immigrant Rhetoric Meet', *Signs*, vol. 33, no. 4 (2008): 863–89.

51 これはGruber, *The Feminist War on Crime* の中心テーマである。次も参照のこと。Kristin Bumiller, *In an Abusive State: How Neoliberalism Appropriated the Feminist Movement Against Sexual Violence* (Duke University Press, 2008).

52 Beth E. Richie, *Arrested Justice: Black Women, Violence, and America's Prison Nation* (NYU Press, 2012), chapter 3. 次も参照のこと。Bumiller, *In an Abusive State*, chapter 4.

53 次に記されているところによる。Gruber, *The Feminist War on Crime*, chapter 2.

54 本書の「ポルノについて学生と話すこと」の章を参照のこと。

55 この歴史を論じたものとして次を参照のこと。Richard Beck, *We Believe the Children: A Moral Panic in the 1980s* (PublicAffairs, 2015).

56 Gruber, *The Feminist War on Crime*, chapter 4.

57 次を参照のこと。Bernstein, 'The Sexual Politics of the "New Abolitionism"'; and Mac and Smith, *Revolting Prostitutes*, chapter 3.

58 Watkins, 'Which Feminisms?', pp. 35ff.

59 The Fourth World Conference on Women, 'Beijing Declaration and Platform for Action', *United Nations* (1995): https://www.un.org/en/events/pastevents/pdfs/Beijing_Declaration_and_Platform_for_Action.pdf〔https://www.un.org/womenwatch/daw/beijing/pdf/BDPfA%20E.pdf〕, p. 51.〔『第4回世界女性会議　行動綱領』、https://www.gender.go.jp/international/int_standard/int_4th_kodo/chapter4-D.html〕

60 たとえば次を参照のこと。Bumiller, *In an Abusive State*, chapter 6; and Aparna Polavarapu, 'Global Carceral Feminism and Domestic Violence: What the West Can Learn From Reconciliation in Uganda', *Harvard Journal of Law & Gender*, vol. 42, no. 1 (2018): 123–75. レイプに対するインドのフェミニストの監獄主義的な反応、とりわけ2012年のジョティ・シンの集団レイプ事件後の反応については、次を参照のこと。Prabha Kotiswaran, 'Governance Feminism in the Postcolony: Reforming India's Rape Laws', in Janet Halley, Prabha Kotiswaran, Rachel Rebouché and Hila Shamir, *Governance Feminism: An Introduction* (University of Minnesota Press, 2018): 75–148. アメリカの影響を受けたイスラエルの監獄主義的な（また反移民的な）人身売買へのアプローチについては、次を参照のこと。Hila Shamir, 'Anti-trafficking in Israel: Neo-abolitionist Feminists, Markets, Borders, and the State', in Halley et al., *Governance Feminism*: 149–200.

61 これについての議論は次を参照のこと。Krista Hunt, '"Embedded Feminism" and the War on Terror', in *(En)Gendering the War on Terror: War Stories and Camouflaged Politics*, ed. Krista Hunt and Kim Rygiel (Ashgate, 2006): 51–71. 欧米フェミニストの著作物における「第三世界」女性の表象に対する古典的な批判として、次を参照のこと。Chandra Mohanty, 'Under Western Eyes: Feminist Scholarship and Colonial Discourses', *boundary* 2, vol. 12, no. 3 (1984): 333–58. 〔チャンドラ・タルペード・モハンティ（ホーン川嶋瑤子訳）「フェミニズム研究と植民地主義言説――西洋の目」『日米女性ジャーナル』15号、1993年、91–120〕

62 Kim Berry, 'The Symbolic Use of Afghan Women in the War On Terror', *Humboldt Journal of Social Relations*, vol. 27, no. 2 (2003): 137–60, p. 137.

63 冷戦中のアメリカによるアフガニスタンへの介入の歴史については、次を参照のこと。Berry, 'The Symbolic Use of Afghan Women'.

64 Lauren Bohn, '"We're All Handcuffed in This Country." Why Afghanistan Is Still the Worst Place in the World to Be a Woman', *Time* (8 December 2018): https://time.com/5472411/afghanistan-women-justice-war/

65 Steve Crabtree, 'Afghans' Misery Reflected in Record-Low Well-Being Measures', *Gallup* (26 October 2018): https://news.gallup.com/poll/244118/afghans-misery-reflected-record-low-measures.aspx

66 Bohn, '"We're All Handcuffed in This Country."'

67 Juliet Mitchell, *Women's Estate* (Verso, 2015 [1971]), p. 61. 〔J. ミッチェル『女性論――性と社会主義』佐野健治訳、合同出版、1973年、68頁〕

68 Aja Romano, '#WomenBoycottTwitter: an all-day protest inspires backlash from women of color', *Vox* (13 October 2017): https://www.vox.com/culture/2017/10/13/16468708/womenboycotttwitter-protest-backlash-women-of-color

69 Sandra E. Garcia, 'The Woman Who Created #MeToo Long Before Hashtags', *New York Times* (20 October 2017): https://www.nytimes.com/2017/10/20/us/me-too-movement-tarana-burke.html

70 これに関係するMeTooの批判として次を参照のこと。Heather Berg, 'Left of #MeToo', *Feminist Studies*, vol. 46, no. 2 (2020): 259–86.

71　セクシュアル・ハラスメントを認識する国や地域のほとんどは、それを刑事事件ではなく民事事件として扱う。このため、セクシュアル・ハラスメントとたとえば性的暴行のあいだでは、法律上の扱いで重要なちがいが生じる。刑法ではなく民法を用いることで、監獄主義と関係する問題のすべてではないにせよ一部は回避される。だが実際にはそれらを切り離しておくのはときにむずかしい。たとえば、ドウォーキン=マッキノンの（民事的な）ポルノへのアプローチを猥褻罪の問題として考えなおそうとすることについて論じた、「ポルノについて学生と話すこと」（本書に所収）でのわたしの議論を参照のこと。この問題に気づかせてくれたスーザン・ブライソンに感謝したい。

72　人種資本主義（racial capitalism）の技法としての監獄主義については次を参照のこと。Jackie Wang, *Carceral Capitalism* (MIT Press, 2018).

73　反監獄主義はかならずしも懲罰そのものへの反対を意味するわけではない。ほかの形態の懲罰もあるからだ――事実、ソーシャルメディアでのさらしあげがその好例である。

74　Gilmore, *Golden Gulag*, p. 2. 次も参照のこと。Thomas Mathieson, *The Politics of Abolition Revisited* (Routledge, 2015 [1974]); Fay Honey Knopp, *Instead of Prisons: A Handbook for Abolitionists* (Prison Research Education Action Project, 1976); Julia Sudbury, 'Transatlantic Visions: Resisting the Globalization of Mass Incarceration', *Social Justice*, vol. 27, no. 3 (2000): 133–49; Angela Y. Davis, *Are Prisons Obsolete* (Seven Stories Press, 2003).〔アンジェラ・デイヴィス『監獄ビジネス――グローバリズムと産獄複合体』上杉忍訳、岩波書店、2008年〕; The CR10 Publications Collective, *Abolition Now! Ten Years of Strategy and Struggle Against the Prison Industrial Complex* (AK Press, 2008); Eric A. Stanley and Nat Smith, eds, *Captive Genders: Trans Embodiment and the Prison Industrial Complex* (AK Press, 2015); INCITE! Women of Color Against Violence, ed., *Color of Violence: The INCITE! Anthology* (Duke University Press, 2016); Alex S. Vitale, *The End of Policing* (Verso, 2017); Dan Berger, Mariame Kaba and David Stein, 'What Abolitionists do', *Jacobin* (24 August 2017): https://www.jacobinmag.com/2017/08/prison-abolition-reform-mass-incarceration; Clément Petitjean and Ruth Wilson Gilmore, 'Prisons and Class Warfare: An Interview with Ruth Wilson Gilmore', *Verso* (2 August 2018): https://www.versobooks.com/blogs/3954-prisons-and-class-warfare-an-interview-with-ruth-wilson-gilmore; Liat Ben-Moshe, *Decarcerating Disability: Deinstitutionalization and Prison Abolition* (University of Minnesota Press, 2020); and Angela Y. Davis, Gina Dent, Erica Meiners and Beth Richie, *Abolition. Feminism. Now.* (Haymarket Books, 2021).

75　Angela Y. Davis, ed., *If They Come in the Morning . . .Voices of Resistance* (Verso, 2016 [1971]), p. xiii.〔アンジェラ・デービス編著『もし奴らが朝にきたら――黒人政治犯・闘いの声』袖井林二郎監訳、現代評論社、1972年、20頁〕

76　Rachel Kushner, 'Is Prison Necessary? Ruth Wilson Gilmore Might Change Your Mind', *New York Times Magazine* (17April2019): https://www.nytimes.com/2019/04/17/magazine/prison-abolition-ruth-wilson-gilmore.html. フォーマンは次の本の著者である。James Forman Jr., *Locking Up Our Own: Crime and Punishment in Black America* (Farrar, Straus and Giroux, 2017).

77　重要なのは、銃の不法所持からレイプ、殺人までの暴力犯罪がアメリカの囚人数のかなりの部分

を占めていることである。州刑務所の全囚人の55%、州刑務所、連邦刑務所および拘置所、地方の監獄を合わせた全収容者の42%がそれに相当する（Wendy Sawyer and Peter Wagner, 'The Whole Pie 2020'）。したがって、ドラッグ関連やその他の非暴力犯罪による投獄をなくしても、刑務所改革論者の一部が論じるように、大量投獄を終わらせることにはならない。

78 Petitjean and Gilmore, 'An Interview with Ruth Wilson Gilmore'. ジョージ・フロイド殺害後、ミネアポリスにおける近年の警察廃止の試みをめぐる議論として、次を参照のこと。Charmaine Chua, 'Abolition Is A Constant Struggle: Five Lessons from Minneapolis', *Theory & Event*, vol. 23, no. 4 supp. (2020): 127–47.

79 'Fred Hampton on racism and capitalism 1', *YouTube* (28 May 2019): https://www.youtube.com/watch?v=jnlYA00Ffwo

80 ムーヴメント・フォー・ブラック・ライヴズへのリードのコメントについては、次を参照のこと。Adolph Reed Jr., 'Antiracism: a neoliberal alternative to a left', *Dialectical Anthropology*, vol. 42 (2018):105–15; Reed, 'The Trouble with Uplift', *The Baffler*, no. 41 (September 2018): https://thebaffler.com/salvos/the-trouble-with-uplift-reed; and Adolph Reed Jr. and Walter Benn Michaels, 'The Trouble with Disparity', *Common Dreams* (15 August 2020): https://www.commondreams.org/views/2020/08/15/trouble-disparity. 次も参照のこと。Cedric Johnson, 'The Triumph of Black Lives Matter and Neoliberal Redemption', *nonsite.org* (9 June 2020): https://nonsite.org/the-triumph-of-black-lives-matter-and-neoliberal-redemption/.

81 Reed and Michaels, 'The Trouble with Disparity'.

82 たとえば次を参照のこと。Adolph Reed Jr., 'The Limits of Anti-Racism', *Left Business Observer* (September 2009): https://www.leftbusinessobserver.com/Antiracism.html; Reed, 'Antiracism: a neoliberal alternative to a left'; Reed, 'The Trouble with Uplift'; Daniel Denvir, Barbara J. Fields and Karen E. Fields, 'Beyond "Race Relations": An Interview with Barbara J. Fields and Karen E. Fields', *Jacobin* (17 January 2018): https://www.jacobinmag.com/2018/01/racecraft-racism-barbara-karen-fields; Cedric Johnson, 'The Wages of Roediger: Why Three Decades of Whiteness Studies Has Not Produced the Left We Need', *nonsite.org* (9 September 2019): https://nonsite.org/the-wages-of-roediger-why-three-decades-of-whiteness-studies-has-not-produced-the-left-we-need/; and Reed and Michaels, 'The Trouble with Disparity'.

83 レイシズムが労働者階級の大規模な運動の出現を阻むのに果たしてきた歴史上の、またいまなおつづく役割については、次を参照のこと。Mike Davis, *Prisoners of the American Dream: Politics and Economy in the History of the US Working Class* (Verso, 2018 [1986]); David R. Roediger, *The Wages of Whiteness: Race and the Making of the American Working Class* (Verso, 2007 [1991]).〔デイヴィッド・R・ローディガー『アメリカにおける白人意識の構築——労働者階級の形成と人種』小原豊志、竹中興慈、井川真砂、落合明子訳、明石書店、2006年〕; Satnam Virdee, *Racism, Class and the Racialised Outsider* (Red Globe Press, 2014); Katherine J. Cramer, *The Politics of Resentment: Rural Consciousness in Wisconsin and the Rise of Scott Walker* (University of Chicago Press, 2016); and Michael C. Dawson, 'Hidden in Plain Sight: A Note on Legitimation Crises and the Racial Order', *Critical Historical Studies*, vol. 3, no. 1 (2016): 143–61. 人種とレイシズムの階級的な起源に

ついては次を参照のこと。Cedric J. Robinson, *Black Marxism: The Making of the Black Radical Tradition* (The University of North Carolina Press, 2000 [1983]); and Theodore Allen, *The Invention of the White Race*, vol.2, *The Origins of Racial Oppression in Anglo-America* (Verso, 2012 [1997]). 変化する一連の物質的条件からレイシズムが生まれたと主張することは、いまレイシズムが物質的条件に完全に依存していて、「資本主義の終焉」によって人種やレイシズムにかならず終止符が打たれると論じることではないし、レイシストの実践や態度の変化はその「土台にある」階級構造の変化に還元して説明できると主張することでもない。実際、アドルフ・リードのような理論家と人種資本主義の理論家が根本的に衝突するのが、人種は一度出現すると「独自の命をもつようになる」と言えるか否かである。この点については次を参照のこと。Adolph Reed Jr., 'Response to Eric Arnesen', *International Labor and Working-Class History*, no. 60 (2001): 69–80; and Reed, 'Unraveling the relation of race and class in American politics', *Advance the Struggle* (11 June 2009): https://advancethestruggle.wordpress.com/2009/06/11/how-does-race-relate-to-class-a-debate/. 次も参照のこと。Barbara Jeanne Fields, 'Slavery, Race and Ideology in the United States of America', *New Left Review*, issue I/181 (May–June 1990): 95–118, p. 101.

84 W.E.B. Du Bois, *Black Reconstruction in America: 1860–1880* (The Free Press, 1992 [1935]). 一方、デュボイスの政治思想についての著書があるアドルフ・リードが、現代政治の議論で彼を参照することに——またより広く歴史的な類推をすることに——強く反対しているのは注目に値する。次を参照のこと。Adolph Reed Jr., 'Rejoinder', *Advance the Struggle* (11 June 2009): https://advancethestruggle.wordpress.com/2009/06/11/how-does-race-relate-to-class-a-debate/; and Reed, 'Socialism and the Argument against Race Reductionism', *New Labor Forum*, vol. 29, no. 2 (2020): 36–43.

85 アメリカの非熟練、低賃金の仕事で有色の人びとと女性が占める割合が増加していることについては、次を参照のこと。Rachel E. Dwyer and Erik Olin Wright, 'Low-Wage Job Growth, Polarization, and the Limits and Opportunities of the Service Economy', *RSF: The Russell Sage Foundation Journal of the Social Sciences*, vol. 5, no. 4 (2019): 56–76.

86 よく知られているように、スチュアート・ホールはこう言う。「人種とレイシズム［は］黒人労働者に影響するあらゆる関係性の実際的かつ理論的な中心である。この一派の階級としての構成およびそれを生む階級関係は人種間関係として機能する。したがって人種はまた、そのなかで階級が「生きられる」様式でもあり、それを通じて階級関係が経験される媒体であって、そのなかで階級が占有され「闘い抜かれる」形式である。これは、その「人種によって定義された」部分だけでなく、階級全体に影響する。労働者階級内の内部分裂と分断というかたちで影響を与え、その労働者階級は、部分的には人種を通じても組織化されている。これは単なる上からのレイシスト的陰謀ではない。レイシズムはまたイデオロギー的表象の最も有力な手段のひとつであり、それを通じて階級の白人部分がほかの部分との関係を「生きる」ようになり、その関係を通じて資本それ自体との関係も生きるようになる」。(Stuart Hall, 'Race, articulation and societies structured in dominance', in *Sociological theories: race and colonialism*, ed. UNESCO (UNESCO, 1980): 305–45, p. 341.

87 大衆社会主義の成功にとっての、いわゆる「アイデンタリアン（identarian）」運動の重要性につ

いては、次を参照のこと。Stuart Hall, 'Race, articulation and societies structured in dominance'; Judith Butler, 'Merely Cultural', *New Left Review*, issue I/227 (1998): 33–44〔ジュディス・バトラー（大脇美智子訳）「単に文化的な」『批評空間　2期』23号、1999年、227–40〕; Michael Dawson, 'Hidden in Plain Sight'; Charles W. Mills, 'European Spectres', *The Journal of Ethics*, vol. 3, no. 2 (1999): 133–55; Ellen Meiksins Wood, 'Class, Race, and Capitalism', *Advance the Struggle* (11 June 2009): https://advancethestruggle.wordpress.com/2009/06/11/how-does-race-relate-to-class-a-debate/; Richard Seymour, 'Cultural materialism and identity politics', *Lenin's Tomb* (30 November 2011): http://www.leninology.co.uk/2011/11/cultural-materialism-and-identity.html; Nikhil Pal Singh, 'A Note on Race and the Left', *Social Text Online* (31 July 2015): https://socialtextjournal.org/a-note-on-race-and-the-left/; Mike Davis, *Prisoners of the American Dream*, epilogue; Keeanga-Yamahtta Taylor, *From #BlackLivesMatter to Black Liberation* (Haymarket Books, 2016); Melinda Cooper, *Family Values: Between Neoliberalism and the New Social Conservatism* (Zone Books, 2017); Paul Heideman, *Class Struggle and the Color Line: American Socialism and the Race Question, 1900–1930* (Haymarket Books, 2018); Rosa Burc, George Souvlis and Nikhil Pal Singh, 'Race and America's Long War: An Interview with Nikhil Pal Singh', *Salvage* (11 March 2020): https://salvage.zone/articles/race-and-americas-long-war-an-interview-with-nikhil-pal-singh/; Ted Fertik and Maurice Mitchell, 'Reclaiming Populism', *The Boston Review* (29 April 2020): http://bostonreview.net/forum/reclaiming-populism/ted-fertik-maurice-mitchell-we-need-multiracial-working-class-alignment; Aziz Rana and Jedediah Britton-Purdy, 'We Need an Insurgent Mass Movement', *Dissent* (Winter 2020): https://www.dissentmagazine.org/article/we-need-an-insurgent-mass-movement; and Gabriel Winant, 'We Live in a Society: Organization is the entire question', *n+1* (12 December 2020): https://nplusonemag.com/online-only/online-only/we-live-in-a-society/.

88 James Baldwin, 'An Open Letter to My Sister, Angela Y. Davis' [1970], in Angela Davis, ed., *If They Come in the Morning*: 19–23, p. 22.〔ジェームズ・ボールドウィン「アンジェラ・デービスへの手紙」、アンジェラ・デービス『もし奴らが朝にきたら』9–17、14–5頁〕

89 Mariarosa Dalla Costa and Selma James, 'Women and the Subversion of the Community' [1971], in *The Power of Women and the Subversion of the Community* (Falling Wall Press, 1975 [1972]): 21–56; Mariarosa Dalla Costa, 'A General Strike' [1974], in *All Work and No Pay: Women, Housework, and the Wages Due*, ed. Wendy Edmond and Suzie Fleming (Power of Women Collective and the Falling Wall Press, 1975): 125–7; and Federici, 'Wages Against Housework'.

90 このテーマについては次を参照のこと。Nancy Fraser, 'Contradictions of Capital and Care', *New Left Review*, issue 100 (July–August 2016): 99–117. アメリカでのこのプロセスの展開については次を参照のこと。Dwyer and Wright, 'Low-Wage Job Growth'; and Gabriel Winant, *The Next Shift: The Fall of Industry and the Rise of Health Care in Rust Belt America* (Harvard University Press, 2021).

91 ストレートの核家族のイデオロギーとネオリベラル資本主義の歴史上の（また現在進行中の）関係については、次を参照のこと。Melinda Cooper, *Family Values*.

92 技術の発展と経済の二極化現象については次を参照のこと。David H. Autor, Frank Levy and Richard J. Murnane, 'The Skill Content of Recent Technological Change: An Empirical Exploration', *Quarterly Journal of Economics*, vol. 118, no. 4 (2003): 1,279–333; and David H. Autor and David Dorn, 'The Growth of Low-Skill Service Jobs and the Polarization of the US Labor Market', *American Economic Review*, vol. 103, no. 5 (2013): 1, 553–97.

93 James, *Women, the Unions and Work*, pp. 51–2.

94 Ruth D. Peterson and William C. Bailey, 'Forcible Rape, Poverty, and Economic Inequality in U.S. Metropolitan Communities', *Journal of Quantitative Criminology*, vol. 4, no. 2 (1988): 99–119; Etienne G. Krug, Linda L. Dahlberg, James A. Mercy, Anthony B. Zwi and Rafael Lozano, eds, 'World report on violence and health', *World Health Organisation* (2002): https://apps.who.int/iris/bitstream/handle/10665/42495/9241545615_eng.pdf, p. 159; and Ming-Jen Lin, 'Does democracy increase crime? The evidence from international data', *Journal of Comparative Economics*, vol. 35, no. 3 (2007): 467–83.

95 経済的関係にとどまらずに広がる体制として資本主義を考える重要性については、次を参照のこと。Adolph Reed Jr., 'Rejoinder', and Nancy Fraser, 'Behind Marx's Hidden Abode', *New Left Review*, issue 86 (March–April 2014): 55–72.〔ナンシー・フレイザー（竹田杏子訳）「マルクスの隠れ家の背後へ――資本主義の概念の拡張のために」『大原社会問題研究所雑誌』No. 683・684、2015年、7–20〕

96 Catharine A. MacKinnon, 'Feminism, Marxism, Method, and the State: Toward Feminist Jurisprudence', *Signs*, vol. 8, no. 4 (1983): 635–58, p. 643.

97 Eliott C. McLaughlin, 'Police officers in the US were charged with more than 400 rapes over a 9-year period', *CNN* (19 October 2018): https://edition.cnn.com/2018/10/19/us/police-sexual-assaults-maryland-scope/index.html

98 Chaminda Jayanetti, 'Scale of police sexual abuse claims revealed', *Observer* (18 May 2019): https://www.theguardian.com/uk-news/2019/may/18/figures-reveal-true-extent-of-police-misconduct-foi

99 'Indian police "gang-rape woman after she fails to pay bribe"', *Guardian* (12 June 2014): https://www.theguardian.com/world/2014/jun/12/indian-police-gang-rape-uttar-pradesh

100 アメリカでの有名な一例がインサイト！（*INCITE!*）である。これは国家と対人暴力をなくすというふたつの目標に力を注ぐ有色のラディカル・フェミニストのネットワークだ。全国の関連団体が、暴力被害者のためのコミュニティ支援グループを運営したり、健全な男らしさについての研修や周囲に居合わせた人のための研修を実施したり、「非暴力」ゾーンをつくったり、暴力の加害者と被害者のあいだで変革的正義についてのセッションをする手助けをしたりしている。2001年、インサイト！はアメリカを拠点とする国際的な廃止論者の運動、クリティカル・レジスタンス（Critical Resistance）とともに「ジェンダー暴力と産獄複合体についての声明」（'Statement on Gender Violence and the Prison Industrial Complex'）を著した（次に転載されている。*Social Justice*, vol. 30, no. 3 (2003): 141–50）。北アメリカにおけるジェンダー化された暴力と性暴力への非監獄主義的アプローチの事例と議論については、次を参照のこと。Natalie J. Sokoloff and Ida

Dupont, 'Domestic Violence at the Intersections of Race, Class, and Gender: Challenges and Contributions to Understanding Violence Against Marginalized Women in Diverse Communities', *Violence Against Women*, vol. 11, no. 1 (2005): 38–64; Donna Coker, 'Restorative Justice, Navajo Peacemaking and Domestic Violence', *Theoretical Criminology*, vol. 10, no. 1 (2006): 67–85; Ching-In Chen, Jai Dulani and Leah Lakshmi Piepzna-Samarasinha, *The Revolution Starts at Home: Confronting Intimate Violence Within Activist Communities* (South End Press, 2011); Creative Interventions, *Creative Interventions Toolkit: A Practical Guide to Stop Interpersonal Violence* (2012): https://www.creative-interventions.org/tools/toolkit/; Kristian Williams, 'A Look at Feminist Forms of Justice That Don't Involve the Police', *Bitch* (20 August 2015): https://www.bitchmedia.org/article/look-feminist-forms-justice-dont-involve-police; and Boutilier, Sophia and Lana Wells, 'The Case for Reparative and Transformative Justice Approaches to Sexual Violence in Canada: A proposal to pilot and test new approaches', *Shift: The Project to End Domestic Violence* (2018): https://prism.ucalgary.ca/handle/1880/109349. 性暴力へのそうしたアプローチに対する啓発的な批判として、次を参照のこと。Angustia Celeste, Alex Gorrion and Anon., *The Broken Teapot* (2014 [2012]): https://www.sproutdistro.com/catalog/zines/accountability-consent/the-broken-teapot; and Words to Fire, ed., *Betrayal: A critical analysis of rape culture in anarchist subcultures* (Words to Fire Press, 2013). 世界のコンテクストでいうと、紛争後地域における移行期正義の試みでは、再分配ではなく修復的正義のモデルを使って性暴力を含む政治的暴力の歴史に取り組むことが多い——ただし南アフリカの真実和解委員会のように、これらの取り組みは通常、国家が主導するか国家が関与している。国が主導する非監獄主義的アプローチのもうひとつの例がウガンダにある。そこではDV被害者が再分配ではなく修復的な救済の仕組みを利用する選択肢を与えられている(Aparna Polavarapu, 'Global Carceral Feminism and Domestic Violence')。ジェンダー化された暴力へのフェミニストによる非国家的アプローチの一例が、インドのウッタル・プラデーシュ州のグラビ・ギャング(Gulabi Gang)によるものである。10万人近くのメンバーを抱えるギャングは、貧しい女性と下層カースト女性のグループとして活動をはじめた。女性たちはピンクのサリーを着て竹の棒を振りまわし、男性の加害者に声をかけて公衆の面前で辱め、必要に応じて身体面でも自分たちの身を守る。

謝辞

訳注

*1 H.D.(ヒルダ・ドゥリトル、1886–1961)『フロイトにささぐ』鈴木重吉訳、みすず書房、1983年、65–6頁。